人民解放军三军仪仗队

人民解放军陆军

人民解放军空军

人民解放军海军

解放军预备役部队

中国女民兵

中国歼-20 战机

中国 172 昆明舰

东风 41 导弹

05 式履带自行加榴炮

解放军野战新型净水车

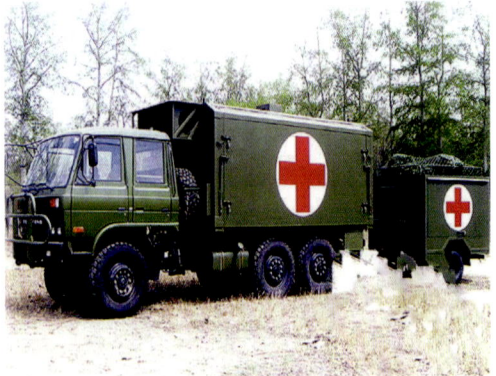
解放军卫生医疗车

大学生

DAXUESHENG
JUNSHI LILUN JIAOCHENG

军事理论教程

（第2版）

主　编：庄　雷　陈　敏

副主编：杨　涛　王丽君　杨叶森　庄倩琳

主　审：陈子祥

参　编：（排名不分先后）

付建芸　任婉玲　史　莉　田　虹

王静娴　王　爽　谢丽娟　杨林刚

杨　煌　张　勇　张　垠

重庆大学出版社

图书在版编目(CIP)数据

大学生军事理论教程／庄雷,陈敏主编.—2版.—重庆:
重庆大学出版社,2014.8(2025.8重印)
ISBN 978-7-5624-8471-4

Ⅰ.①大… Ⅱ.①庄…②陈… Ⅲ.①军事理论—高等职业教
育—教材 Ⅳ.①E0

中国版本图书馆 CIP 数据核字(2014)第 175336 号

大学生军事理论教程
(第2版)

主 编 庄 雷 陈 敏
副主编 杨 涛 王丽君 杨叶森 庄倩琳
策划编辑:唐启秀
责任编辑:李桂英 版式设计:唐启秀
责任校对:邹 忌 责任印制:张 策

*

重庆大学出版社出版发行
社址:重庆市沙坪坝区大学城西路 21 号
邮编:401331
电话:(023) 88617190 88617185(中小学)
传真:(023) 88617186 88617166
网址:http://www.cqup.com.cn
邮箱:fxk@cqup.com.cn(营销中心)
全国新华书店经销
重庆市骏煌印务有限公司印刷

*

开本:787mm×1092mm 1/16 印张:15.5 字数:344 千 插页:16 开 1 页
2014 年 8 月第 2 版 2025 年 8 月第 5 次印刷(总第 30 次印刷)
ISBN 978-7-5624-8471-4 定价:38.80 元

修订前言

Xiuding Qianyan

　　我国普通高等学校从 1985 年开始以学生军训为主要形式的国防教育,至今已 30 余年。实践证明,在高等学校设置开设军事理论课,组织在校学生进行军事训练,是我国法律赋予高等学校的神圣职责,是全面贯彻落实党的教育方针、推进大学生素质教育、培养国防意识的客观需要,也是为我国国防和军队建设培养、造就大批高素质后备人才的重要举措。

　　本教程系根据 2019 年 1 月教育部、中央军委国防动员部联合制订的《普通高等学校军事课教学大纲》要求,对原版教材作了内容的新增和修改。修订突出了围绕习近平强军思想和习近平总书记关于教育的重要论述为遵循,全面贯彻党的教育方针、新时代军事战略方针和总体国家安全观,围绕立德树人根本任务和强军目标根本要求,着眼培育和践行社会主义核心价值观,以提升学生国防意识和军事素养为重点,为实施军民融合发展战略和建设国防后备力量服务。结合实际教学中的热点、难点等问题,着重进行系统的国防知识、国家安全观、军事思想、现代战争、中国人民解放军共同条令教育、军事技能等知识介绍。理论指导实践,通过对大学生进行必要的军事理论教育和军事训练,使广大学生掌握一定的军事理论知识和军事技能,培养国防观念和国家安全意识,增强努力学习国防科学技术知识的责任感和使命感,强化爱国主义、集体主义观念,有效促进学生综合素质的全面提高,特别是未来应对信息化战争的需要,提高军队的整体科学文化素质,鼓励大学生应征入伍,搞好学校国防教育,培养国防后备力量,具有重大战略意义。本书从注重思想性、理论性、教育性入手,并针对在校大学生年龄、文化结构和身心状况,紧密围绕大学生的生活、学习、成长等方面,更加注重教材的基础性、知识性、实用性,是普通高校开展国防教育的实用教材。此外,为了方便教与学,本书配有数字教学资源(可扫描封底二维码查看资源列表;在重庆大学出版社官网搜索本书可进入备课系统,注册登录系统后,所有资源均可用于备课与授课)。

　　全书由庄雷、陈敏同志担任主编,陈子祥同志担任主审。全书分为上、下两篇,上篇军事理论篇、下篇军事技能篇。庄雷、杨涛、王丽君、庄倩琳等同志参加了全书各章节的修订撰写。

本书在编写过程中,主要立足于军事理论课教学及研究成果,广泛吸收、参考了有关同行专家的著作和最新研究成果,在此,谨深表感谢。由于编者水平有限,疏漏之处在所难免,敬请各位专家、读者批评指正,以便进一步完善。

编 者

2019 年 12 月

目录
Contents

上 篇 军事理论篇

绪 论 ……………………………………………………… 2

第一章 中国国防 ……………………………………………… 6

　第一节 国防概述 …………………………………………… 6

　第二节 中国国防建设与成就 …………………………… 27

　第三节 国防动员 ………………………………………… 48

第二章 国家安全 …………………………………………… 54

　第一节 国家安全概述 …………………………………… 54

　第二节 国家安全形势 …………………………………… 57

　第三节 国际战略形势 …………………………………… 68

第三章 军事思想 …………………………………………… 77

　第一节 军事思想概述 …………………………………… 77

　第二节 毛泽东军事思想 ………………………………… 82

　第三节 当代中国军事思想 ……………………………… 87

　第四节 新时代习近平强军思想 ………………………… 92

第四章 现代战争 …………………………………………… 98

　第一节 战争概述 ………………………………………… 98

　第二节 新军事革命 …………………………………… 103

　第三节 信息化战争 …………………………………… 108

　第四节 现代战争范例 ………………………………… 118

第五章 信息化装备 ……………………………………… 137

　第一节 信息化装备概述 ……………………………… 137

第二节　信息化作战平台 ⋯⋯⋯⋯⋯⋯⋯⋯⋯⋯⋯⋯⋯ 142

第三节　信息化杀伤武器 ⋯⋯⋯⋯⋯⋯⋯⋯⋯⋯⋯⋯⋯ 153

第六章　非战争军事行动 ⋯⋯⋯⋯⋯⋯⋯⋯⋯⋯⋯⋯⋯ 157

第一节　非战争军事行动概述 ⋯⋯⋯⋯⋯⋯⋯⋯⋯⋯⋯ 157

第二节　反恐怖行动 ⋯⋯⋯⋯⋯⋯⋯⋯⋯⋯⋯⋯⋯⋯⋯ 162

第三节　维护社会稳定行动 ⋯⋯⋯⋯⋯⋯⋯⋯⋯⋯⋯⋯ 165

下　篇　军事技能篇

第七章　中国人民解放军条令教育与训练 ⋯⋯⋯⋯⋯ 170

第一节　共同条令的颁布及意义 ⋯⋯⋯⋯⋯⋯⋯⋯⋯⋯ 170

第二节　《内务条令》与教育 ⋯⋯⋯⋯⋯⋯⋯⋯⋯⋯⋯ 173

第三节　《纪律条令》与教育 ⋯⋯⋯⋯⋯⋯⋯⋯⋯⋯⋯ 176

第四节　《队列条令》与教育 ⋯⋯⋯⋯⋯⋯⋯⋯⋯⋯⋯ 178

第五节　日常养成与军事教育 ⋯⋯⋯⋯⋯⋯⋯⋯⋯⋯⋯ 181

第八章　轻武器射击 ⋯⋯⋯⋯⋯⋯⋯⋯⋯⋯⋯⋯⋯⋯ 185

第一节　轻武器常识 ⋯⋯⋯⋯⋯⋯⋯⋯⋯⋯⋯⋯⋯⋯⋯ 185

第二节　轻武器射击实践 ⋯⋯⋯⋯⋯⋯⋯⋯⋯⋯⋯⋯⋯ 188

第三节　部分单兵重型武器介绍 ⋯⋯⋯⋯⋯⋯⋯⋯⋯⋯ 195

第九章　战术 ⋯⋯⋯⋯⋯⋯⋯⋯⋯⋯⋯⋯⋯⋯⋯⋯⋯ 198

第一节　战斗类型和战斗样式 ⋯⋯⋯⋯⋯⋯⋯⋯⋯⋯⋯ 198

第二节　战术基本原则 ⋯⋯⋯⋯⋯⋯⋯⋯⋯⋯⋯⋯⋯⋯ 205

第三节　单兵训练与战斗动作 ⋯⋯⋯⋯⋯⋯⋯⋯⋯⋯⋯ 206

第十章　军事地形学 ⋯⋯⋯⋯⋯⋯⋯⋯⋯⋯⋯⋯⋯⋯ 220

第一节　军事地形学概述 ⋯⋯⋯⋯⋯⋯⋯⋯⋯⋯⋯⋯⋯ 220

第二节　地图常识 ⋯⋯⋯⋯⋯⋯⋯⋯⋯⋯⋯⋯⋯⋯⋯⋯ 221

第三节　地形对军队战斗行动的影响 ⋯⋯⋯⋯⋯⋯⋯⋯ 229

附录 ⋯⋯⋯⋯⋯⋯⋯⋯⋯⋯⋯⋯⋯⋯⋯⋯⋯⋯⋯⋯⋯ 231

《大学生军事理论教程》试题 ⋯⋯⋯⋯⋯⋯⋯⋯⋯⋯⋯ 231

参考文献 ⋯⋯⋯⋯⋯⋯⋯⋯⋯⋯⋯⋯⋯⋯⋯⋯⋯⋯⋯ 242

上　篇

军事理论篇

绪　论

依据《中华人民共和国国防法》《中华人民共和国兵役法》和《中华人民共和国国防教育法》等法律的有关规定，在普通高等学校开设军事理论课，组织在校学生进行军事训练，是我国法律赋予高等学校的神圣职责；是全面贯彻落实党的教育方针，适应我国人才培养战略目标和加强国防后备力量建设的需要。军事理论课程是以国防教育为主线，围绕"忠诚于党，热爱人民，报效国家，献身使命，崇尚荣誉"的当代革命军人核心价值观和基本军事理论与军事技能的学习，以培养学生国家忠诚及国防意识，增强学生国防观念和国家安全意识，强化学生爱国主义、集体主义观念，加强学生组织纪律性，促进大学生综合素质提高；是加强我国国防和军队现代化建设，培养、造就大批高素质后备人才的重要举措。

一、开展国防教育的重要性

"国家兴亡，匹夫有责。"以军事理论学习为主线的国防教育是一个国家为了捍卫主权、领土完整和安全，抵御外敌侵略，对全体公民进行的培养国家忠诚意识、国防意识的教育活动。任何一个国家和民族在发展的历史进程中，生存和发展是必然会面临的客观事实，生存是发展的基础，发展是生存的保障。为了保障生存和发展，必须树立对国家忠诚的坚定信念，要有强大的国防实力和优秀的国防人才，还必须不断加强全民的国防意识和国防观念培养。

作为中国特色社会主义现代化事业的建设者、接班人，自觉参与保卫国家安全、维护国家繁荣与稳定是大学生义不容辞的神圣责任和义务。在高校进行以国防教育为主线的军事教育与训练，具有十分重要的战略意义，它既能培养大学生对国家的忠诚，增强国防观念、国防意识，又能培养其基本军事技能，展现国防教育独特的综合育人功能，特别是具有增强大学生的忧患意识、培养全球视野、激发爱国热情、增强社会责任感等方面的作用。大学生是国家、民族优秀青年的代表，是巩固我国国防、抵御外敌入侵、捍卫祖国独立、维护国家主权和领土完整的重要后备力量，自觉接受国防教育，积极参加军事训练，学习、掌握基本的军事理论知识和军事技能，是法律赋予大学生的神圣义务，也是大学生义不容辞的责任。

（一）国防教育是培养国家忠诚、增强国防观念的重要方式

当代大学生是祖国的栋梁，是祖国的希望和未来，是全民国防教育的主体——国家国防实力的主要后备力量。当今世界多极化成为主流，军备竞赛由数量转为质量的

竞赛。虽然和平与发展仍是当今时代的主题,但世界仍然处在动荡不安当中,霸权主义和强权政治仍蠢蠢欲动。国际敌对势力处心积虑地遏制中国的发展,为争夺我们的青年,千方百计地进行意识形态的渗透,推行西化,甚至策划颠覆破坏活动,企图分裂我们的国家。所以我们必须时刻提高警惕,学习、掌握必要的国防知识、国家安全观知识,强化我们的忧患意识。没有强大的国防力量,没有牢固的国家忠诚信念,没有强烈的国防观念和爱国主义精神,是很难应对各种复杂多变的国际局势的。因此,在高校开展国防教育就是为了培育学生对国家的忠诚信念,增强国防观念,树立爱国主义精神,培养我们的学生成为社会主义现代化的建设者和保卫者,随时为祖国领土完整和主权独立作出贡献。

(1)学习军事理论知识从思想道德素质上讲,有利于大学生树立正确的世界观、人生观、价值观;有利于大学生增强以"忠诚于党,热爱人民,报效国家,献身使命,崇尚荣誉"为核心的国家忠诚和爱国主义信念;有利于培养大学生的集体主义精神和革命英雄主义精神。

(2)学习军事理论知识从提升学生文化素质上讲,有利于使大学生在学习我军建军历史、人民军队发展壮大、为保国家安宁作出的不懈奋斗历程中用哲学的思维去学习历史,回顾历史,反思历史,以提高自己的综合素质。

(3)学习军事理论知识从培养大学生综合素质上讲,有利于大学生增强组织纪律观念,有利于大学生培养艰苦奋斗精神,有利于大学生增强身体素质。

(二)国防教育是实施素质教育的重要环节

高校开展的国防教育以学习、培育"忠诚于党,热爱人民,报效国家,献身使命,崇尚荣誉"的国家忠诚和爱国主义教育为核心,以军事理论、国防政策法规、国家安全观、军事科学技术和军事技能训练为主要内容。通过参加军事理论知识的学习,学习众多伟人的军事思想和军事战略,促进大学生在毛泽东军事思想、邓小平军事理论和江泽民、胡锦涛、习近平国防和军队建设思想等指导下,了解和掌握战争的一般规律,熟悉战争谋略,学会从战略高度去观察、分析、设计和处理问题,提高自我能力,使大学生的智力不断向高层次发展。国防教育可以培养大学生革命英雄主义思想,激发爱国主义热情,增加集体主义观念,提高自身思想政治素质。

高校开展的以"忠诚于党,热爱人民,报效国家,献身使命,崇尚荣誉"为核心的国家忠诚和爱国主义信念,以集体主义、革命英雄主义为主要内容的国防教育理论教学,能促进大学生树立坚定的国家意识,培养对国家的忠诚,有利于大学生心理健康发展和优秀品格的形成。通过参加军事技能训练,感受军事化管理的实质,使大学生养成正规、严格、慎独、科学的生活习惯;通过军事队列训练,培养大学生雷厉风行、整齐划一的作风和服从命令、听从指挥的意识;通过军事法制教育,增强大学生遵纪守法观念,培养我们的组织纪律性,逐步养成坚忍不拔的毅力和不畏艰难困苦的精神,磨炼自我意志,培养自我良好的心理素质。学会与人交流,与人沟通,培养团结意识、团队精神。学会爱惜生命,爱惜他人,尊重他人。养成不怕苦,不怕累,勇于拼搏,勇敢顽强,坚忍不拔的良好心理品质。

（三）大学生国防教育是培养国防后备力量的重要途径

我国国防建设一直坚持走精干的常备军和强大的后备力量相结合的道路，这也是我国新时代国防建设的根本指导思想。国防后备力量是国防建设的重要组成部分，直接关系到国防的强大和国家的安全。国防观念的强弱，是一个国家、一个民族凝聚力的重要象征，关系到国家民族的兴衰成败和长治久安。在和平时期，建设强大的后备力量是遏止战争、保卫和平的战略措施；在战争时期，后备力量是保证军队扩编补充，支援和配合部队作战的一支重要力量。在现代化战争中，后备力量越来越显示出其重要的战略作用，后备力量强大，国家和军队就强大。

大学生是祖国的未来，肩负着建设、繁荣国家的光荣使命，作为一个特殊的社会群体，具有较高的科学文化素质，易于掌握现代科技知识。抓好这个群体的国防教育，我们便储备了一大批具有较高科学文化素质而又掌握了一定军事技能的高素质的国防后备力量。随着军事高科技的飞速发展，未来的战争是技术的抗衡、人才的较量，质量建军、科技强军已成为世界各国国防建设的必然选择。为此，对大学生进行军事理论教学，必要的军事训练，以便必要时为部队输送高技术军事人才，成为战时扩建、组建部队的骨干，为打赢未来高技术局部战争创造条件，为国防建设和军事斗争准备提供有力保障。

二、国家忠诚、国防教育与国防意识培养

围绕"忠诚于党，热爱人民，报效国家，献身使命，崇尚荣誉"的当代革命军人核心价值观和基本军事理论与军事技能的学习，培养国家忠诚及国防意识，达到增强国防观念和国家安全意识，强化爱国主义、集体主义观念，加强组织纪律性，是国防教育的核心内容。

国家忠诚：忠诚一般是指个人对某一主义自愿的、实际的以及彻底的奉献，忠诚代表诚信、守信和服从。忠诚是一种信念、一种品质、一种追求，它可以提升思想境界，激发内动力，规范行为方式，保持正确方向。国家忠诚，是指人民对其国家或某种政治关系所发誓效忠的真心诚意、矢志不渝、尽心尽力的一种政治信仰，反映着公民个人的价值观以及内心的道德法则，是公民对国家的一种公开的承诺和坚定不移的追求，缺乏公民共同的国家认同和对国家的忠诚，国家安全将面临挑战。

在当今社会，国家忠诚的核心就是爱国，就是对祖国的忠诚和热爱。忠诚于党、忠诚于国家，视党和国家的事业高于一切，为党和国家的事业舍得一切；忠诚于党、忠诚于国家，才能全心全意服务于人民，为人民利益无私奉献；忠诚于党、忠诚于国家，才能自觉履行革命军人的神圣职责，爱军尚武、爱岗敬业，不怕牺牲、英勇善战，圆满完成党和人民赋予的使命任务。2008年，我党提出把"忠诚于党，热爱人民，报效国家，献身使命，崇尚荣誉"作为革命军人的核心价值观，实质上就是要不断树立和培育当代军人对国家的忠诚意识。其中，"忠诚于党"，就是要自觉坚持党对军队的绝对领导，高举中国特色社会主义伟大旗帜，坚定中国特色社会主义理想信念，任何时候任何情况下都坚决听党指挥。"热爱人民"，是人民军队性质和宗旨的必然要求，是革命军人最

根本的价值追求。把热爱人民作为当代革命军人核心价值观的重要内容,鲜明地体现了党的宗旨和军队宗旨的统一,体现了革命军人政治信念和价值取向的统一,体现了我军优良传统和时代要求的统一。"报效国家",就是要大力弘扬爱国主义精神,把个人的前途命运与国家的前途命运紧密联系在一起,坚决捍卫国家主权、安全、领土完整和人民民主专政的国家政权,为建设富强、民主、文明、和谐的社会主义现代化国家贡献力量。

国防教育:通过一定的战争观、国防安全观、利益观以及国防知识,对全体公民施加影响,培养公民的防卫观念和尚武精神,自然维护民族利益,保卫国家安全,防止外来侵略的活动过程。国防教育是以培育"忠诚于党,热爱人民,报效国家,献身使命,崇尚荣誉"为核心的国家忠诚和爱国主义为主旋律的国防精神教育。

国防意识:一个国家的公民抵御外侮,捍卫祖国的独立和主权,维护国家的尊严和安全的主观认识。强烈的国防意识是一种重要的精神力量,是制止战争、威慑敌人的重要因素。公民国防意识的强弱关系到国家的强弱、民族的兴衰。一个国家的兴衰与安危,与国家政治状况、军事实力、经济力量以及自然地理条件等有关。

近代中国民族的历史悲剧总根源也正是国防意识(尚武精神)的缺失。孙中山曾说:"所谓固国家不以山溪之险,威天下不以兵革之利,其道何在?精神为也。"中国要崛起和复兴,绝不仅仅是经济的追赶。经济是国家的两条腿,没有经济国家固然无法前进,而国防则是国家的脊梁,没有脊梁,国家只能爬行。培养公民的国防意识和国防精神是一项长期性任务,"天下虽安,忘战必危"。在建设中国特色社会主义过程中,应自觉地把国防意识转化为振兴民族,支持国家经济建设,实现富国强军,统一、维护国家安全稳定的巨大精神力量。

三、开展国防教育基本途径

(1)以爱国主义教育为主线,强化国防知识的学习,树立对国家忠诚的意识。以爱国主义教育为主线,以国防教育为载体,引导学生树立维护国家统一的观念,强化反侵略、反分裂意识;树立国家利益至上观念,强化爱国主义、集体主义、革命英雄主义精神,更加自觉地履行国防义务;增强维护国家政治、经济、科技、信息安全的警惕性,以实际行动为国家改革、发展与稳定作贡献。

(2)以加强国防建设为己任,在学习中培养国防意识。在校大学生要以国防建设为己任,按照国家相关法律、法规的规定与要求,明确国防教育是素质教育的重要内容,是高校人才培养的重要途径。在学习军事知识、参加军训中以实践的方式深刻体会国家国防教育的重要意义,培养爱国主义精神、革命乐观主义精神、革命英雄主义精神,激发为国防建设而努力奋斗、刻苦拼搏的信念和信心,增强其紧迫感、责任感和忧患意识。

(3)以理论学习为先导,实际训练为契机,理论与实践相结合。通过国防教育,学习军事理论和实际参加军事训练,使大学生掌握基本军事理论与基本军事技能,增强国防观念和国家安全意识,强化爱国主义、集体主义观念,加强组织纪律性锻炼,促进大学生综合素质的提高,为中国人民解放军训练后备兵员和培养预备役军官打下坚实的基础。

第一章　中国国防

第一节　国防概述

兵者,国之大事,死生之地,存亡之道,不可不察也。

——孙武

"国无防不立,民无防不安。"纵观古今,一个国家、一个民族,最重要的无非生存安全和富国强民两件大事。建立强大的国防,直接关系到国家和民族的生死存亡和兴衰荣辱。关注国防、保卫国防、建设国防,培养国防意识和国家安全观念,依法接受国防教育,是每一个公民的义务,是作为国家栋梁之材的大学生义不容辞的责任。

一、国防的概念

国防是国家为防备和抵抗侵略、制止颠覆,保卫国家主权、领土完整和安全,所进行的军事活动以及与军事有关的政治、经济、外交、科技、教育等方面的活动,是一个国家生存和发展的安全保障。

维护国家安全利益是国防的根本职能,捍卫国家主权、领土完整和防止外来侵略和颠覆是国防的主要任务。自古以来,国防是国家的重要组成部分,"国无防不立"。作为一个主权国家,最重要的是生存与发展。国防是国家生存与发展的安全保障,国防是否巩固,事关国家和民族的兴亡。国防是国家的重要职能之一,有国才有防,有国必有防。没有强大的国防,就不可能有强大的国家,国家的安全和社会的发展也就没有保障。国家的主权、领土的完整和安全,是国家的象征,需要国防维护。强大的国防,是关系到国家安危、经济发展、外交政策的大事,是国家兴盛、民族振兴、人民安康幸福的基础。

> **知识链接**
>
> 国防是一个历史概念,是阶级斗争的产物,伴随着阶级和国家的形成而产生,不同的历史时期、不同的社会制度,其国防具有不同的含义和特性。
>
> "国防"一词在我国最早见于《后汉书·孔融传》。孔融针对当时国内可能发生动乱的征兆,向汉献帝进谏:"臣愚以为宜隐郊祀之事,以崇国防。"意思是国家要减少祭祀等大规模的集会活动,以维护安定,巩固政权。可见,这里所言的"国防",是指维护团体、严明礼仪而采取的防禁措施。

二、国防的基本类型和基本要素

(一)国防的基本要素

1.国防的主体

国防的主体,是指国防活动的实行者,通常为国家,即国防是国家固有的职能。任何国家从其诞生之日起,就必须固国强边,防备和抵御各种外来入侵,保障国家安全。于此,国防必然随着国家的产生而产生,随着国家的消亡而消亡。国防的职责是维护国家的权力,加强国防建设,进行国防斗争,必须依靠国家各个方面的综合力量作基础。

2.国防的对象

国防的对象是指国防所要防备、抵抗和制止的行为。这关系着国家在什么情况下可以使用国防力量的重要问题。根据《中华人民共和国国防法》的界定,国防的对象:一是侵略;二是武装颠覆。

(1)国防要防备和抵抗的是侵略。《中华人民共和国国防法》对国防对象作了界定,既有国际法法理依据,又符合我国国防的实际需要,意义深远重大。其理由包括以下几个方面:①与国际约章相衔接。联合国1974年专门通过了《关于侵略定义的决议》,该决议对侵略作了非常详尽的定义。凡属于决议所指的侵略,均属于运用国防力量防备和抵抗的对象。②与我国《宪法》要求相一致。我国《宪法》第二十九条规定的武装力量的任务,第五十条规定的公民的国防义务,都采用了"抵抗侵略",而不是"抵抗武装侵略"。③与国防活动的客观实际相适应。立法应为现实服务,制定国防法律也应为国防建设和国防斗争服务。如果以法律的形式规定国防只是防备和抵抗"武装侵略",在今后的国防建设和斗争中,则很可能束缚自己的手脚。

当今世界的现实是,确实存在着武装侵略和非武装侵略,主权国家对主权国家的非武装侵略及其反侵略大多要以武力为后盾,而且有些所谓的非武装侵略,是非国防手段不能抵御的。因此,国防所要防备和抵抗的,是"侵略",而不仅仅是"武装侵略"。

(2)国防应把武装颠覆作为制止的对象。所谓颠覆是指推翻政府。反颠覆是国家的大事,它不完全属于国防的范畴,但又与国防密切相关,需要进行具体分析。根据我国《宪法》,我国是一个实行社会主义制度和人民民主专政的多民族国家,那些以推翻社会主义制度、推翻人民民主专政、分裂国家为目的的颠覆活动,不是一般的反政府活动,而是危及我国的国体和政体,对国家的主权、统一、领土完整和安全构成严重威胁的活动。但是,如果这类活动不采取武装暴力的形式,那么仍然属于由国家安全部门去对付的事情,不需要动用国防力量。只有属于武装性质的颠覆活动,如武装叛乱、武装暴乱,才必须动用国防力量。把"武装颠覆"作为国防的对象和把"制止武装颠覆"作为国防的一项重要职能写入《国防法》都具有特殊的重要意义。

知识链接

在国际法中,国家主权是国家自然权利,是国家的最基本属性。国家主权包含对内对外两个属性。国家主权的对内属性,是指国家在其所辖领域内对一切事务享有最高统治权,即管辖权,包括领域管辖权、国籍管辖权、保护性管辖权和普遍性管辖权。国家主权的对外属性,是指一个国家在对外事务中具有不受其他任何国家或组织控制和干涉的权利,包括自主权、平等权和自保权。

3.国防的目的

国防的目的主要是捍卫国家主权、维护国家统一、保卫国家领土完整和保卫国家安全。

(1)捍卫国家主权。国家和主权不可分割,主权是国家存在的根本标志。如果一个国家的主权被剥夺,其他的一切,包括国家的独立、领土完整、传统生活方式、基本政治制度、社会准则和国家荣誉、尊严等,都无从谈起。因此,捍卫国家主权始终是国防中第一位的、根本的目的和任务(图1.1)。

图1.1 雪域高原第一哨

(2)维护国家统一。国家的统一是指国家由一个中央政府对领土内一切居民和事务行使完整的管辖权,不允许另立政府或分割国家的管辖权。从国际法的角度来说,保卫国家统一和反对分裂历来是一个国家的内部事务,决不允许外国干涉,这是原则性问题。当外国敌对势力插手我国的民族事务,破坏我国的民族团结,危及国家的统一和完整时,国防力量必须予以坚决打击,发挥其维护国家统一和稳定的职能作用。

(3)保卫国家领土完整。领土是指位于国家主权支配下的地球表面的特定部分,以及其底土和上空。领土是国家存在和发展的自然物质前提,是构成国家的基本要素之一。国家主权与国家领土具有密切联系,领土既是国家行使其主权的空间,也是国家主权行使的对象,没有领土,主权就失去了存在空间和行使对象。领土完整的含义是:凡属本国的领土,绝不能丢失,绝不允许被分裂、肢解和侵占。任何国家不得破坏别国的领土完整。任何集团或个人也不得进行旨在分裂本国(或别国)领土完整的活动。国家的领土被侵占,主权必然要遭到侵犯。国防要捍卫国家主权的独立,就必然要保卫国家领土的完整。

(4)保卫国家安全。国家要正常地生存和发展,必须有一个安全的内外环境。一个国家如果没有和平、稳定的状态,不仅难以建设和发展,而且生存也会受到威胁。因此,维护国家安全,也是国防的主要目的之一。当国家遭到外来侵略和颠覆,安全受到威胁时,国防就必须履行自己的职能,抵御和挫败外来的侵略和颠覆,确保国家的和平、稳定状态;当国内敌对分子勾结外国敌对势力进行武装暴乱,危及国家安全时,国防力量就要采取措施,防止和平息这种内外勾结的暴乱,保卫国家安全。

4.国防的手段

国防的手段是指为达到国防目的而采取的方法和措施。主要有:

(1)军事。国防的主要手段是军事手段。对付武装入侵和武装暴乱最根本和最有效的手段莫过于采取军事手段。这是因为:①军事手段是最具有威慑作用的手段;②军事手段是唯一能够有效对付武装侵略的手段;③军事手段是解决国家之间矛盾冲突的最后手段(图1.2)。

图1.2　中国人民解放军军事演习2014

(2)政治。政治手段作为国防手段之一,指的是"与军事有关的"政治活动,而不是政治本身的全部含义。

(3)经济。经济是国防的基础。社会经济制度决定国防活动的性质,社会经济状况决定国防建设的水平。现代条件下,无论是国防建设还是国防斗争,都要广泛采用经济手段,这些手段主要有国防经济活动、经济动员、经济战、经济制裁等。

（4）外交。国防外交活动主要是指国家与国家之间为了国防目的而开展的外交活动。由于这种外交主要涉及军事领域,所以又称为军事外交。它既有通常意义上外交的一般特征,又具有区别于其他外交工作的特殊规律,是寓外交与军事于一体的活动。它的范围很广,领域很多,活动的内容也十分丰富。

（二）国防的基本类型

当今世界,按不同的国家政体以及不同的国家利益和战略需要,国防分别体现为扩张型、联盟型、中立型、自卫型四种国防类型。

扩张型——指某些经济发达大国,为维护本国在其他国家和地区的利益,奉行霸权主义扩张政策(如美国)。

联盟型——以结盟的形式,联合他国弥补自身力量的不足。又分为扩张和自卫型联盟,还可分为一元和多元联盟,前者由一个大国做盟主。

中立型——指中小发达国家为保障本国本地区的繁荣和稳定,严守和平中立的国防政策,实施总体防御战略和寓兵于民的防御体系;奉行和平中立的国防和外交政策,确定总体防御战略,建立相应的国防体系(如瑞士、瑞典)。

自卫型——指以防止外敌入侵、维护本国安全和周边地区稳定为目的,依靠自身力量的国防政策(如中国)。

国防特征主要体现为:①体现了国家的综合国力。②保障了国家的安全稳定。③体现了国家利益目标体系的多层次。④密切关联国家的经济建设。⑤依赖于全民强烈的国防意识。

三、现代国防的基本特征

国防现代化是一项复杂的系统工程,是多种制约因素有机联系的整体,表现在物质和精神的各个方面,它涉及国家的军事、政治、经济、科学、文化、外交等各个领域。现代国防是对传统国防的继承和发展,是一种全新的国防观念和国防实践活动。现代国防是建立在国家综合国力的基础上,是以军事手段为主,在政治、经济、科技、外交、文化等多种手段配合下进行的总体较量。

现代国防的主要内容包括:国防体制、国防战略、国防政策、国防力量、国防科技、国防工业、国防工程、国防教育、国防动员、国防法规以及与国防有关的其他方面的建设和斗争。其基本特征主要表现在以下三个方面。

（一）现代国防是国家综合国力的体现

军事力量是现代国防的主体;非军事力量,如政治、经济、外交、科技、文化等是现代国防的客体。如何充分运用本国所具有的各种条件,并在战时尽快而有效地使其转化为战争能力,是一个国家综合国力强弱的重要体现。此外,现代国防不仅依赖于国家的现实实力,而且还依赖于国家的潜力,以及将潜力转化为现实实力的能力,如国土面积、地理位置、自然资源、生产能力、人口数量和质量、科技和文化水平、交通运输、通信状况、国家政策、管理能力、国际关系和国际地位等。

（二）现代国防既是一种国家行为又是一种国际行为

一个国家想要持续发展，重要条件之一是巩固国防。国防巩固，政府才能集中精力制定正确的政策，才能调动一切人力物力进行经济建设，人民才能安居乐业。然而，经济全球化的发展趋势，使得国家的发展离不开国际环境，世界的和平与战争、经济的繁荣与衰退，都是一个国家持续发展的相关因素，也涉及国防的方方面面，世界尤其是周边国家局势动荡，该国就得在国防方面给予更多的关注，如果他国以武力相加，该国就必须进行国防动员，以迎接外来挑战。可见，现代国防作为一种国家基本行为的同时，也日益成为一种国际行为。

（三）现代国防具有多层次的目标

国际政治、经济在现代国防上打下的烙印越来越深刻。由于各国的国家利益不同，特别是经济利益不同，因此，所制定的战略也各有不同，再加上各国军事实力和综合国力的差异，就使得现代国防呈现出多层次的目标体系。

四、中国国防史简介

在历史长河中，中国先后经历了奴隶社会、封建社会、半殖民地半封建社会和社会主义社会。国防作为一种历史现象，萌芽于部落斗争，后来随着国家的发展而发展。中国的国防史是中华文明史的重要组成部分，是中国传统文化的珍贵遗产之一，中国国防的历史源远流长。从公元前21世纪夏王朝的建立到1840年鸦片战争，共经历了20多个朝代、近千年的漫长历史。其间，伴随着人类社会历史的发展，中国国防经历了无数个强盛与衰落的交替，给我们留下了宝贵的国防遗产和深刻的历史教训；培育和锤炼了中华民族维护国家和民族统一，勇于抵御外来侵略的爱国精神；形成了"习文尚武、文治与武攻"相互结合的优良传统，培育出了"自强不息、前仆后继、不畏强暴、卫国御敌"的尚武精神。我国的国防历史大致可分为三段，即中国古代国防、中国近代国防和中华人民共和国成立后的国防。

（一）中国古代国防

中国古代国防始于公元前21世纪夏王朝的建立，止于1840年的鸦片战争，经历了20多个朝代的兴衰更迭，呈现出兴衰交替和曲折发展的特点。夏王朝的建立，标志着中国最初国防的产生。秦始皇统一全国后，国防才真正担负起巩固、发展统一政权和抗击外族入侵的双重任务。为巩固国防，秦王朝采取了一系列综合治理措施：设郡而治，筑路通邮，移民实边和实施军屯等。万里长城的修筑先后经历了几个世纪，全长5000里，它是中华民族不屈不挠的象征，也是中国几千年来以土为本的内陆型国防观的标志。盛唐时期，朝廷也非常重视国防建设，注重讲武，苦练精兵，改良兵器，执行"怀柔四方、华夷一体"的防务政策，使唐朝北部边疆出现了数十年无兵灾战祸的太平盛世。从唐、两宋到晚清,国防事业的基本趋势是由弱到强,再从强盛走向衰落(图1.3、图1.4)。

图 1.3　万里长城

图 1.4　陈规:世界最早的管型火器

一是建立了严谨的军事制度和军事体制,包括武装力量体制、军事领导体制和兵役制度等。在武装力量体制上,一般区分为中央军、地方军和边防军。中央军通常由御林军和其他较为精锐的部队组成,担任警卫京师和宫廷的任务;地方军负责该地区的卫戍任务,由地方军政长官统率;边防军是戍守边疆,并兼有屯田任务的军队。秦统一全国后,设立了专门管理军事的机构,最高军事官员称太尉。隋朝对国家机构进行了改革,设立了专门主管军事的部门——兵部。各朝代在军事领导体制方面的做法虽然不尽一致,但皇权至上是不变的,军队的调拨使用大权始终掌握在皇帝手中。各个朝代的兵役制度,随着各个历史时期的政治、经济、人口状况和军事需要而发展变化,曾经实行过民军制、征兵制、世兵制、府兵制和募兵制等各种兵役制度。

二是进行了以传统防御工程体系为标志的边海防建设。城池是中国古代国防建设中时间最早和数量最多的工程。长城是城池建设的延续和发展,始建于春秋战国时期,后经各朝代多次修建连接,至明代形成了西起嘉峪关,东至山海关的万里长城。古代海防建设始于明朝,主要是防御敌人的侵略。

三是发展了军事技术。中国古代的军事技术走在世界的前列,并对世界军事乃至经济的发展都产生过深远的影响。公元8世纪,唐朝孙思邈发明火药并将其用于军事;南宋时期军事家陈规发明了世界上最早的管型火器;均引起了军事上划时代的变化。

四是加强了军事理论研究,产生了许多不朽的军事作品,如《孙子兵法》《孙膑兵法》《吴子兵法》《司马法》《六韬》及其他军事理论著作。这些军事作品对指导战争和加强国防起到了重要作用。

知识链接

陈　规

据史料记载,最早研制和使用管形火器的是德安知府(今湖北安陆)陈规。这种管形火器用长竹竿做成,竹管当枪管。使用前先把火药装在竹筒内,交战中从尾后点火,以燃烧的火药喷向敌人,火药可喷出几丈远。史料记载:南宋绍兴二年(1132年),北方的金朝军队经常南侵,这年,一群散兵游勇聚集在一个叫李横的麾下,四处抢夺,袭扰城镇。一天,李横带着他的兵丁攻打德安城,在这次战斗中,陈规运用他发明的火枪组成一支60多人的火枪队,2~3人操持一杆火枪,"长竹竿火枪二十余条",最终将李横的部队打得落花流水。这种武器就是世界军事史上最早的管形火器,被后人称为"现代管形火器的鼻祖"。

(二)中国近代国防

我国近代的国防是羸弱、破败和屈辱的国防。1840年,西方殖民主义者利用坚船利炮击破了清王朝紧锁的国门,将殖民主义的枷锁套在了中华民族的身上。在西方殖民主义者的侵略面前,腐朽的统治者却奉行"居安思奢""卖国求荣"的国防指导思想;执行"以军压民""贫国臃兵"的国防建设思想;倡导"愚兵牧民""莫谈国事"的国防教育思想;制定"不战而败""攘外必先安内"的国防斗争策略。结果导致国家有国无防,大量不平等条约的被迫签订,大片国土被割让,人民惨遭蹂躏和屠杀。

1.清朝后期的国防

自"康乾盛世"之后,清朝的政治日趋腐败,国防日渐虚弱。1840年鸦片战争爆发后,西方殖民势力大举入侵,从此清王朝一蹶不振、每况愈下、有国无防、内乱丛生、外患不息,逐步沦落为半殖民地半封建社会。

清朝后期的军制。鸦片战争后,清朝开始实施"洋务新政",成立了总理衙门。八国联军入侵中国后,清廷深感军备落后,企图通过改革军制以加强军事,改总理衙门为外务部,裁撤兵部,成立陆军部。在武装力量体制方面,清军入关前,军队是八旗兵;入关后为弥补兵力的不足,将汉人编织成立了绿营。1851年以后,为镇压太平天国运动,清廷号召各地乡绅练乡勇,湘军和淮军逐渐成为清军的主力。在兵役制度方面,八旗兵实行的是兵民合一的民军制。甲午战争中,湘军和淮军大部溃散,清廷开始"仿用西法,编练新军"。新军采用招募的形式,在入伍年龄、体格及文化程度方面均有较为严格的要求。

清朝后期的边海防建设。鸦片战争后,清廷朝政日益腐败,防务日渐废弛。海防要塞火炮年久失修,技术性能落后,炮弹威力甚小且不能及远,西方列强乘虚而入。1840年,英国以清王朝禁烟为由对中国发动了鸦片战争。1842年,战败的清王朝被迫在英国军舰上签订了中国历史上第一个不平等条约——中英《南京条约》。中国的领土主权遭到破坏,开始走向半殖民地半封建社会。1856—1860年,英国不满足于既得利益,纠合法国,分别以"亚罗艇事件"和"马神甫事件"为借口,对中国发动了第二次鸦片战争。战败的清王朝被迫与英法两国签订了《天津条约》和《北京条约》，与趁火打劫的沙俄签订了《瑷珲条约》，领土主权进一步遭到破坏，半殖民地化程度加深。19世纪80年代初，法国殖民主义者在完成了对越南的占领后，进而入侵中国西南地区。1884—1885年，中法开战，清军在黑旗军的配合下，痛击法军，取得了镇南关大捷，导致法国茹费里内阁的倒台。但是，腐败的清政府却一味偷安，认为法国船坚炮利，强大无敌，中国即便一时取胜，也难保终究不败，不如趁胜求和。由此和法国签订了《中法新约》，把广西和云南两省的部分权益出卖给了法国，使中国不战而败，法国不战而胜，清政府的腐败无能暴露无遗。1894年，日本以清朝出兵朝鲜为由发动了甲午战争。清朝战败，被迫与日本签订了《马关条约》，导致台湾被割让，领土被进一步肢解，加深了中国的半殖民地化和民族危机。1900年，英、美、德、法、俄、日、意、奥八国，以保护在华侨民"利益"为借口，组成联军，发动侵华战争。战败的清政府被迫与以上八国及比利时、荷兰、西班牙等国签订了《辛丑条约》。这个条约从政治、经济、军事各方面都扩大和加深了西方列强对中国的统治，并表明清政府已完全成为其统治中国的工具，中国已完全沦为半殖民地半封建社会。从鸦片战争到八国联军进北京的60年间，由于列强的入侵和清王朝的腐败，中国进入了有国无防的时代。

从1840年鸦片战争到1911年辛亥革命的70多年间，清政府与外国列强签订了上百个不平等条约，割让领土近160万平方千米。当时中国1.8万多千米的海岸线上，竟找不到一个中国自己享有主权的港口。国家有海无防，有边不固，绝大部分中国领土成了西方列强的势力范围：俄国在长城以北，英国在长江流域，日本在台湾、福建，德国在山东，法国在云南。中华民族美丽富饶的国土被西方列强撕得支离破碎。

2. 民国时期的国防

辛亥革命虽然推翻了清朝的统治，建立了"中华民国"，但并没有改变中国任人宰割的历史，西方列强为维护其在华利益，纷纷扶植各派军阀为自己的代理人，加紧对中国的掠夺。由于各派军阀争权夺利，混战不已，中国依然是有边不固，有海无防。《二十一条》的签订和巴黎和会上中国外交的失败，充分暴露出了北洋政府的腐败无能，使中国面临被西方列强进一步瓜分的命运，从而激发了中华民族同仇敌忾、共御外侮的决心和勇气。

以"五四运动"为标志，中国反帝反封建的资产阶级民主革命发展到了新阶段。1921年，中国共产党成立，开始领导中国革命，从此中国革命的面貌焕然一新。中国共产党团结全国各族人民，经过28年的浴血奋战，前仆后继，打败了内外反动派和侵略者，推翻了三座大山，建立了人民当家作主的无产阶级专政国家，从此，中国人民真正地站起来了，中国的国防才得以建设和巩固，一支强大的铜墙铁壁的现代化国防力量屹立在世界的东方。

3. 新民主主义革命时期党领导的武装力量建设

1921年7月，中国共产党成立，从此，中国无产阶级有了自己的"战斗司令部"，中国人民救亡图存的革命斗争有了自己的组织者和领导者。在新民主主义革命时期，中国共产党领导的武装力量建设,经历了北伐战争、土地革命、抗日战争和解放战争四个阶段,党领导的人民军队由小到大,由弱到强,肩负着民族的重任,抛头颅、洒热血,历经磨难,不忘初心,逐步壮大,为人民的解放、中华人民共和国的成立,立下了不朽的功勋,为中华人民共和国成立后的国防建设和人民军队建设打下了坚实的基础。

(1)北伐战争

1923年6月,中国共产党第三次全国代表大会通过了《中国共产党第三次全国代表大会宣言》,为尽快完成国共合作,进行北伐,决定"采取共产党员以个人身份加入国民党的形式实现国共合作,同时保持共产党在政治上、思想上和组织上的独立性"。党的"三大"所确定的建立国共合作革命统一战线的策略,促进了第一次国共合作的实现,使共产党活动的政治舞台迅速扩大,加速了中国革命的步伐,为波澜壮阔的第一次大革命作了准备。1924年1月,在中国共产党人的参加与帮助下,孙中山确定了"联俄、联共、扶助农工"的三大政策,第一次国共合作建立。1926年7月,中国人民在中国共产党和中国国民党合作领导下进行了反帝反封建的革命斗争——北伐战争。

北伐战争,是由中国国民党领导下的国民政府以国民革命军为主力,蒋介石为总司令于1926年至1928年间发动的统一战争。这一时期中国共产党联合国民党组织了国民革命军,直接领导建立工人纠察队和农民自卫军等革命群众武装组织参加战争,发挥了积极的作用,在战争中展现了实力,赢得了尊重,并为后来的独立革命培养了大批军事人才。

1926年,蒋介石夺取了国民党的党、政、军大权之后,实行军事独裁的野心日益暴露,随着北伐的胜利进军,共产党的迅速崛起令国民党右派深感不安。1927年4月12日,以蒋介石为首的国民党新右派在上海因惧怕共产党武装夺取政权而发动反对共产党的政变,这就是历史上著名的"412"政变。与此同时,汪精卫7月15日在武汉,也对共产党举起了屠刀,屠杀共产党。国共合作的大革命时代结束,血雨腥风向共产党人扑来,国家再次陷入了反动派镇压人民革命的内战中。

为了以武装斗争的形式对抗国民党的屠杀与镇压,1927年8月1日,中国共产党领导的部分国民革命军在江西省南昌市举行了武装起义——南昌起义(图1.5)。南昌起义由周恩来、贺龙、叶挺、朱德、刘伯承、谭平山领导。1927年8月1日,南昌起义一声炮响,打响了武装反抗国民党反动派的第一枪。南昌起义是中国共产党直接领导的带有全局意义的一次武装暴动,标志着中国共产党独立领导革命战争、创建人民军队和武装夺取政权的开始,揭开了中国共产党独立领导武装斗争和创建革命军队的序幕。8月1日这一天被确定为人民军队的建军节。

"412""715"反革命政变后,轰轰烈烈的大革命失败,中国共产党被迫从此转入地下。1927年8月7日,在汉口召开紧急会议,批判和结束了陈独秀右倾机会主义的领导,确定了开展土地革命和武装反抗国民党反动派的总方针,决定在群众基础较好的湘、鄂、粤、赣四省发动农民举行秋收暴动,实行土地革命,武装反抗国民党反动派的屠杀政策,彻底解决农民的土地问题。这次会议,在我党历史上称为"八七会议"。会上,毛泽东提出了著名的"须知政权是由枪杆子中取得的",为今后的革命斗争指明了

图 1.5　南昌起义

正确方向,正式确定了实行土地革命和武装起义的方针,并把领导农民进行秋收起义作为当前党的最主要任务。1927 年 9 月 9 日,由毛泽东在湖南、江西领导的工农革命军(即红军)举行了一次武装起义,这是继南昌起义之后,中国共产党领导的又一次著名的武装起义(图 1.6)。

图 1.6　秋收起义

　　1927 年 9 月 29 日,起义部队到达江西省永新县的三湾村,毛泽东领导了举世闻名的"三湾改编"(图 1.7)。"三湾改编"创造性地确立了"党指挥枪""支部建在连上""官兵平等"等一整套崭新的治军方略。"三湾改编"是中国共产党建设新型人民军队最早的一次成功探索和实践,缔造了共产党领导的人民军队——红军。1927 年 10 月

图 1.7　三湾改编

3 日,起义部队离开三湾村,开始向井冈山进军。10 月 27 日,起义部队到达罗霄山脉中段井冈山的茨坪,开创了中国共产党领导下的第一个农村革命根据地。中国共产党领导的土地革命由此拉开了序幕。

党的"八七会议"后,中国共产党人在广州再次发动起义——广州起义(图 1.8)。广州起义是中国共产党领导人张太雷、叶挺、恽代英、叶剑英等领导,广州地区工农群众和革命士兵进行的一次大规模的暴力革命,是继南昌起义和秋收起义之后,对国民党反动派的又一次英勇反击,是在城市建立苏维埃政权的大胆尝试。

图 1.8　广州起义

中国共产党领导的南昌起义、秋收起义和广州起义虽然失败了,但各自保存了革命火种,成为组建工农红军的骨干力量,奠定了革命胜利的基础。

(2)土地革命战争

土地革命战争,也称第二次国内革命战争、十年内战(1927—1937 年),是中国国民党领导的国民政府对中国共产党领导的地方性政权发动的战争,战争于西安事变和平解决后结束。

大革命失败后,中国革命进入第二次国内革命战争时期,这一时期是中国共产党领导新民主主义革命的重要阶段,以毛泽东同志为主要代表的中国共产党人,逐步把党的工作重点从城市转入农村,在农村建立根据地,开展土地革命,建立革命武装和工农政权,开创了一条"农村包围城市、武装夺取政权"的中国革命新道路。

红军诞生和根据地建立。南昌起义、秋收起义、广州起义后,中国共产党领导创造了若干支革命武装。1928 年 5 月开始,各地工农武装陆续称为中国工农红军。起义队伍于 1927 年 10 月后,转战到以宁冈为中心的井冈山地区,创立了第一个农村革命根据地。1928 年 4 月,朱德、陈毅率领工农革命军(由南昌起义军余部编成)和湘南农军到达井冈山,同毛泽东领导的部队会师,巩固和发展了井冈山根据地(图 1.9)。毛泽东发表《井冈山的斗争》《星星之火,可以燎原》等著名文章,进一步阐述了"工农武装割据"的思想,标志着农村包围城市、武装夺取政权的中国革命道路理论的基本形成。1929 年底,红四军党的第九次代表大会在福建上杭县古田召开,一致通过了毛泽东起草的《古田会议决议》(简称《决议》)。《决议》创造性地解决了如何从加强思想建设着手、保持党的无产阶级先锋队性质和建设党绝对领导的新型人民军队的问题。

图 1.9　朱毛会师

在井冈山的斗争中,制定了红军打仗、筹款和做群众工作的三大任务和"三大纪律六项注意"(后发展为"三大纪律八项注意")。经过三年的游击战争,在战争中总结提出了著名的游击战争"敌进我退,敌驻我扰,敌疲我打,敌退我追"十六字诀。红军有了很大发展,战斗力也大为提高,革命根据地也有了很大发展。到 1930 年夏,全国已先后创立了赣南闽西、湘赣、湘鄂赣、湘鄂西、鄂豫皖、赣东北、左右江、东江、琼崖等十几块革命根据地,红军已发展到约 7 万人。后来,又相继创建了川陕、陕北等根据地。

红军反"围剿"胜利。毛泽东、朱德指挥红军采取诱敌深入的方针,集中兵力实行运动战,先后粉碎了国民党军三次"围剿",保卫了苏区。在红军反"围剿"胜利形势下,中华苏维埃共和国临时中央政府和中央革命军事委员会(简称"中革军委")于 1931 年 11 月在中央苏区的瑞金宣告成立。毛泽东任中华苏维埃共和国中央执行委员会主席,朱德任中革军委主席。

"左"倾错误和革命受挫,红军第五次反围剿失利。1933 年 9 月至 1934 年 10 月间,蒋介石调集约 100 万兵力,采取"堡垒主义"新战略,对中央革命根据地进行大规模"围剿"。这时,中国共产党六届四中全会产生的以王明为代表的"左"倾错误领导者,无视中日民族矛盾开始上升和中间阶级的抗日要求,继续推行许多"左"的错误政策。

①过分夸大红军三次反"围剿"的胜利和国民党军的失败,坚持要求红军不顾及主客观条件的限制,进攻和占领中心城市,实现一省数省的首先胜利,乃至争取全国的革命胜利。

②拒不接受毛泽东的正确建议,并免去了毛泽东在红军的领导职务。

③坚持"左"倾教条主义,用阵地战代替游击战和运动战,用所谓"正规"战争代替人民战争,使红军完全陷于被动地位。经过一年苦战,第五次反"围剿"失利,红军遭到严重削弱、中央苏区大部丧失的情况下,1934 年 10 月,中央领导机关和红军主力退出根据地,为完成北上抗日的民族大义,被迫实施"战略转移"——长征。

红军万里长征。1934 年 10 月,第五次反围剿失败后,中央主力红军为摆脱国民党军队的包围追击,被迫实行战略性转移,退出中央根据地,从瑞金出发,向湘西转移,开始了举世瞩目的万里长征。长征中,以毛泽东为代表的中国共产党人,面对国民党重兵的"围、追、堵、截",不怕牺牲,渡湘江、渡赤水,强渡大渡河,突破第四道封锁线,翻雪山、过草地,不畏艰险,克服重重万难,途径 14 个省,翻越 18 座大山,跨过 24 条大河,与敌军共进行了 380 余次战斗,攻占 700 多座县城,共击溃国民党军数百个团,行程约二万五千里。1936 年 10 月,红军三大主力会师,标志着万里长征的胜利结束。长征是人类历史上的伟大奇迹,"长征是宣言书,长征是宣传队,长征是播种机"(图 1.10)。

图 1.10　长征

土地革命战争时期,中国工农红军从无到有,走过了极其艰难曲折的道路,曾经从最多时的 30 万人减少到 3 万人左右,但从战争实践中,造就了大批优秀的军事指挥员,积累了丰富的斗争经验,提高了部队战斗力,而且锻炼出一条马克思主义的军事路线,从而为实现全国抗战和中国革命事业的发展奠定了坚实的基础。从大革命失败到抗日战争前夕的十年,在常人难以想象的险恶环境中,中国共产党人不屈不挠,埋头苦干,度过了最黑暗的时刻,奇迹般地开创出新的局面,实现从土地革命战争到抗日民族战争的转变,把中国革命推向了新的阶段。

知识链接

遵义会议

1935 年 1 月 7 日,红军攻克黔北重镇遵义。1935 年 1 月 15 日至 17 日,中共中央在遵义召开了政治局扩大会议。毛泽东同志在会上作了重要发言,着重批判了第五次反"围剿"和长征以来博古、李德在军事指挥上的错误,以及博古在总结报告中为第五次反"围剿"失败辩护的错误观点。这次会议成立了由毛泽东、周恩来、王稼祥组成的三人军事指挥小组,负责长征中的军事指挥工作。从此,中国革命、中国人民军队的领导权回到了真正的马克思主义共产党人手中,中国革命从此走上光明之路,由此翻开了胜利的一页。

遵义会议结束了王明"左"倾教条主义路线在党中央的统治,确立了以毛泽东为代表的新的中央正确领导,把党的路线转到了马克思列宁主义的轨道上来。遵义会议,在中国革命的危急关头,挽救了党,挽救了红军,挽救了中国革命,是我党历史上一个生死攸关的转折点。遵义会议是中国共产党第一次独立自主地运用马列主义基本原理解决自己的路线、方针和政策的会议。它是中国共产党从幼年的党走上成熟的党的标志。从此,中国革命就在毛泽东为代表的正确路线指引下走上胜利发展的道路。

（3）抗日战争

中国人民的抗日战争，从 1931 年 9 月 18 日持续到 1945 年 8 月 15 日经历了局部抗战和全国抗战两个时期，从 1931 年 9 月 18 日"九一八事变"开始算起，至 1945 年 8 月 15 日日本侵略者无条件投降，历时 14 年。这场战争不仅是中国人民抗战的开端，也是中国作为世界反法西斯战争东方主战场拉开的帷幕。

1931 年 9 月 18 日，"九一八事变"爆发（图 1.11）。东北东大营激战的枪声，觊觎中国已久的日本帝国主义，悍然发动蓄谋已久的侵华战争，东三省的沦陷，拉开了日本侵略者侵华的序幕。1937 年 7 月 7 日，"七七事变"爆发（图 1.12）。日军在北平附近挑起卢沟桥事变，中日战争全面爆发。

1936 年 5 月 5 日，中国共产党向国民党政府发出《停战议和一致抗日通电》，将"抗日反蒋"政策转变为"逼蒋抗日"政策。8 月 25 日，中共中央致书国民党，再次呼吁停止内战，建立抗日民族统一战线。12 月 12 日，震惊中外的"西安事变"爆发，中国共产党迅速确定了"和平解决"的方针，并应张学良、杨虎城的邀请，派周恩来、叶剑英等人赴西安谈判，迫使蒋介石接受停止内战、联共抗日等 6 项条件。1937 年 2 月，国民党召开五届三中全会，中共中央在会议前夕致电国民党，提出停止内战、共同抗日的 5 项要求。国民党五届三中全会通过了实际上接受中国共产党关于国共两党合作抗日主张的决议案。从此，抗日民族统一战线初步形成。

图 1.11　九一八事变

图 1.12　七七事变

为了谋求国共第二次合作和全国抗日民族统一战线的正式建立，从 1937 年 2 月到 9 月，中共代表周恩来等同国民党代表蒋介石等先后举行了五次谈判，达成协议。1937 年 8 月中旬，蒋介石被迫同意将在陕北的中央红军改编为国民革命军第八路军（简称"八路军"），9 月 22 日，国民党中央通讯社发表了《中共中央为公布国共合作宣言》。23 日，蒋介石发表谈话承认了共产党的合法地位。10 月间，又将在南方十三个地区的红军游击队改编为国民革命军新编第四军（简称"新四军"），至此抗日民族统一战线正式形成，宣告了国共两党第二次合作的建立。国共两党第二次合作，是在中国共产党的大力号召下，围绕建立民族统一战线，共同抗击日本帝国主义侵略者为目的的合作，是以国共两党合作为基础的，全国各族人民、各民主党派、各爱国军队、各阶层爱国人士以及海外华侨参加的团结抗日的全民族统一战线。从此，中国人民反对日本侵略的战争，在抗日民族统一战线的旗帜下，进入了一个全民族抗战的崭新阶段。1938 年 5 月，毛泽东同志集中全党智慧，发表了《论持久战》等光辉著作，科学分析了所处时代和中日双方的特点，揭示了抗日战争的发展规律，令人信服地得出了"中国不会灭亡，也不能速胜，只要经过艰苦持久的抗战，最后的胜利一定属于中国"的论断,并指引战争实践,开辟了世界反法西斯战争东方战场的众多抗日根据地。

在抗日战争中,中国共产党始终如一坚决抗战,动员和组成了最广泛的抗日民族统一战线,在抗日战争的主战场和敌后两个战场,经历了战略防御、战略相持、战略反攻阶段,经过艰苦卓绝的浴血奋战,历时 14 年的艰苦抗争,中国军民歼灭日军 150 多万人。中国共产党领导的八路军、新四军得到巨大发展,由抗战初期的 5 万人发展到了 50 万人。八路军、新四军、游击队与国民党爱国抗日力量一道勇战日寇,一次又一次地粉碎了侵略者的"速胜"迷梦,并使其陷入了人民战争的汪洋大海之中,为世界反法西斯战争的胜利作出了不可磨灭的重大贡献,发挥了中流砥柱的作用。

1945 年 8 月 15 日,日本接受波茨坦公告,宣布无条件投降。9 月 2 日,日本政府签署投降书,侵华日军 128 万余人向中国投降。至此,长达 14 年的中国人民抗击日本帝国主义侵略者的侵华战争结束,中国人民赢得了最后的胜利(图 1.13)。中国人民抗日战争,是中华民族历史上最伟大的卫国战争,是中国人民反抗日本帝国主义侵略的正义战争,是世界反法西斯战争的重要组成部分,也是中国近代以来抗击外敌入侵第一次取得完全胜利的民族解放战争。中国人民的抗日战争,是世界反法西斯战争中开始最早,持续时间最长的战争,中国战场长期牵制和抗击了日本帝国主义的主要兵力,对日本侵略者的彻底覆灭,取到了决定性的作用。为了赢得这场战争,中华民族付出了巨大的牺牲。据不完全统计,战争期间,中国军民伤亡 3500 万人以上。

图 1.13　抗战胜利

抗日战争,是中国人民反抗日本军国主义侵略、争取民族解放、捍卫自由独立的正义战争,是铲除法西斯、保卫世界和平、拯救人类文明的殊死较量。从 1931 年日本军国主义悍然发动九一八事变侵华战争、1937 年蓄意制造七七事变发动全面侵华战争,到 1945 年抗战的胜利,中国人民历经了艰苦卓绝的 14 年抗战。抗日战争奏响了中华民族历史上英雄辈出的"英雄交响曲"。在这场中国近代规模最大、时间最长、范围最广和对手最凶残、牺牲最惨重的反侵略战争中,中国人民实现了伟大的民族觉醒,迸发出空前的团结抗敌巨大能量,展现出气贯长虹的抗战精神,终结了百年来列强侵华的历史。抗战的胜利是近代以来中国人民反抗外敌入侵第一次取得完全胜利的民族解放战争,中国共产党在抗战中发挥了中流砥柱的作用。抗日战争不但是中国近代第一次取得完全胜利的反侵略战争,而且是中华民族由灾难深重走向伟大复兴的历史转折点。14 年的全民抗战中,中国共产党人展现出了以民族大义为重、抗战大业为先的博大胸怀。从"抗日救国"的主张,到建立并坚持抗日民族统一战线,再到抗日根据地建立,革命圣地延安的心中圣火,昭示着"正义必胜、和平必胜、人民必胜"的真理。

知识链接

九一八事变

"九一八事变"(又称奉天事变、柳条湖事件)是日本在中国东北蓄意制造并发动的一场侵华战争,是日本帝国主义侵华的开端。1931年9月18日夜,在日本关东军秘密安排下,铁道"守备队"炸毁沈阳柳条湖附近日本修筑的南满铁路路轨,并栽赃嫁祸给中国军队。日军以此为借口,炮轰沈阳北大营——"九一八事变"爆发。次日,日军侵占沈阳,又陆续侵占了东北三省。1932年2月,东北全境沦陷。此后,日本在中国东北建立了伪满洲国傀儡政权,开始了对东北人民长达14年之久的奴役和殖民统治。1931年9月,"九一八事变",日本成为侵略亚太地区的战争策源地。中国人民为保家卫国,奋起反抗,打响了反法西斯战争的第一枪。"九一八事变"激起了全国人民的抗日怒潮。各地人民纷纷要求抗日,反对国民党政府的不抵抗主义。在中国共产党的领导和影响下,东北人民奋起抵抗,开展抗日游击战争,先后出现了东北义勇军和各种抗日武装。(1936年2月,东北各抗日部队统一改编为东北抗日联军。)

知识链接

西安事变

西安事变,又称"双十二事变"。1936年12月12日,为了劝谏蒋介石改变"攘外必先安内"的既定国策,停止内战,一致抗日,时任西北剿匪副总司令、东北军领袖张学良和时任国民革命军第十七路军总指挥、西北军领袖杨虎城在西安华清池发动"兵谏",扣留了时任国民政府军事委员会委员长和西北剿匪总司令的蒋介石,时称"西安兵谏"。在中共中央和周恩来同志的主导下,最终以蒋介石接受"停止内战,联共抗日"的主张而和平解决,促成了第二次国共合作。西安事变的和平解决成为时局转换的枢纽,十年内战的局面由此结束,第二次国共合作(党外合作)初步形成,抗日民族统一战线初步形成,成为国内战争走向抗日民族战争的转折点。

知识链接

七七事变

1937年7月7日,卢沟桥畔激烈的枪声,打破了宁静的夜晚,日本开始发动全面侵华战争。枪声唤醒了中华民族百年的沉睡,枪声宣告了全民族抗战的开始。"七七事变"是日本帝国主义全面侵华战争的开始,也是中华民族进行全面抗战的起点。1937年7月7日夜,日军在北平西南卢沟桥附近演习时,借口一名士兵"失踪",要求进入宛平县城搜查,遭到中国守军第29军严词拒绝。日军遂向中国守军开枪射击,又炮轰宛平城。宋哲元领导的第29军奋起抗战,这就是震惊中外的"七七事变",又称卢沟桥事变。1937年7月8日,中国共产党中央委员会就通电全国,呼吁:"全中国的同胞们,平津危急!华北危急!中华民族危急!只有全民族实行抗战,才是我们的出路!"

（4）解放战争

解放战争，亦称"第三次国内革命战争"，是 1945 年 8 月至 1949 年 9 月中国人民解放军在中国共产党的领导下，为推翻国民党统治、解放全中国而进行的战争。

抗战胜利后，以毛泽东为代表的中国共产党人为了争取和平民主新局面，应蒋介石邀请，毛泽东赴重庆谈判。毛泽东、周恩来、王若飞等不顾个人安危前赴重庆与国民党当局进行谈判（重庆谈判）。经过 43 天唇枪舌剑的交锋，双方签订了《国民政府与中共代表会谈纪要》——双十协定（《停止协定》），确认和平建国的基本方针。然而，中国人民期盼已久的和平建国并未到来，经过中国共产党和民主党派人士的共同努力，最终未能阻止蒋介石反动派发动全面内战的步伐。1946 年 6 月 26 日，蒋介石撕毁协定，命令国民党 30 万军队以突然袭击手段，围攻中原解放区，向解放区发动了全面进攻，悍然挑起全面内战，全面内战爆发（解放战争）。解放战争在中国共产党人的正确领导下，历经战略防御、战略反攻和战略决战三个阶段的浴血奋战，人民解放军以摧枯拉朽之势，一举全面、彻底、干净、完全摧毁了蒋家王朝，迎来了中华人民共和国的曙光（图 1.14）。

图 1.14　人民解放军占领南京

战略防御阶段（1946 年 6 月—1947 年 6 月）。这一时期，人民解放军处于战略防御阶段。战争主要在解放区进行。此时，国民党军队共计 430 万，装备精良，而中国共产党领导的人民军队 120 万，装备很差，国民党控制着全国所有大城市和主要交通干线，以及全国 76% 的土地和 71% 的人口，并扬言要在三五个月内消灭人民军队。蒋介石发动的这场战争是一场反人民的反革命性质的战争，遭到了全国人民的强烈反对，注定必然灭亡。内战爆发的第一年里，中国人民解放军在中国共产党的正确领导下，以毛泽东为核心的党中央运筹帷幄，决胜千里，先后粉碎了国民党军队的全面进攻和重点进攻，从容指挥着全国各个战场，逐步扭转了战场形势，取得了一个个重大的胜利。

战略反攻阶段（1947 年 6 月—1948 年 9 月）。1947 年 6 月，刘伯承、邓小平指挥的刘邓大军，强渡黄河，千里跃进大别山，揭开了战略反攻的序幕。其直接威胁国民政府的统治中心南京和武汉，牵制了南线国民党军一半以上的兵力，使中原地区由国民党军队进攻解放区的重要后方变成了解放军夺取全国胜利的前进基地，这是一个对战争发展具有重大战略意义的胜利，它带动了中国各个战场的战略进攻，整个战争格局从此发生根本的转变。

1947 年 10 月 10 日，中共中央向全军及全国颁布了《中国人民解放军宣言》（简称《宣言》）。《宣言》分析了当时的国内政治形势，尖锐地指出蒋介石国民党 20 年的统治，"就是卖国独裁反人民的统治。到了今天，全国绝大多数人民，地无分南北，年无分老幼，都认识到了蒋介石的滔天罪恶，盼望本军从速反攻。"《宣言》响亮地提出了"打倒蒋介石，解放全中国"的口号。1949 年进入夺取全国最后胜利的战略决战阶段。

战略决战阶段（1948 年 9 月—1949 年 12 月）。历经辽沈战役、平津战役、淮海战役三大战役后，国民党军队实力快速缩减，节节败退。国民党方面的作战失败，不但丧失大片控制的土地，国军损失了主力近 150 万人，更有超过 100 万的部队与国民党政府官员起义。辽沈、平津、淮海三大战役，是一场中国战争史上空前的世界战争史罕见的大决战。历时 142 天，歼灭国民党军 173 个师，共计 154 万人，国民党政府依靠的主要军事力量基本被摧毁。

1949 年 4 月 21 日，毛泽东、朱德发布向全国进军的命令"我们命令你们奋勇前进，坚决、彻底、干净、全部地歼灭中国境内一切敢于抵抗的国民党反动派，解放全国人民，保卫中国领土主权的独立和完整""打过长江去，解放全中国"，人民军队以秋风扫落叶之势，向尚未解放的地区举行规模空前的全面大进军。1949 年 4 月 21 日，中国人民解放军发起渡江战役，百万雄师强渡长江，国民党苦心经营的长江防线顷刻瓦解。4 月 23 日，人民解放军攻占南京，持续了 22 年的国民党反动政府统治宣告覆灭。1949 年 10 月 1 日，毛泽东主席在天安门城楼上向全世界庄严宣告："中华人民共和国中央人民政府今天成立了！"向世界宣告中华人民共和国中央人民政府成立。

"为有牺牲多壮志，敢叫日月换新天。"为了革命的胜利，中国人民付出了巨大的牺牲。据不完全统计，全国仅在革命战争年代牺牲的革命先烈约 2000 万人。解放战争的胜利，在中国大陆结束了极少数剥削者统治广大劳动人民的历史，结束了帝国主义、殖民主义奴役中国各族人民的历史。占人类四分之一的中国人民获得解放，改变了世界政治力量对比，对国际局势和世界人民革命斗争的发展具有伟大而深远的影响。解放战争的最后胜利和中华人民共和国的成立，标志着中国 100 多年来被侵略被奴役的屈辱历史的结束，标志着中国半殖民地半封建社会的结束；使中国开始了由新民主主义向社会主义过渡的新时代，成为中华民族走向新生的历史转折点。

（三）中华人民共和国成立后的国防

中华人民共和国成立以来，我国的国防与军队现代化建设经历了从无到有、从弱到强的发展历程，并取得了举世瞩目的巨大成就，大体经历了五个阶段。

1.外御侵略、内治创伤的恢复阶段（1949—1953 年）

中华人民共和国成立之初，百废待兴，内有匪患待除，外临美帝国主义强大的反华压力。在毛泽东等老一辈无产阶级革命家的领导下，在全国军民齐心协力以及友邦苏联的帮助下，国防建设初具雏形：人民军队完成了由单一军种向诸军兵种合成军队的转变，军队现代化正规化建设全面展开，武器装备建设实现了由引进向仿制的转变，为中华人民共和国国防事业的长远发展奠定了扎实的基础。

2.坚固基础,阔步向前阶段(1953年底—1966年"文化大革命"前)

这一阶段是我国国防现代化建设突飞猛进的重大时期。1953年12月召开的全国军事系统党的高级干部会议,是军队建设和国防建设的一个里程碑。这次会议确定了我国国防建设的主要任务是防御帝国主义侵略,保卫社会主义建设,保卫亚洲与世界和平。制定了"积极防御"的战略方针,提出了实现国防现代化的重大战略措施,包括精简军队、压缩国防开支、加速发展工业,为国防现代化打基础;加强国防工程建设,在沿海、边防和纵深要地建设防御工程体系;实行义务兵、军官薪金、军衔三大制度;大办军事院校,重新划分战区,完善战略、战役指挥体系;加强动员准备,建立各级动员机构和动员制度等重大措施,有力地促进了我国国防现代化建设的全面发展,初步形成了具有中国特色的国防体系。经过10多年艰苦努力,我国国防体系基本完成配套,一些领域已接近当时的世界先进水平,并成功地爆炸了第一颗原子弹(图1.15)。

图1.15　我国第一颗原子弹试爆成功

3.曲折发展阶段(1966—1978年)

进入20世纪60年代后,我国的安全环境发生了重大改变,面临着严峻且复杂的国际形势。美国侵略越南、老挝,威胁中国安全;苏联在中苏边境集结重兵,多次对中国进行武装挑衅;国内由于受"文化大革命"的干扰,国防建设受到很大影响。面对复杂严峻的国内外环境,在老一辈无产阶级革命家和全军广大指战员的共同努力下,以战备为核心,我们的国防建设依然取得了显著的成绩:常规武器实现了国产化,国防尖端技术取得了突破性进展,军队一直坚持党的领导,保持了稳定,战备工作扎实有效。

4.全面发展阶段(1978年12月—20世纪末期)

随着国家安全环境的逐步好转,我国的国防建设步入了新的历史时期。党的第二代领导集体敏锐地把握住了国际国内形势的变化,国防和军队建设指导思想实行了战略性转变。第三代领导集体抓住新军事革命的契机,确立了新时期的军事战略方针和实现"两个根本性转变"的思想,走科技强军之路,开创了国防建设的新局面,国防建设步入了快速发展的新轨道。

5.实现跨越式发展的新阶段(21世纪初至今)

新世纪、新阶段,党的第四代、第五代集体领导面对迅猛发展的科学技术,以及高科技在军事上的运用,世界军事进入到一个全新的发展时期。尤其是党的十八大以来,面对国际战略格局和国家安全形势的深刻变化,习近平总书记提出的"建设一支听党指挥、能打胜仗、作风优良"的人民军队的强军目标,体现了新的形势和任务对国防和军队建设的新要求,是党军事指导理论与时俱进的最新成果。在国家综合国力日渐强盛、科技进步的基础上,实现国防和军队现代化的跨越式发展(图1.16)。

图1.16 纪念中国人民抗日战争暨世界反法西斯战争胜利70周年阅兵式

(四)中国国防历史的启示

(1)国防与国家的兴亡密切相关,地位极其重要。国防强,民族兴;国防弱,国家亡。这是中国人民的深切体会。100多年前的清朝后期,封建社会进入没落时期,中国政治腐败、国防极度虚弱,结果遭到众多资本主义、帝国主义列强的野蛮侵略,割地赔款、生灵涂炭,中华民族跌入半殖民地的深渊。中华人民共和国成立后,随着国家的全面发展,国防日益巩固,取得了历次反侵略战争的胜利,国家发展蒸蒸日上,人民安居乐业。前后鲜明的对比证明了一个简单而深刻的道理:国防是关系国家、民族生存和发展的大事,与每一个人的利益息息相关。

(2)国防强与国家强相辅相成,落后就要挨打。国防力量薄弱就会招致侵略,这已是多数人的共识。同时,还可以从史实中得出另一个启示,即国防的强大离不开国家的强大,国家的强大也离不开国防的强大,两者相辅相成。必须提高包括国防在内的综合国力,走一条政治、经济、军事、科技、文化全面协调发展的道路。国防力量与政治力量、经济力量、科技力量是相互支撑、相互制约的关系。政治代表了国家文明发达的水平,政治发展才能促进经济、军事的发展,促进正确战略的产生,提高民族凝聚力。同时,国防巩固才能保证政治的发展,国防巩固是政治力量强大的必然表现。纵观历史,凡是国防强大的时期,都是政治开明的时期。中唐和晚清国防状况的对比就是实例。经济是社会发展的基础,作用于政治、军事的发展,政治、军事状况也反作用于经济发展。战略资源中所包括的物资、能源和信息,都离不开经济科技的支撑。春秋时期的齐国政治家管仲曾提出"富国强兵"的思想;晚清和民国时期国防的衰败,都与经济发展的滞后相关。

(3)必须将积极防御战略与坚持和平发展并重,打赢反侵略战争。国防史实表明,搞武装扩张是不可能巩固国防的,必须走与邻为伴、和平发展的道路。但仅仅如此也是不够的,还要坚持积极防御的军事战略。战争往往是国防活动的最高形态,一旦敌人将侵略战争强加到我们头上,奋起反击是唯一正确的选择,否则就将亡国。我们既不侵犯别人,也不对侵略者示弱。人不犯我,我不犯人,实行后发制人。同样重要的是,必须打赢反侵略战争。要将战略上的守势和战役战斗中的进攻结合起来,积极争取主动,及时反攻,力夺反侵略战争的胜利,达到维护国家安宁、发展的目的。通过军事威慑遏制敌人的侵略也是积极防御战略的内容。今天,在对甲午战争、抗日战争、中华人民共和国历次自卫反击战等历史事件的反思中,都能深刻地感悟到这一道理。

(4)必须建设强大的军队和组织民众,重视积聚战略力量。国防历史经验给出的一个重要结论就是必须积聚强大的战略力量,才能达到巩固国防的目标。战略力量的中坚和骨干是军队,军队弱则国防弱。但军队离不开民众的支持和配合。国防力量汇集于军队之身,却蕴藏在民众之中,两者结合形成强大的战略力量。例如,在鸦片战争中,我国军队有80万之众,但战斗力却很差,清政府又阻止民众参战,结果败给了只有15000人的英国军队,国门洞开。而抗日战争时,抗日根据地的八路军、新四军英勇善战,老百姓积极参战,军民团结、万众一心,终于赶走侵略军,将中华民族从灭亡的边缘拯救了回来。

(5)必须实行正确的战略指导和作战指导,提高主观指导能力。国防实践证明,在一定的客观条件下,人的主观指导能力的高低对国防活动的进程和结局起着关键的作用。其中首要的是战略指导的正确性。战略指导建立在对全局的深入了解和正确判断上,对战略方向的选择、战略资源的准备、战略力量的建设、战略方针的确定等重大问题作出决断,它影响国防能量的流动和国防的成败。例如,在抗日战争中,蒋介石实行单纯的政府和军队抗战、阵地防御坚守城市的战略指导,结果败多胜少。与此相反,共产党以全民持久抗战和坚持山地游击战为战略指导,最终取得了辉煌的胜利。

第二节　中国国防建设与成就

国虽大,好战必亡;天下虽安,忘战必危。

——司马穰苴

国防建设是指为国家安全利益需要,提高国防能力而进行的各方面的建设,是国家建设的重要组成部分。国防建设的内容主要包括:武装力量建设,边防、海防、空防、人防及战场建设,国防科技与工业建设,国防法制建设,国防动员建设,国防教育建设,以及与国防相关的铁路、公路、水运、民航、邮电、能源、卫生、航天等建设。重点是武装力量建设。中华人民共和国成立后,经过70年的艰苦努力,我国的国防建设取得了举世瞩目的成就。

一、国防体制、国防政策和国防法规

（一）国防体制

国防体制,即国防领导体制,是国家谋划、决策、指挥、协调国防建设和军事斗争的组织体系和相应制度,包括国防领导机构设置、职权划分、相互关系及相关制度等,是国防体制和国家体制的重要组成部分。国防领导体制对发挥综合国力、实现国防目的具有至关重要的作用。一般设有最高统帅、最高国防决策机构、国家行政机关中管理国防事务的部门和武装力量领导指挥系统等。根据《中华人民共和国宪法》和《中华人民共和国国防法》,中华人民共和国的国防领导权由中共中央、全国人民代表大会及其常务委员会、国家主席、国务院、中央军委行使。

1.中共中央的国防领导职权

中国共产党是我国社会主义事业的领导核心,《中华人民共和国宪法》和《中华人民共和国国防法》都规定了中共中央在包括国防事务在内的国家生活中发挥着决定性领导作用。《中华人民共和国国防法》规定:"中华人民共和国的武装力量受中国共产党领导。"在中国,有关国防、战争和军队建设的重大问题,都由中共中央、中央军委、中央政治局及其常委会作出,通过必要的法定程序使之上升为党和国家的意志并在全国范围内统一贯彻执行。

2.全国人民代表大会及其常务委员会的国防领导职权

全国人民代表大会是中华人民共和国最高权力机关,它在国防方面的职权主要有:决定战争和和平的问题;制定相关国防基本法律;选举中央军事委员会主席;根据中央军事委员会主席的提名,决定中央军事委员会其他组成人员,并有权罢免以上人员;审查和批准包括国防经费预算在内的国家预算和预算执行情况报告;改变或撤销全国人民代表大会行使的国防方面的其他职权。作为全国人民代表大会常务委员会的常设结构,全国人大常委会在国防方面的职权主要有:在全国人民代表大会闭会期间,决定战争状态的宣布;决定全国总动员或者局部动员;制定有关国防方面的法律等。

3.国家主席的国防领导职权

中华人民共和国主席的国防领导职权主要包括:根据全国人民代表大会的决定和全国人民代表大会常务委员会的决定,宣布战争状态,发布动员令;颁布全国人民代表大会及其全国人民代表大会常务委员会制定的有关国防方面的法律;根据全国人民代表大会及其全国人民代表大会常务委员会的决定授予在国防方面的勋章和荣誉称号,批准、废除同外国缔结的有关国防方面的条约和重要协定。

4.国务院的国防领导职权

中华人民共和国国务院是最高国家权力机关的执行机关,是最高国家行政机关,它的国防领导职权包括:编制国防建设发展规划和计划;制定国防建设方面的方针、政策和行政法规;领导和管理国防科研生产;管理国防经费和国防资产;领导和管理国民经济动员工作和人民武装动员、人民防空动员、交通战备动员等方面的工作;领导和管理拥军优属工作和退出现役军人的安置工作;领导国防教育工作;与中央军事委员会共同领导中国人民武装警察部队、民兵、工作,以及征兵、预备役、边防、海防和空防工作;法律规定的与国防建设事业有关的其他职权。

5.中央军事委员会的国防领导职权

中华人民共和国中央军事委员会是最高国家军事机关,统领全国武装力量,负责党和国家的最高军事决策和军事指挥,根据党的路线、方针、政策和国家安全与发展需要,确定军事战略,领导军事建设。其主要职权包括:统一指挥全国武装力量;决定军事战略和武装力量的作战方针;领导和管理中国人民解放军的建设,制定规划、计划并组织实施;向全国人民代表大会或者全国人民代表大会常务委员会提出议案;根据宪法和法律,制定军事法规,发布决定和命令;决定中国人民解放军的体制和编制;规定相关单位的任务和职责;依照法律、军事法规和规定,任免、培训、考核和奖惩武装力量成员;批准武装力量的武器装备体制和武器装备发展规划、计划,协同国务院领导和管理国防科研生产;会同国务院管理国防经费和国防资产;法律规定的其他职权。

6.中华人民共和国国防部

中华人民共和国国防部是中华人民共和国国务院的军事部门。根据中华人民共和国宪法规定,国务院领导和管理国防建设事业。国务院设立国防部,一切需要由政府负责的军事工作,则经国务院作出相应决定,通过国防部或以国防部的名义组织实施。国防部在接受国务院领导的同时也接受中央军事委员会的领导。

党的十八大以来,党中央、中央军委和习主席围绕实现强军目标,统筹军队革命化、现代化、正规化建设,统筹军事力量建设和运用,统筹经济建设和国防建设,制定新形势下军事战略方针,提出一系列重大方针原则,作出一系列重大决策部署。全面实施改革强军战略,坚定不移走中国特色强军之路,必须深化国防和军队改革。2016年1月1日印发并实施了《中央军委关于深化国防和军队改革的意见》。

围绕"坚持正确政治方向;坚持向打仗聚焦;坚持创新驱动;坚持体系设计;坚持法治思维;坚持积极稳妥"的基本要求,牢牢把握"军委管总、战区主战、军种主建"的原则,以领导管理体制、联合作战指挥体制改革为重点,协调推进规模结构、政策制度和军民融合深度发展改革。2020年前,在领导管理体制、联合作战指挥体制改革上取得突破性进展,在优化规模结构、完善政策制度、推动军民融合深度发展等方面改革上取得重要成果,努力构建能够打赢信息化战争、有效履行使命任务的中国特色现代军事力量体系,进一步完善中国特色社会主义军事制度(图1.17)。

调整后军委机关机构设置

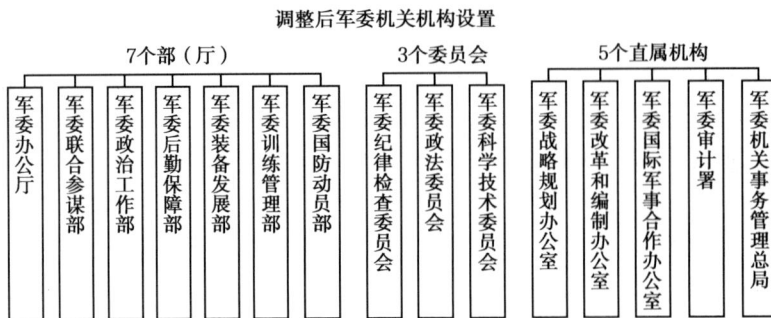

图 1.17　2016 军改

知识链接

中央军委

中央军委即中国共产党中央军事委员会和中华人民共和国中央军事委员会的简称，它是"中国共产党的最高军事指挥和军事决策机构"，它领导着全国武装力量。中央军事委员会由主席、副主席、若干委员组成，实行主席负责制。2016 年 1 月 11 日，军委机关由 4 个（总参、总政、总后、总装备）总部，改为军委办公厅、军委联合参谋部、军委政治工作部、军委后勤保障部、军委装备发展部、军委训练管理部、军委国防动员部、军委纪律检查委员会、军委政法委员会、军委科学技术委员会、军委战略规划办公室、军委改革和编制办公室、军委国际军事合作办公室、军委审计署、军委机关事务管理总局 15 个职能部门。

（二）国防政策

中华人民共和国是发展中的社会主义国家。中国始终不渝地奉行独立自主的和平外交政策，主张在和平共处五项原则和其他公认的国际关系准则的基础上，同所有国家建立和发展友好合作关系，为维护世界和平、促进人类进步事业而努力。中国的国防政策是由中国的国家利益、社会制度、对外政策和历史文化传统等因素决定的。维护国家利益，一是要始终把维护国家的主权、统一、领土完整和安全放在第一位，把保卫祖国、抵抗侵略、维护统一、反对分裂作为国防政策的出发点和立足点；二是要为国家的改革开放和发展提供一个和平稳定的内外环境。中国是社会主义国家，并处在社会主义的初级阶段。中国根据自己的国情所选择的社会制度、发展战略和生活方式，不会产生对外侵略扩张的因素，因而也就不会制定扩张性的国防政策。中国始终不渝地奉行独立自主的和平外交政策，不同任何国家或国家集团结盟，主张通过协商和平解决国家间的纠纷和争端，主张在和平共处五项原则基础上同所有国家发展友好合作关系。因此，中国不会对任何别的国家构成威胁，而只能是维护世界和平和地区稳定的重要力量。在中国几千年的历史中，爱和平，重防御，求统一，促进民族团结，共御外侮，始终是中国国防观念的主题。中国的国防政策渊源于这种优良的历史文化传统。中国国防政策对国防的领导力量、国防的基本目标、国家军事战略方针、国防和军队建设的途径、防卫活动的指导原则、对外军事交往及合作的宗旨都作了明确规定。

1.中国国防政策的内容

中国的国防政策主要包括以下内容:巩固国防,抵御侵略,制止武装颠覆,捍卫国家的领土、领空、领海主权和海洋权益,维护国家的统一和安全;国防建设服从和服务于国家经济建设,实现国防建设与经济建设的协调发展,不断提高军队的防卫作战能力;在战略上实行防御、自卫和后发制人的原则,坚持"人不犯我,我不犯人,人若犯我,我必犯人";依靠科技强军,加强质量建设,实现军队由数量规模型向质量效能型、由人力密集型向科技密集型的转变,走有中国特色的精兵之路;坚持平战结合、军民结合的方针,在独立自主、自力更生的原则下,有重点有选择地引进国外一些先进技术,大力发展国防科学技术,加强军队现代化建设,加强后备力量建设,逐步增强国防实力和潜力;反对任何形式的恐怖主义,积极参加国际反恐合作,共同防范和打击国际恐怖活动;努力发展与各国军队的友好关系,积极开展军事交流与合作,反对军备竞赛,主张通过公正、合理、全面、均衡的原则,实行有效的军备控制和裁军,防止大规模杀伤性武器的扩散,维护世界和平。

中国坚定不移地奉行防御性的国防政策,坚持永远不称霸、不做超级大国、不侵略别国。中国国防政策的基础是中国政府积极倡导的新安全观,其核心是各国在国际关系上应坚持互信、互利、平等、协作的原则。互信是指超越意识形态和社会制度异同,摒弃冷战思维和强权政治心态,互不猜疑,互不敌视。互利是指顺应全球化时代社会发展的客观要求,互相尊重对方的安全利益,在实现自身安全利益的同时,为对方安全创造条件,实现共同安全。平等是指国家无论大小强弱,都是国际社会的一员,应相互尊重,平等相待,不干涉别国内政,推动国际关系的民主化。协作是指以和平谈判的方式解决争端,并就共同关心的安全问题进行广泛深入的合作,消除隐患,防止战争和冲突的发生。

2.中国的军事战略

中国为抵御外敌侵略,保卫国家独立和安全,维护世界和平,始终奉行积极防御的战略。其基本点是坚持自卫立场,坚持后发制人,坚持人民战争。为适应世界军事领域的深刻变革和国家发展战略的要求,中国制定了新时期积极防御的军事战略方针。这一方针立足于打赢现代技术特别是高技术条件下的局部战争,注重遏制战争爆发,坚持和发展人民战争思想。中国人民解放军实施科技强军战略,积极推进中国特色军事变革,加快国防科研和武器装备发展,培养高素质新型军事人才,建立科学的体制编制,发展具有中国特色的军事理论,推进以信息化为主导、机械化为基础的军队现代化建设,提高高技术条件下的整体防卫作战能力。

3.中国的核政策

中国作为核武器国家,积极支持和参与防止核扩散的国际努力,推动核裁军进程,致力于在全球范围内最终实现全面禁止和彻底销毁核武器的目标。中国是《不扩散核武器条约》缔约国,一向恪守条约义务,奉行不主张、不鼓励、不扩散核武器的政策。中国组建战略核部队,完全是出于防御目的,是为了反对核讹诈,遏制核战争。核反击是被迫的，最终目的是消灭核武器和核战争，维护中国的独立和安全。中国政府一再郑重声明，中国在任何时候、任何情况下，都不会首先使用核武器，不对无核武器国家和无核武器地区使用核武器。但是，如果遭到核袭击，将毫不犹豫地实施核反击，进行有限而有效的核报复。

（三）国防法规

国防法规是调整国防和武装力量建设领域各种社会关系、法律规范的总和，是国家法律体系的重要组成部分，是加强国防和武装力量建设的基本依据。

1.基本含义

国防法规是指国家为了加强防务，尤其是加强武装力量建设，用法律形式确定由国家立法机关制定的并以国家强制力保证其实施的，用于调整国防体制、武装力量建设、国防科技建设、战争动员体制、国防生产、全民防御和国防教育等方面社会关系的法律规范的总称。它是国家国防政策的法律体现，是指导国防活动的行为准则，又是国家法律体系的重要组成部分。

2.国防法规体系

国防法规以国家宪法为基础，由各类具体国防规范组成。主要由以下几个方面组成：

（1）《宪法》中的国防法律条款和基本国防法律。宪法是国家的根本大法，具有最高的法律效力，所以，宪法中的国防法律条款是国防法律规范的最高层次，是制定其他国防法律规范的根本性依据。基本国防法律的效力仅低于宪法，主要规定国防领导体制，武装力量的构成、任务、建设目标和原则，国防建设与斗争的基本制度，社会组织和公民的基本国防权利与义务，对外军事关系等。在国防法律体系中，基本国防法律起着诠释、衔接宪法、统领其他国防法律法规的作用。

（2）全国人大常委会制定的国防法律，是宪法中的国防法律条款和基本国防法律的具体化，如《中华人民共和国国防法》《中华人民共和国国防教育法》《中华人民共和国国防动员法》《兵役法》《反国家分裂法》《现役军官服役条例》《军官军衔条例》《预备役军官法》《军事设施保护法》《人民防空法》等。

（3）中央军委制定的军事法规，国务院单独或与中央军委联合制定的国防行政法规，如《纪律条令》《内务条令》《队列条令》《军事设施保护法》《军人抚恤优待条例》《退伍义务兵安置条例》等。

（4）军委各总部、各军兵种、各军区制定的军事规章，国务院有关部委单独或与军委各总部联合制定国防行政规章，如《单兵训练规定》《兵员管理规定》《牺牲、病故人员遗属抚恤的规定》等。

（5）地方各级权力机关和行政机关制定的地方性国防法规和规章，如广东省人大常委会制定的《广东省征兵工作规定》、北京市人民政府制定的《退伍义务兵安置办法》等。

3.主要国防法规

（1）《中华人民共和国国防法》

现行《中华人民共和国国防法》由第八届全国人民代表大会第五次会议于1997

年 3 月 14 日修订通过,中华人民共和国主席令第八十四号公布,自 1997 年 3 月 14 日起施行。

《中华人民共和国国防法》是为了建设和巩固国防,保障社会主义现代化建设的顺利进行,根据宪法,制定、颁布、实施。2009 年作了修正,总共 12 章 70 条,主要对涉及国防领域各方面的关系进行调整。

《国防法》的主要内容:

3.1.1 规范了国家防务建设的基本方针和基本原则;

3.1.2 规范了国防建设的基本制度;

3.1.3 规范了国防领导体制的构成及职责;

3.1.4 规范了武装力量的构成、性质、宗旨、任务、建设目标及武装力量活动的原则等;

3.1.5 规范了公民、国家机关、社会组织的国防义务和权利。

(2)《中华人民共和国兵役法》

《中华人民共和国兵役法》经 1984 年 5 月 31 日第六届全国人民代表大会第 2 次会议通过,1984 年 5 月 31 日中华人民共和国主席令第 14 号公布。根据 2011 年 10 月 29 日第十一届全国人大常委会第 23 次会议《关于修改〈中华人民共和国兵役法〉的决定》第 3 次修正,修正后的《兵役法》即为现行《兵役法》。

现行《兵役法》共十二章七十四条,主要包括:国家的兵役制度,武装力量的组成,公民服兵役的条件、形式和期限,兵员的征集、招收和动员,公民服兵役的权利与义务及奖惩等。

(3)《中华人民共和国国防教育法》

为了普及和加强国防教育,发扬爱国主义精神,促进国防建设和社会主义精神文明建设,根据《国防法》和《教育法》制定,由中华人民共和国第九届全国人民代表大会常务委员会第二十一次会议于 2001 年 4 月 28 日通过,中华人民共和国主席令第五十二号予以公布,自公布之日起施行。

全法共六章三十八条,主要规定了国防教育的方针原则,学校国防教育、社会国防教育,国防教育的保障和法律责任等。2001 年 8 月 31 日,由第九届全国人民代表大会第十三次会议通过的《全国人民代表大会常务委员会关于设立全民国防教育日的决定》是对《国防教育法》的补充,确定每年 9 月第三个星期六为"全民国防教育日"。

(四)公民的国防权利和义务

公民的国防权利和义务是我国公民的基本权利和义务的重要内容,按照国防法规,公民在履行国防义务的同时也享有权利。国防义务与权利是相一致的,体现的是国家与公民之间一种平等的法律关系。一方面,国家赋予公民各项国防权利,并保证其权利的行使;另一方面,公民应当自觉维护国家的安全与利益,严格履行各种国防义务。权利和义务相互促进、相互转化,公民履行国防义务的自觉性越高,能力越强,越有利于国防建设事业的发展,也就越有利于公民享有国防权利。正确行使宪法和相关国防法规赋予公民的国防权利,自觉履行国防义务是每一个公民应当具备的品德和责任。

1.公民的国防权利

是指宪法、法律赋予公民在国防活动中享有的权利或利益。国家从法律和物质上保障公民和组织享有这种权利的可能性。

根据我国《国防法》的规定,公民享有三个方面的国防权利:(1)公民和组织有对国防建设建议权;(2)公民和组织有对危害国防的行为进行制止、检举危害国防行为权;(3)公民和组织在国防活动中有经济损失补偿权。

2.公民的国防义务

是指由宪法、法律规定的公民在国防方面应当履行的责任。国防义务是法定义务、法律义务,是由国家强制力保证其落实的。每一个公民都享有相应的国防权利,也必须履行相应的国防义务。它要求一切负有国防义务的公民依照法律规定,平等地承担国防义务,对法定的各项国防义务,每个公民都必须自觉履行,绝不允许应当履行而拒不履行国防义务的现象存在。对拒不履行国防义务的,必须承担法律责任,受到法律制裁。所谓国防权利,是指由国家宪法、法律赋予公民在国防活动中所享受的权益。

我国的国防法规赋予公民的国防义务主要有以下七项:(1)维护国家统一和安全的义务;(2)履行兵役的义务;(3)支持国防建设的义务;(4)接受国防教育的义务;(5)支前参战的义务;(6)保护国防设施的义务;(7)保守国防秘密的义务。

二、中华人民共和国武装力量建设

（一）武装力量的概念与功能

武装力量是国防的重要组成部分,是国家或政治集团各种武装组织的总称。通常以军队为主体、由军队与其他正规及非正规的武装组织构成,由国家或政治集团的最高领导人统率。我国的武装力量是防范和抵抗侵略,制止武装颠覆,保卫国家主权、统一、领土完整和安全的坚强后盾。

（二）我国武装力量的发展历程

中华人民共和国武装力量体制是在中国共产党领导中国人民进行的长期革命战争和中华人民共和国同各种敌对势力斗争的过程中形成的,具有鲜明的中国特色。1927年8月1日中国共产党领导的人民军队建立,经历了艰苦卓绝的革命斗争,取得了革命的胜利,建立了伟大的中华人民共和国。人民军队为国家的建立立下了不可磨灭的功勋,在革命斗争中缔造出的忠于党、忠于人民的坚不可摧的人民军队,为国家的建设与发展提供了强大的国防安全保障。

第一次国内革命战争时期,中国共产党联合国民党组织了国民革命军,并直接领导建立工人纠察队和农民自卫军等革命群众武装组织;第二次国内革命战争时期,中国共产党在各革命根据地组建了中国工农红军、赤卫军和少年先锋队相结合的武装力量;抗日战争时期,中国共产党领导各抗日根据地组成了包括八路军、新四军的主力部队、地方部队和民兵、自卫队相结合的武装力量;解放战争时期,中国共产党在各解放区大力发展地方军和民兵,扩编野战军,建立中国人民解放军,形成了野战军、地方军和民兵相结合的武装力量。

中华人民共和国成立后,大规模武装斗争逐步停止,国家进入和平建设时期。为适应新的历史条件,我国根据国际国内形势和任务的需要,在继承和发扬革命战争年代传统的基础上,不断进行改革和发展,逐步形成中国人民解放军、中国人民武装警察部队和民兵相结合的武装力量。

《中华人民共和国宪法》第二十九条规定:"中华人民共和国的武装力量属于人民。"《中华人民共和国国防法》第十九条规定:"中华人民共和国的武装力量受中国共产党领导。武装力量中的中国共产党组织依照中国共产党章程进行活动。"围绕着中国的国防政策和建设目标和维护"党对军队的绝对领导"(简称"党指挥枪"),中华人民共和国成立后,人民解放军在中国共产党领导下,忠实履行自己的职能,保卫祖国,保卫人民,为中国的社会主义建设和改革事业,为捍卫国家主权、安全、领土完整,为维护世界和平,为社会主义建设作出了重大贡献。同时,自身建设也取得举世瞩目的成就。我军正在革命化、现代化、正规化建设的道路上阔步前进。

(三)我国武装力量建设目标

武装力量建设的目标是指武装力量建设在一定时期内所要达到的程度和标准。它决定着武装力量建设的规模和水平。我国《宪法》第二十九条规定,国家加强武装力量的革命化、现代化、正规化的建设,增强国防力量。我国《国防法》又重申了这一规定。我国《宪法》和《国防法》把实现"革命化、现代化、正规化"作为整个武装力量的建设目标,为增强国防实力提供了最高的法律保障。

1.革命化

革命化表明武装力量的无产阶级性质,表明武装力量属于人民,属于社会主义国家。我国武装力量的革命化主要是指在中国共产党的绝对领导之下,坚持无产阶级的政治、方向,坚持全心全意为人民服务的宗旨;掌握革命理论,继承和发扬优良传统;培养严守纪律和自我牺牲的精神,培养压倒一切敌人和压倒一切困难的精神,培养爱国主义和国际主义的精神,使我国武装力量成为党和国家的钢铁长城、社会主义现代化建设和人民利益的捍卫者。其中最根本的是确保政治上永远合格,绝对听从党的领导与指挥,为巩固中国共产党的执政地位提供重要的力量保证。

2.现代化

现代化则表明武装力量的作战水平,即为一定阶级、一定国家服务的能力。我国武装力量的现代化主要是指三个方面的内容:一是武器装备的现代化;二是人员素质的现代化;三是人和武器的最佳组合,即精简机构,提高效率,建立科学的体制编制,保证人与装备所具有的潜力能够得到最大限度的发挥。

3.正规化

正规化是保障现代化实现的基本前提。我国武装力量的正规化就是要建立起与武装力量现代化建设相适应的科学合理的组织结构和高效周密的运行机制,实行统一的指挥、统一的制度、统一的编制、统一的纪律、统一的训练,增强组织性、计划性、准确性、纪律性。

武装力量的"革命化、现代化、正规化"建设是一个完整有机的系统工程,各个方面既有独立的内容,又有紧密的联系。革命化是统帅,现代化是中心,正规化是保障,其有着共同的出发点和归宿,最终都是为了全面提高武装力量的战斗力,三者相辅相成,不容割裂,不能孤立、片面、静止地强调某一个方面而忽视其他方面。

(四)我国武装力量建设与发展的指导原则

从现在起到21世纪中叶是中华民族全面振兴的重要时期,也是人民军队发展的重要时期。依据国家总体规划,国防和军队现代化建设实行三步走的发展战略,在2010年前打下坚实基础,2020年前后有一个较大的发展,到21世纪中叶基本实现建设信息化军队和打赢信息化战争的战略目标。力争到2035年基本实现国防和军队现代化,到21世纪中叶把人民军队建成一流军队。这一战略构想充分反映了党中央领导集体战略上的深谋远虑和强军兴军的雄心壮志,是指引我国武装力量建设与发展的宏伟纲领。实现21世纪发展构想,加速军队的现代化建设,需要坚持以下指导原则。

1.质量建军原则

军队是为打仗而存在和进行建设的。对任何一支军队来说,其战斗力强弱,不但取决于数量多寡,而且取决于质量的高低。在现代战争条件下,数量要素在军队作战能力构成中的比重相对下降,军队战斗力的强弱越来越主要取决于质量的高低。对于"人民解放军"这支过去和将来都立足于以劣势武器装备打仗的人民军队来说,在全面战争及其临战时期,有必要达到一定的数量和规模。而和平时期,国家以经济建设为中心,军队建设就必须把规模控制在适度水平,把有限的军费用于军队建设最重要、最关键、最急需的地方。在军队建设的指导思想上,实现从"数量规模型向质量效能型、从人力密集型向科技密集型"的两个根本性转变。

2.科技强军原则

军事领域在世纪之交的一个显著特点,就是科学技术的进步对战争形态、军事力量结构、军事力量运用的方式和军事理论的发展都将产生深刻的影响。没有先进的科学技术,既不可能有现代化的武器装备,也不可能有现代化的军事人才和科学的体制编制,因此也就不可能建设成高质量的军队。在中国人民解放军的建设与发展中,必须增强科技意识,提高用科技强军思想指导质量建设的自觉性。现代技术特别是高技术条件下的局部战争,对军队的科学技术素质提出了更高要求,只有走科技强军之路,通过不断增强军队战斗力构成中的高科技含量,才能使中国人民解放军成为一支更加适应未来战场环境,并能够在未来战争中立于不败之地的强大军队。

3.勤俭建军原则

勤俭建军是中国人民解放军的优良传统,也是建军的基本原则之一。在革命战争年代和相对和平时期的军队建设中,人民解放军依靠勤俭建军和艰苦奋斗的精神,克服了重重困难,取得了战争的胜利和军队建设的巨大进步。在军队跨世纪的发展中,现代化建设任务十分繁重,而军费有限,供需矛盾突出。在这种情况下,继承和发扬勤俭建军、艰苦奋斗的优良传统尤为重要。勤俭建军就要发扬艰苦创业精神,以此作为战胜困难和夺取胜利的精神支柱;树立计划的节约是最大的节约思想,搞好军队建设的宏观谋划和长远规划,做到统筹规划,协调发展;要严格执行有关条令条例、规章制度,加强检查、监督,从各个方面堵塞漏洞;加强科学管理,运用新的科学技术成果、改进工作方法、提高工作效率等,节约人力、物力和财力,丰富勤俭建军的内容和成果。

4.依法治军原则

依法治军是"依法治国,建设社会主义法治国家"方针的基本要求,是实现跨世纪军队建设发展目标的重要保证。随着社会主义市场经济体制的建立和民主法制建设的加强,社会生活、军队活动的各个方面都将逐步纳入法制轨道,传统的治军方法必将越来越紧密地同法律手段有机地结合起来。坚持依法治军原则应把军队建设的各个方面和各个环节纳入法制轨道,做到"有法可依、有法必依、执法必严、违法必究",实现军队建设的法制化和规范化。

5.科学决策原则

加强军队建设的科学决策是时代发展和科学进步提出的必然要求。随着经济、科技和社会的发展,军队建设的系统性特征越来越突出,现代化军队建设越来越成为一个庞大而复杂的系统工程。现代化军队建设不仅在人、财、物上的投入上耗费巨大,而且整个军队建设的各个方面又是一个紧密联系的有机整体。例如,武器装备发展战略的确定,军队体制编制的调整,教育训练的发展,后勤保障制度的改革等,都是牵一发而动全身,一项决策的失误,将会带来严重的后果。因此,必须坚持科学决策的原则,借助现代决策科学、管理科学,采用科学的决策程序和方法,在加强预测研究、系统论证的基础上,科学决策;建立健全决策系统、咨询系统、执行系统、反馈系统、监督系统,完善决策机制,最大限度地保证决策的科学合理,保证军队建设跨世纪发展战略的实现。

（五）我国武装力量的构成

中华人民共和国的武装力量包括中国人民解放军现役部队(包括预备役部队)、中国人民武装警察部队和民兵。中央军委领导和统一指挥全国武装力量。《中华人民共和国宪法》(1982年)规定:"中华人民共和国的武装力量属于人民。它的任务是巩固国防,抵抗侵略,保卫祖国,保卫人民的和平劳动,参加国家建设事业,努力为人民服务。"我国的武装力量主要担负防卫作战任务,必要时可以依照法律规定协助维护社会秩序。

2013年4月16日发表的《中国武装力量的多样化运用》白皮书,首次披露海陆空三军的人数,现行宪法下的国家武装力量由中国人民解放军、中国人民武装警察部队和中华人民共和国民兵组成。

2015年9月3日,习近平总书记在中国人民抗日战争暨世界反法西斯战争胜利70周年纪念大会上郑重宣布:中国将裁减军队员额30万。2015年12月31日,中国人民解放军陆军领导机构、中国人民解放军火箭军、中国人民解放军战略支援部队成立大会在八一大楼隆重举行。中共中央总书记、国家主席、中央军委主席习近平向陆军、火箭军、战略支援部队授予军旗并致训词,标志着中国新一轮军改正式拉开序幕。

在新的历史时期,中国武装力量体制发展为人民解放军、人民武装警察和民兵三结合的体制。这种体制,既可以在平时满足维护国内安全的需要,又能在战时充分发挥解放军、武装警察部队和民兵三结合武装力量体制的优点,并使之更有力量。这一体制符合中国国情和军情,符合中国武装力量的性质和特点,是新时代下完成国防使命的客观要求。

1.中国人民解放军

中国人民解放军由现役部队和预备役部队组成。中国人民解放军是中国共产党领导的人民军队,是中华人民共和国武装力量的骨干,是抵抗侵略、保卫祖国、维护国家主权和安全的主要力量,是建设有中国特色社会主义和维护世界和平的重要力量。无论是历史还是现实,无一例外地表明,人民解放军在中国革命和建设的实践中,在建立和巩固中华人民共和国的国防事业中,具有不可替代的作用。

经过几十年的建设,现已发展至拥有陆军、海军、空军、火箭军、战略支援部队五大军种。依据"军委管总、战区主战、军种主建"的总原则,根据我国安全环境的军队担负的使命把我国国土确定为五大战区,即东部战区、南部战区、西部战区、北部战区、中部战区。这种确定和划分,有利于我军健全联合作战指挥体制,构建联合作战体系,更好地维护国家主权、安全和发展利益,维护地区稳定和世界和平。

(1)陆军。陆军是陆地上作战的军种(图1.18、图1.19),它担负着在陆地歼灭敌人的任务,既能独立作战,又能与海军、空军联合作战。

中国人民解放军陆军诞生于1927年。土地革命战争时期,中国工农红军绝大部分是步兵,有少量骑兵、炮兵、工程兵、通信兵等部队、分队。主要武器是步枪、机枪、手榴弹和少量小口径火炮,在某些部队中还使用部分大刀、长矛。抗日战争时期,陆军的成分基本没有变化。步枪、机枪、手榴弹和小口径火炮等武器装备,主要从侵华日军和伪军手中缴获而来。同时,也有少量自造的枪、弹、地雷和刀、矛等。解放战争时期,陆军规模不断扩大,武器装备明显改善,发展了炮兵、工程兵和通信兵部队,新建了坦克兵和防化兵部队、分队。

图1.18 中国人民解放军陆军方阵

图1.19 中国人民解放军99式主战坦克

中华人民共和国成立后,陆军进入现代化、正规化的新的发展阶段,部队逐步装备国产的步兵武器、火炮、导弹、坦克、步兵战车和直升机,改善和发展了工程、通信、电子对抗等技术装备和器材。自 1950 年开始,先后建立炮兵、装甲兵、工程兵、通信兵、防化兵等兵种领导机关,成立各类院校和军事科学研究机构,组建陆军防空兵、电子对抗部队、陆军航空兵等新兵种和一些专业兵部队,炮兵、坦克兵的比例增大,步兵的比例逐步缩小。20 世纪 80 年代,陆军的军队改编为集团军编制,部队的合成化程度大大提高。

中国人民解放军陆军经过几十年的建设,由单一兵种逐步发展成为一支具有强大火力、突击力和高度机动能力的诸兵种合成的,由步兵、装甲兵、炮兵、防空兵、电子对抗兵、航空兵等组成的现代化陆军军队。按照"机动作战、立体攻防"的战略要求,基本形成了空地一体、远程机动、快速突击的能力。

(2)海军。中国人民解放军海军是以舰艇部队和海军航空兵为主体,在海洋上作战的军种,具有在水面、水下、空中及对岸上实施攻防作战的能力。其主要任务是独立或协同其他军种防御敌人从海上的入侵,保卫领海主权、维护海洋权益(图1.20—图 1.22)。

图 1.20　中国人民解放军海军方阵

图 1.21　中国海军导弹驱逐舰

图 1.22　中国人民解放军海军实战演习

中国人民解放军于 1949 年 4 月 23 日在江苏泰州组建了中国人民解放军华东军区海军。1950 年 4 月 14 日,我国的海军领导机关在北京成立。1953 年 2 月,毛泽东视察华东军区海军时,为海军题词:"为了反对帝国主义的侵略,我们一定要建立强大的海军。"1955 年,海军组建东海舰队、南海舰队;1960 年,组建北海舰队;1980 年,组建海军陆战队。此后,中国人民解放军海军逐步发展成为一支拥有水面舰艇部队、潜艇部队、海军航空兵、海军岸防兵和海军陆战队等的诸兵种合成军种。中国人民解放军海军,是中国共产党绝对领导的新型的人民海军,自建立以后,在解放沿海岛屿、打破敌人海上封锁、反击外来侵略的战斗中,曾独立作战或与陆军、空军协同作战1200余次,击沉、击伤和俘获敌舰船400余艘,击毁、击伤敌机500余架,毙俘敌军7000余名,保卫了海防,维护了国家的领土主权和海洋权益。人民海军还圆满地完成了首航南太平洋、保障远程运载火箭飞行试验、潜艇水下发射运载火箭试验、大面积海洋调查测量、参加通信卫星发射、首次赴南极考察等重大任务,为支援国家经济建设作出了重大贡献。经过70年的建设和发展,中国人民解放军海军部队已成为一支兵种齐全、常规和尖端武器兼备,具有立体攻防能力,能有效地保卫国家领海的战斗力量。

2012年9月,第一艘航空母舰"辽宁舰"列装海军,2019年12月17日中国人民解放军海军山东舰(舷号:17)。山东舰是中国第一艘完全自主设计、自主建造、自主配套的中国国产航空母舰。中国国产航母的山东舰入列令中国史无前例地拥有两个航母编队。除美国、英国之外,中国成为世界上第三个拥有双航母编队的国家,对于建设强大海军和维护海上安全意义重大。中国人民解放军海军现役军人约24万人,舰船300余艘,飞机600余架,现役舰艇总吨位仅次于美国,是西太平洋地区最大规模的海上武装力量。

海军主要由水面舰艇部队、潜艇部队、海军航空兵、海军岸防兵和海军陆战队等兵种以及各种保障部队编成。人民海军按照"近海防御、远海防卫"的战略要求,努力提高战略威慑、远海机动和近海综合作战能力的要求。武器装备正朝着导弹化、电子化和自动化的方向发展。另外,被誉为"两栖利剑"的中国海军陆战队,具有陆地、海上、水下多种作战能力,是登陆作战的"尖兵"、海上特战的"蛟龙"、应急处突的"拳头",在保卫海疆安全、维护海洋权益、支援岛屿作战中发挥着特殊的作用。

(3)空军。空军是主要进行空中作战的军种(图1.23、图1.24)。空军具有快速反应、高速机动、远程作战和猛烈突击的能力,既能协同其他军种作战,又能独立进行战役、战略任务。

图1.23 中国人民解放军空军

图1.24 中国人民解放军空军

空军是现代立体作战的重要力量,能对战争的进程和结局产生重大影响,在现代国防和现代战争中具有重要的地位和作用。

中国人民解放军空军组建于 1949 年 11 月 11 日。经过 70 年的建设和发展,中国人民解放军空军已发展成为拥有航空兵、地面防空兵、空降兵、雷达兵、电子对抗兵等综合性军种,按照"空天一体、攻防兼备"的战略要求,不断提高空中进攻、防空反导、战略投送和空降作战能力。空军体制编制在精干、合成、效能方面不断改进,武器装备现代化水平逐步提高,已具备执行空中突击、空中支援、空中运输、航空侦察和防空等任务的能力,成为一支既能独立完成国土防空任务,又能协同陆、海军作战的战斗力量。

(4)火箭军。中国人民解放军火箭军是中国人民解放军新的军种,由第二炮兵更名而来。2015 年 12 月 31 日正式成立,是中国大国地位的战略支撑,维护国家安全的重要威慑力量。火箭军主要担负遏制他国对中国使用核武器、遂行核反击和常规导弹精确打击任务,由核导弹部队、常规导弹部队、作战保障部队等组成。火箭军是核常兼备的力量重要组成部分,包括快速反应、有效突防、精确打击、综合毁伤和生存防护能力、战略威慑与核反击、常规精确打击等。火箭军下辖导弹基地、训练基地、专业保障部队、院校和科研机构等,目前装备是东风系列弹道导弹和长剑巡航导弹(图 1.25)。

图 1.25　中国东风 41 导弹

(5)战略支援部队。战略支援部队是我国陆、海、空、火箭军之后的第五大军种。

2015 年 12 月 31 日正式成立。2016 年作为一支新型作战力量加入解放军序列,是维护国家安全的新型作战力量,是我军新质作战能力的重要增长点,主要是将战略性、基础性、支撑性都很强的各类保障力量进行功能整合后组建而成的。成立战略支援部队,有利于优化军事理论结构、提高综合保障能力,将成为解放军新质作战能力的重要增长点和决胜未来战争的关键力量。战略支援部队包括情报、技术侦查、电子对抗、网络攻防、心理战五大领域。

(6)中国人民解放军预备役部队。中国人民解放军预备役部队是建设祖国、保卫祖国的一支重要力量(图 1.26、图 1.27)。是以现役军人为骨干,以预备役军官、士兵为基础,按统一编制为战时需要动员、组建起来的组织,是我军后备力量的重要组成部分,是战时实施快速动员的重要组织形式。1983 年,我国正式组建预备役部队并将其列入中国人民解放军编制序列,授予番号和军旗。

图 1.26　中国人民解放军预备役部队

图 1.27　中国人民解放军预备役部队臂章

2.中国人民武装警察部队

中国人民武装警察部队(简称"武警部队")(图 1.28—图 1.30)是国家武装力量的重要组成部分,是保卫社会主义现代化建设的一支重要力量;在完成维护社会治安、保卫社会主义制度和参加社会主义现代化建设等各项任务中发挥了重要作用。

图 1.28　中国人民武装
警察部队臂章

图 1.29　中国人民武装警察部队

图 1.30　中国人民武装警察部队队旗

中国人民武装警察部队成立于 1982 年 6 月(前身是中国人民公安中央纵队,建于 1949 年 8 月)。中国人民武装警察部队是担负国家赋予的国家内部安全保卫任务的部队,由内卫、黄金、森林、水电、交通等部队和公安部领导的公安边防、消防、警卫部队组成。根据《中共中央关于调整中国人民武装警察部队领导指挥体制的决定》,自 2018 年 1 月 1 日零时起,武警部队由党中央、中央军委集中统一领导,实行中央军委—武警部队—部队领导指挥体制。武警部队职能属性不变,不列入解放军序列。

2018 年 1 月 10 日上午,中央军委在北京八一大楼举行向武警部队的授旗仪式。武警部队队旗寓意:旗帜上半部保持八一军旗样式,寓意武警部队诞生于人民军队的摇篮,传承着红色基因,表示武警部队是党领导的人民武装力量的组成部分。下半部镶嵌三个深橄榄绿条,代表武警部队担负维护国家政治安全和社会稳定、海上维权执法、防卫作战三类主要任务及力量构成。

3.中国民兵

中国民兵初建于第一次国内革命战争时期,是中国共产党领导下的不脱离生产的群众武装,是中华人民共和国武装力量的重要组成部分,是中国人民解放军的助手和后备力量。《国防法》规定:"民兵在军事机关的指挥下,担负战备勤务、防卫作战任务,协助维护社会治安。"(图1.31)

图1.31 中国女民兵

随着国防现代化建设的发展,民兵组织已由原来单一的步兵发展成为包括高炮、地炮、通信、工兵、防化、侦察以及海军、空军等专业技术分队在内的基干民兵队伍。中国民兵的任务主要有三个方面:一是积极参加社会主义现代化建设,带头完成生产和各项任务;二是担负战备勤务,保卫边疆,维护社会治安;三是随时准备参军参战、抵抗侵略,保卫祖国。

三、我国国防建设成就

国防建设是国家建设的有机组成部分。中国的国防建设,坚持以毛泽东军事思想,邓小平新时期军队建设思想,江泽民国防和军队建设思想,胡锦涛、习近平关于军队建设的一系列重要论述为指导,以国防政策和军事战略为依据,坚持中国共产党的领导,坚持以现代化建设为中心,坚持同国家建设协调发展,坚持全体军民共建国防的原则,从中国的国情出发,建设强大的现代化国防。它着重进行国防领导体制、武装力量、国防科技、国防工业、国防动员、兵役制度、国防教育、国防法制等方面的建设。

国防建设是国家为提高国防能力而进行的各方面的建设。主要包括:武装力量建设,边防、海防、空防、人防及战场建设,国防科技与国防工业建设,国防法规与动员体制建设,国防教育,以及与国防相关的交通运输、邮电、能源、水利、气象、航天等方面的建设(图1.32)。

强大巩固的国防,是国家独立富强的可靠保障。以毛泽东、邓小平、江泽民、胡锦涛同志为核心的党的四代领导集体和以习近平同志为核心的党中央,以马列主义的战略眼光,把握国际国内的全局和发展趋势,确立国防战略,创新军事理论,适时作出一

图 1.32　天宫对接

系列重大决策,赋予军队新的使命,推动国防和军队建设不断发展,取得了举世瞩目的成就,为中国的社会主义建设和改革事业,为捍卫国家主权、安全、领土完整,为维护世界和平,为社会主义现代化建设作出了重大贡献。

(一)加强国防基础建设,建成一个比较完整的国防科技工业体系

中华人民共和国成立 70 多年来,我国全力强边固防,加强国防基础建设,用较少的投入和较短的时间,建立起了包括电子、船舶、兵器、航空、航天和核能等门类齐全、综合配套的科研实验生产体系,取得了一大批具有国内或国际先进水平的科研成果,逐步建立起独立的比较完整的国防科技工业体系。武器装备建设经过进口、仿制、自行研制的过程,逐步实现制式化、国产化。改革开放以来,中国加快国防科技工业改革创新,推进军工企业战略性结构调整、专业化重组,提高武器装备研制的自主创新能力,努力构建军民结合、寓军于民的国防科技工业新体系,为我军现代化建设和切实增强我国的综合国力作出了重要贡献。

在军事电子方面,逐步发展成为具有相当规模、门类齐全的新兴工业部门,特别在指挥自动化、情报侦察、预警探测、电子对抗和通信等方面,为我军提供了各种新式装备和产品,进一步增强了部队的作战能力。

在船舶工作方面,先后自行研制和建造了核动力潜艇、常规动力潜艇、导弹驱逐舰、导弹护卫舰、导弹快艇及各种辅助船舶和新型鱼雷、水雷、反水雷等新装备。

在兵器工业方面,研制生产了一大批具有先进性能的坦克、装甲车辆、火炮、弹药、轻武器、军用光电器材和综合火控、指挥系统等新型武器装备。

在航空工业方面,已能够生产歼击机、轰炸机、直升机、运输机、教练机等,基本满足了海空军作战和飞行训练的需要。

在航天科技工业方面,已拥有地地、地空、海空和空空导弹武器系统,远程运载火箭、各种应用卫星的研制和实验能力以及发射能力,在世界高技术领域占有自己的一席之地。

在核工业方面,我国不仅可以生产制造原子弹、氢弹,还掌握了核潜艇技术,形成了我国的核威慑力量,在和平利用核能方面,我国也取得了突破性进展,极大地提高了我国国防力量和国际地位。

（二）中国人民解放军的现代化、正规化和革命化建设有了突破性的进展

中华人民共和国成立以来,人民解放军不断向现代化、正规化和革命化迈进。特别是改革开放以来,人民解放军加快中国特色军事变革,协调推进军事、政治、后勤、装备等各领域的建设,努力实现又好又快发展。

20世纪50年代起,中国人民解放军先后四次进行大规模精简整编,建立了海军、空军、防空军、公安军和炮兵、工程兵、装甲兵、通信兵、铁道兵等军兵种领导机关及其所属部队,实现了由以步兵为主的单一陆军向诸军兵种合成军队的转变。20世纪60年代中期第二炮兵(即战略导弹部队)成立,这是军队建设上的一个重大飞跃。经过60多年的艰苦努力,人民解放军从单一陆军发展为诸军兵种合成的现代化正规化军队,不仅掌握着种类比较齐全的常规武器装备,而且拥有了具有一定威慑力的原子弹、氢弹等尖端武器装备。

20世纪70年代末到80年代,人民解放军走上中国特色精兵之路。在服从和服务于国家建设大局的前提下,有计划、有步骤地推进现代化建设。军队进行重大调整改革,裁减员额100万,朝着精兵、合成、高效的方向迈出了重要的一步。

进入20世纪90年代,人民解放军积极推进中国特色军事变革。确立以打赢现代技术特别是高技术条件下局部战争为基点的新时期积极防御军事战略方针,实施科技强军战略,制定国防和军队现代化"三步走"的发展战略,推进国防建设与经济建设协调发展。把中国特色军事变革作为军队现代化发展的必由之路,提出建设信息化军队、打赢信息化战争的战略目标。军队以军事斗争准备为牵引,加快武器装备发展,加强军兵种和应急机动作战部队建设,优化体制编制,裁减员额70万,防卫作战能力显著提升。2015年9月3日,习近平总书记在中国人民抗日战争暨世界反法西斯战争胜利70周年纪念大会上郑重宣布:中国将裁减军队员额30万。至此围绕"军委管总、战区主战、军种主建"的原则,拉开了中国人民解放军新一轮改革。

（三）国防后备力量建设取得了长足的进展

我国国防后备力量建设,经过几代人的努力,形成了一整套制度和优良作风,为国防后备力量的发展打下了坚实的基础。1985年,党中央、国务院、中央军委明确提出:"精干的常备军和强大的后备力量相结合,是建设现代化国防的必由之路。"这一方针给国防后备力量建设指引了方向,确立了民兵和预备役相结合的制度,初步形成了具有中国特色的国防后备力量体系。为保证国家在发生战争的情况下,能很快由平时状态转入战时状态,我国于1995年成立了战争动员委员会,负责指导、协调全国的后备力量建设和动员工作。此外,加强了全民国防教育,特别是恢复并加强了对大学、中学在校学生的军训工作,使国防教育逐步纳入整个国民教育体系中,走上了法制化、规范化的轨道。

2010年制定颁布并开始实施《中华人民共和国国防动员法》。2015年在中国人民解放军新一轮改革中,为突出国防后备力量建设专门设立了中华人民共和国中央军事委员会"国防动员部"，从增强国防实力、保卫国家安全的需要上，在精简常备军的同时，加强国防动员建设。

（四）坚持依法治军，国防法规建设取得了显著成效

中华人民共和国成立以来，特别是改革开放以来，军事立法体制逐步完善，军事立法工作取得显著成效。

1953 年，人民革命军事委员会正式颁布了《内务条令》《纪律条令》《队列条令》，后又随着军队建设实践的发展，相继制定了作战指挥、政治工作、军事训练、后勤保障、装备建设、军事科研、院校教育、基层管理、后备力量建设等方面的法律法规。据统计，从中华人民共和国成立到"文化大革命"开始，共修改或制定军事法律法规 73 个，到 1988 年达到了 2210 个。随着社会主义市场经济的发展，军事法制建设不断加快，内容不断扩展，从主要规范军事活动向规范国防活动延伸。截至 2008 年 12 月，全国人大及其常委会制定国防和武装力量建设方面的法律及有关法律问题的决定 15 件，国务院、中央军委联合制定的军事行政法规 94 件，中央军委制定的军事法规 215 件，各总部、军兵种、军区和武警部队制定的军事规章（含规范性文件）3000 多件。党的十八大以来，习近平总书记明确提出了党在新形势下的强军目标，强调"要牢记依法治军、从严治军是强军之基，必须保持严明的作风和铁的纪律，确保部队的高度集中统一和安全稳定"。这一重要论述，深刻揭示了依法治军、从严治军在国防和军队建设中的基础性、全局性、战略性地位。军事法规制度体系建设更加注重顶层设计，围绕军事斗争任务制定专项立法规划，推进国防和军队改革涉及的法规制度研究论证，制定出台一批确保军队听党指挥、能打胜仗、作风优良的法规制度。如《中央军委加强自身作风建设十项规定》《关于新形势下深入推进依法治军从严治军的决定》《关于加强新形势下选人用人工作监督的意见》《作战部队指挥军官任职资格规定（试行）》《关于新形势下军队政治工作若干问题的决定》以及在 2017 年起实施的《国防交通法规》等，突出抓好法规制度执行，以纪律建设为核心，下大气力整肃军纪，强化官兵号令意识，国防和军队法治化建设提高到了一个新的水平。

（五）加强国际安全合作，在国际社会树立起负责任大国的良好形象

进入 21 世纪以来，人民解放军积极适应国际国内形势变化，高举和平、发展、合作的旗帜，全方位发展对外军事关系，为国家安全与发展，为推动建设和谐世界发挥了重要作用。

1.积极开展地区安全合作

在双边、多边、地区和国际安全合作方面，中国与有关邻国达成了在边境地区建立信任措施和裁军协定；中俄两国国防部签署了关于预防危险军事活动的协定；中美两军签署了关于建立加强海上军事安全磋商机制的协定，并在互派人员观摩对方联合训练演习方面开展合作达成一致；中国政府积极参加上海合作组织框架下的多边合作，积极开展与成员国在司法、国防、执法安全领域的合作；高度重视东盟地区论坛（ARF）的作用；中国与东盟、东盟与中日韩的非传统安全领域合作深入发展。中国军

队派人员参加了一系列国际和地区安全或防务问题研讨会、对话会以及国际军控和裁军谈判,重申中国的一贯正确立场并提出了许多建设性建议。

2.参加联合国维和行动

中国作为联合国安理会常任理事国,一贯支持并积极参与符合《联合国宪章》精神的维和行动。自 1990 年中国向联合国停战监督组织派遣军事观察员以来,中国先后派出维和官兵 3.9 万余人次参加了 29 项联合国维和行动。2015 年驻守世界各地的维和人员就有 3100 多名。中国已经成为联合国安理会 5 个常任理事国(美、俄、英、法、中)中派出维和人数最多的国家。习近平总书记在第七十届联大讲话中宣布:"中国将加入新的联合国维和能力待命机制,决定为此率先组建常备成建制维和警队,并建设 8000 人规模的维和待命部队。"

3.加强对外军事交流与合作

人民解放军贯彻国家对外政策,发展不结盟、不对抗、不针对第三方的对外军事关系,开展多种形式的军事交流与合作,努力营造互信协作的军事安全环境,形成开放、务实、活跃的军事外交新局面。改革开放以来,中国军队共派出 1300 多个代表团访问了 80 多个国家。来访的代表团有 2100 多个,其中由国防部长、三军总司令和总参谋长率领的代表团有 1100 多个。此外,20 世纪 90 年代以来,中国海军舰艇访问了 20 多个国家,接待了 17 个国家的军舰访华。特别是 1997 年中国海军舰艇编队首次横渡太平洋,首抵美国本土和南美大陆访问,在国际上引起了热烈反响。中国已与 150 多个国家建立军事关系,在 109 个国家设立武官处,有 98 个国家在中国设立武官处。

积极开展多边或双边联合演习和训练。2007 年以来,中国共与 20 多个国家举行了 20 余次联合军事演习或综合演练。

开展人才培养合作与交流。扩大军事留学生派遣数量,两年来向 30 多个国家派出军事留学生 900 余名。20 所军队院校分别与美国、俄罗斯、日本、巴基斯坦等 20 多个国家的相应院校建立和保持了校际对口交流关系。共接纳 130 多个国家的 4000 余名军事人员到中国军队院校学习。

4.重视并支持国际军控、裁军和防扩散努力

中国政府重视并支持国际军控、裁军和防扩散努力,采取切实措施严格履行相关国际义务,致力于与国际社会一道,在遵守《联合国宪章》的宗旨和原则以及其他公认的国际关系准则、维护国际战略稳定和增进各国共同安全的基础上,巩固和加强现有国际军控、裁军和防扩散体系。

70 多年来,中华人民共和国的军队和国防建设取得了举世瞩目的巨大成就,保障了人民安居、社会发展和国家安全。目前,中国坚持把科学发展观作为国防和军队建设的重要指导方针,主动适应世界军事发展新趋势,以维护国家主权、安全、发展利益为根本出发点,以改革创新为根本动力,在更高的起点上推进国防和军队现代化。

第三节　国防动员

军无辎重则亡，无粮食则亡，无委积则亡。

——孙武

一、国防动员的含义

国防动员也称战争动员，是国家采取紧急措施，由平时状态转入战时状态，统一调动人力、物力、财力为战争服务，简称动员。通常包括武装力量动员、国民经济动员、人民防空动员和政治动员。武装力量动员是将军队和其他武装组织由平时体制转为战时体制；国民经济动员是把国家和平时期的经济转入战时轨道；人民防空动员是采取各种防护措施，防敌空袭，保护居民、经济设施及其他重要目标；政治动员是围绕实施战争对全体军民进行宣传教育和政治鼓动。

二、国防动员的意义和分类

（一）国防动员的意义

（1）动员是增强国防实力的重要措施。国防实力是国家防御外来侵略的力量，是国家军事、政治、经济、科学技术等力量的总和。在和平时期，国家把动员准备纳入经济建设和社会发展的总体规划，贯彻军民结合、平战结合的方针，以增强战争潜力。同时通过动员准备，激发人民的爱国主义和国防观念，使国家政局稳定、经济发达、科技进步，迅速增强综合国力。由于平时奠定了良好的基础，一旦战争爆发，通过战时动员，就能迅速地把战争潜力转化为战争实力。就武装力量建设而言，为了对付敌人的突然袭击和入侵，保持一定数量的备军是必要的。采用常备军和后备力量相结合的原则，平时保持精干的常备军作为战时动员扩建部队的骨干力量，同时积极训练、储备后备力量，以便战时根据需要组编参战。这样既可以加速国民经济的发展，还可以从根本上增强国防实力。

（2）动员是增强国防威慑力的有效手段。一个国家的国防威慑力，不仅取决于常备军的数量和质量，还取决于军队后备力量和其他动员潜力，取决于常备军与后备力量动员准备的有机结合，以及动员机制健全完善的程度和运行效率。平时充分作好战时动员的准备工作，建立强大的后备力量和健全的动员体制，可以使敌人望而生畏，不敢轻举妄动和贸然发动进攻。特别是处于防御地位和反对侵略的国家，应该采取积极的对策，以充分有效的动员显示应付战争的能力和拼死抵抗的决心，迫使敌人延缓或放弃侵略战争。加强国防后备力量建设，作好战争动员准备，无疑可以增大威慑力量，从而达到制约战争爆发和维护和平的目的。

（3）动员是夺取战争主动权的可靠保障。现代科学技术的飞速发展及其在军事领域的广泛应用，使现代战争的突发性和速决性显著增大，发动战争的一方往往先发制人，迫使对方在无戒备或准备不充分的情况下仓促应战，力求取得速战速决的效果。处于防御地位的国家，如果战时动员工作的准备和实施不当，在战争初期往往处于被动地位，甚至来不及实施动员和完成战略部署，其武装力量和经济命脉就已经陷于瘫痪。历史表明，在现代战争中，谁能保持强大的后备力量，并以最快的速度动员起来投入战争，谁就能取得战争的主动权。

（二）战争动员的分类

战争动员，按规模可分为总动员和局部动员。总动员是在全国范围内所进行的全面动员；局部动员是在部分地区或部门进行的动员。按方式可分为公开动员和秘密动员。公开动员是公开发布动员令，宣布进入战争状态实施的动员；秘密动员是在各种伪装措施掩护下隐蔽地实施的动员。按战争进程可分为战争初期动员和持续动员。战争初期动员是在战争爆发前后较短时间内所进行的动员；持续动员是在战争初期动员后所进行的中后期动员。有的国家把在临战前或遭到敌人突然袭击时所进行的动员称为应急动员。动员的全过程，可分为平时的动员准备和战时的动员实施。决定动员实施的权限，属于国家最高权力机关，动员令通常由国家元首或政府首脑发布。

战争动员属于战略问题，直接影响到战争的进程和结局，关系到国家的安危。无论是古代战争，还是现代战争；无论是全面战争，还是局部战争；无论是常规战争，还是非常规战争，都离不开动员。

战争动员，通常包括武装力量动员、国民经济动员、人民防空动员和政治动员等。

（1）武装力量动员。武装力量动员是将军队和其他武装组织由平时体制转为战时体制，迅速补充兵员和武器装备，扩大军队。

（2）国民经济动员。国民经济动员是把和平时期的经济转入战时轨道，充分调动国家经济力量，保障战争的物质需要。

（3）科学技术动员。科学技术动员是国家统一组织科学技术部门和人员，从事战争所需科学技术的开发研究，研制新式武器装备。

（4）人民防空动员。人民防空动员是发动群众，采取各种措施，防敌空袭，保护居民、经济设施及其他重要目标。

（5）政治动员。政治动员是国家对全体军民进行爱国主义教育和政治鼓动，发动他们参军参战，支援前线，并争取友好国家的同情和支持。

三、现代战争与动员

（一）现代战争动员的战略地位

现代战争是立体战争，人力、物力和财力的消耗巨大，不仅是军事力量的竞赛，而且是交战双方综合国力的较量，战争动员具有重要的战略地位。

（1）动员是确定战略目的的重要依据。确定战略目的，必须考虑国家的动员能力,从而使加强平时的动员准备,开发和积蓄战争潜力,增强战争实力,显得尤为重要。使国家和军队领导机关了解和掌握动员能力,也尤为必要。

(2)动员是国家迅速实现平战转换的根本措施。动员能使军队迅速转为战时体制,实施战略部署,使国家政治、经济、科技、文化等各个领域迅速转入战时轨道,把战争潜力转化为战争实力,将人力、物力和财力集中用于战争。

(3)动员是保障战时军需民用的主要手段。动员能重新分配和合理使用人力、物力、财力,统筹安排军需民用,既使军事需求得到优先保障,也使民众生活必需品得到基本保障,其重点是保障军队所需要的兵员和扩大军工生产所需要的劳动力和原材料等。

(二)现代战争动员的特点

(1)现代战争是立体战争,规模大,范围广,突然性强,破坏性大,特别是核武器、化学武器和生物武器以及高技术武器的出现和使用,使战争更加残酷,人员伤亡、物资消耗巨大。这一切对动员产生了深刻的影响,带来了许多新的特点。

(2)动员范围大,领域广。随着战争规模的发展,动员范围也随之扩展到军事、政治、经济、科学技术、文化教育、外交等各个领域,无论是工业还是农业,人力还是物力、财力,生产资料还是生活资料,都成为动员的对象。

(3)动员内容多,数量大。如第一次世界大战,参战国家33个,共15亿人口,动员总兵力7000余万人;第二次世界大战,参战国家61个,共17亿人口,动员总兵力1.1亿人。1973年爆发的第四次中东战争只打了18天,阿以双方都动员大量人员、物资投入战争,埃及和叙利亚动员兵力116.5万人,动用坦克3550辆,飞机1011架,直升机190架,作战舰艇128艘;以色列动员兵力41.5万人,动用坦克1700辆,飞机690架,直升机84架,作战舰艇49艘。

(4)动员时间紧,速度快。为夺取战争主动权,要求军队组建扩建和展开快;人员物资的运输、补充快;国民经济转入战时轨道快,改组工业结构、扩大军工生产快。第四次中东战争中,以色列在48小时内就征召了近30万预备役人员,相当于原有兵力的3倍。在海湾战争中,美国军队开赴海湾战区的时间一般只有2~4天。

(5)动员技术兵员多。由于现代战争大量使用先进的武器装备,技术兵种增多,要求兵员具有较高的科学文化水平、专业知识和军事素养,以便能迅速掌握先进的武器装备。

(6)科技动员地位突出。许多国家特别是一些军事大国,十分重视新兴科技的开发研究,建立完整的军事科研体系,筹集巨额资金,集中大批的科研人员,从事先进武器装备的研制。如美国在第二次世界大战中,集中近4000余名科学家,投入20亿美元研制原子弹。进入20世纪80年代后,其每年用于军事的科研经费占全国科研经费的50%以上。

(7)动员应变能力强。许多国家都强调在平时就做好应付各种战争的动员准备,加强战时快速反应能力,既能适应局部战争,又能适应全面战争;既能适应常规战争,又能适应核战争;既能打速决战,又能打持久战。

（8）动员准备充分。许多国家平时就制订有周密的动员计划,不断完善法规、制度,健全领导机构,加强后备力量建设,大力发展综合国力,以适应战争的需要。

知识链接

《中华人民共和国国防动员法》

《中华人民共和国国防动员法》由中华人民共和国第十一届全国人民代表大会常务委员会第十三次会议于 2010 年 2 月 26 日通过,自 2010 年 7 月 1 日起施行。这是中国首次出台国防动员法。这部法律的出台,对依法加强中国国防动员建设,增强国防潜力,进而维护国家安全和发展具有重要意义。《中华人民共和国国防动员法》共 14 章 72 条,分别对国防动员的组织领导机构及其职权,国防动员计划、实施预案与潜力统计调查,与国防密切相关的建设项目和重要产品,预备役人员的储备与征召,战略物资储备与调用,军品科研、生产与维护保障等方面作出了明确规定。

（三）现代战争的动员实施

动员依据国家发布的动员令和动员计划组织实施。动员的实施过程,实质上是将战争潜力转化为战争实力的过程。能否有效而持续地实施动员,不仅取决于一国的领土、人口、资源和工农业生产、科学技术的发展水平等条件,而且取决于社会制度和战争的性质,民族精神和文化传统,还取决于组织动员的能力和动员准备的程度等。由于不同时期各国的军事、政治、经济等情况不同,动员的范围、规模和方式也有差异,但实施动员的基本方法大体相同。通常的做法是:国家发布动员令,宣布进入战时状态,实行战时管制,建立健全战时领导指挥机构,实施各项动员计划,落实各项动员措施。运用广播、电视、报刊、文艺等宣传工具,对全体军民进行爱国主义教育,激发爱国热情,动员参军参战,努力生产,厉行节约,为夺取战争胜利贡献力量,并争取友好国家的同情和支持。

按战时编制将现役部队补充满员,预备役部队转为现役部队;征召预备役士兵和军官,组建扩建新的部队;加强民兵、预备役人员的临战训练,以保证补充扩大军队。

将国民经济各部门迅速转入战时轨道,重新分配人力、物力、财力,统筹安排军需民用;调整经济建设布局,搬迁重要工厂、企业和战略物资;改变产业、产品结构,实施工业转产,扩大军工生产,保障战争需要。

将交通运输部门迅速转入战时体制,利用交通运输线、设施和运输工具,保障军队兵员和武器装备、作战物资的运输,并完成居民疏散、工厂搬迁,以及其他人员、物资的前送后运任务。

统一组织科研部门、科研人员,利用科研设施和科研成果,开拓新的军事科研领域,加速研制新式武器装备。

按照预定计划疏散城市居民,健全警报系统,加强安全防护措施;组织人民防空专业队伍,进行抢修、抢险,保护重要目标和交通运输线;配合军队防空作战,消除空袭后果。

（四）现代战争的动员准备

平时的动员准备是战时动员实施的基础。平时作好动员准备，积蓄强大的经济实力和后备力量，不仅对战时实施快速动员、夺取战争胜利具有重要意义，还可以起到遏制战争、威慑敌人的作用。世界许多国家都十分重视平时的动员准备，动员准备的着眼点和所实行的方针政策虽不尽一致，但其基本做法大体相同。

（1）建立健全完善的动员体制。根据本国情况，普遍建立健全动员机构和法规、制度，明确动员的权限和职责，完善动员机制，提高动员能力，以便战时能迅速把战争潜力转化为战争实力。

（2）制订动员计划。依据国家的战略计划和综合国力，制订周密的动员计划，主要内容包括动员的任务、程序、时限、范围和要求，以及完成动员所采取的措施等。

（3）实行常备军和后备力量相结合的制度。在减少国家常备军数量，提高质量的同时，大力加强后备力量建设，健全预备役制度，储备大量训练有素的后备兵员，重点是储备技术兵员。有些国家还组建预备役部队，并不断改善其武器装备和加强军事训练，以提高战斗力。

（4）加强人民防空建设。制订和完善人民防空法规和各种防空动员计划，包括人口、物资疏散，工业搬迁计划和重要目标防护、抢修预案等；加强防空设施建设，储备必要的物资和防空器材；对人民进行防空知识教育，提高防空意识；组建防空专业队伍，进行必要的防空演习和训练。

（5）提高国民经济动员能力。按照军民结合、平战结合的原则合理布局生产力，提高经济战时生存能力；民用工业和军事工业相结合，储备扩大战时军工生产能力；储备一定数量的武器装备和战略物资，保证战争初期军队作战和军工生产的需要；加强交通运输网路和通信保障系统的建设，保证战时人员、物资运输和不间断作战指挥的需要。

（6）发展先进的军事科学技术。建立平战结合的科技动员基础，加强科研设施建设，培养和造就一支精干的军事科研队伍，开发研制新式武器装备；储备具有国防科研能力的人才、设备、工艺和技术，平时为经济建设服务，战时为战争服务。

（7）作好资源调查。对人力、工业、农业、科技等各种资源以及一切可以动员的战争潜力，进行深入调查；对工程机械、通信器材、医疗设备、修理工具，以及飞机、车船和机场、港口、码头等进行登记统计，以便为平时制订动员计划提供依据，为战时实施动员奠定基础。

（8）加强国防教育。通过不断教育，提高全民的国防观念，激发爱国热情，使之积极支持和参加国防建设；教育广大青年平时积极应征服兵役，参加民兵、预备役训练，战时踊跃参军参战，支援前线。

知识链接

英阿马岛战争

英阿马岛战争,是 1982 年 4 月到 6 月间,英国和阿根廷为争夺马岛(阿根廷称"马尔维纳斯群岛")的主权而爆发的一场战争。在这场战争中,英国依靠较完善的动员体制,紧急实施战争动员令,动员全国军力、民力,组成军民融合的作战模式。迅速集结了特混舰队劳师远涉重洋作战,并充分利用民用运输力量(客轮 56 艘,货轮、油轮总吨位 66.7 万吨,占后勤补给总数的 77%),在 80 小时内把 1 个陆战旅兵源、30 天作战需用的 5000 吨物资运至作战前线,弥补军事运力不足的缺陷,有力保障了军队的作战行动,为英军胜利起到了至关重要的作用。

英国的获胜充分说明了一个道理:常备者胜!

【思考与练习】

1.国防的含义和作用是什么?

2.中国国防历史有哪些启示?

3.简述新民主主义阶段军队建设的历程。

4.中华人民共和国国防建设成就有哪些?

5.国防动员有哪些基本类型?

6.英阿马岛之战的重要启示是什么?

第二章　国家安全

安而不忘危,存而不忘亡,治而不忘乱。

——习近平

个人、家庭的安全是小安全,国家安全是大安全,有国才有家。安全是一切活动的基础和前提,是不可超越的先决条件。人类的生存、繁衍和发展,社会的进步和文明,都是以人类的安全为基础的。没有国家安全,个人和家庭安全就无从谈起。一个国家能否实现安全发展,取决于两个基本方面:一是国家利益安全。二是国家战略安全。

第一节　国家安全概述

一、国家安全的内涵

(一)国家安全

国家安全是国家的基本利益,即国家政权、主权、统一和领土完整、人民福祉、经济社会可持续发展和国家其他重大利益相对处于没有危险和不受内外威胁的状态,以及保障持续安全状态的能力。国家安全包括 11 个方面的基本内容,即国民安全、领土安全、主权安全、政治安全、军事安全、经济安全、文化安全、科技安全、生态安全、信息安全和核安全。其中最基本、最核心的是国民安全。

(二)我国国家安全的发展沿革

国家安全是安邦定国的重要基石。国家安全的概念是中国共产党第二代领导人邓小平同志提出的,他说:"国家的主权、国家的安全要始终放在第一位。"并指出,保证一个国家的安全不仅是不受外国侵略,而且在国内也要稳定,要反对颠覆。2001 年中国共产党第三代领导人江泽民同志提出:要头脑清醒,居安思危,深刻认识新形势,维护国家政治安全、经济安全、国防安全的极端重要性、紧迫性。确保信息安全、金融安全和粮食、石油等战略物资安全。以胡锦涛为总书记的党中央,根据新世纪新阶段国际国内的形势发展,沿着上述关于国家安全发展思路,明确提出了要确保国家政治安全、经济安全、文化安全、信息安全、国防安全的要求。以习近平为领导核心的中国共产党人认为:"安而不忘危,存而不忘亡,治而不忘乱。"国家安全是国家发展的最重要基石、人民福祉的最根本保障。他强调,国泰民安是人民群众最基本、最普遍的愿望。实现中华民族伟大复兴的中国梦,保证人民安居乐业,国家安全是头等大事。并在此基础上,2014 年 4 月 15 日,习近平在中央国家安全委员会第一次全体会议上首次正式提出"总体国家安全观"战略构想。2015 年 7 月 1 日,第十二届全国人大常委会第十五次会议以 154 票赞成,0 票反对,1 票弃权高票通过了《国家安全法》,将每年4 月 15 日确定为全民国家安全教育日。从成立中央国家安全委员会到"总体国家安全观"理念的提出再到确立全民国家安全教育日,这一系列行动正是国家治理能力现代化建设在安全领域的重要体现,体现了党中央清晰的整体国家安全观。这说明我国对国家安全所包括的方面逐步扩大,更加确保了我国在不受外国侵略的同时,防止内部矛盾,发展经济的目标。

中国多年来执行独立自主的和平外交政策,力求搞好和各个国家的关系,一再声明强大起来以后也不称霸。对领土争端问题坚持通过谈判解决,甚至主张搁置争议,联合开发,来避免冲突。20 世纪 90 年代以来,中国的外交遵循"韬光养晦"的原则,没有锋芒毕露,在许多方面都是采取低姿态或克制的态度。在国防建设方面,为了支持经济建设,国防投入长期低于世界平均水平,更没有咄咄逼人的态势。由于中国经济的飞速增长,国际地位的提高,个别国家对中国的偏见和敌视越发明显。中国崛起已经成为亚太安全格局演变和地区国家间关系调整的首要因素。美国外交战略的重心加速转向亚太,继续利用海上安全问题对"雁型安全模式"进行升级,力争打造美国主导的"太平洋世纪"。亚太地区军备呈现竞赛趋势,中国周边国家利益分化重组加快。

习近平总书记指出:"改革开放以来,我们党始终高度重视正确处理改革发展稳定关系,始终把维护国家安全和社会安定作为党和国家的一项基础性工作。我们保持了我国社会大局稳定,为改革开放和社会主义现代化建设营造了良好环境。'安而不忘危,存而不忘亡,治而不忘乱。'必须清醒地看到,新形势下我国国家安全和社会安定面临的威胁和挑战增多,特别是各种威胁和挑战联动效应明显。我们必须保持清醒头脑、强化底线思维,有效防范、管理、处理国家安全风险,有力应对、处置、化解社会安定挑战。"为应对日益复杂的局面,保障国家安全,进一步完善国家安全体制和国家安全战略,确保国家安全。

二、国家安全的基本原则

（1）确立国家与民族崛起的基本目标。

（2）采取综合一体化的手段。

（3）新安全观包括主权安全、综合安全和合作安全,国家享有主权,包括独立权、管辖权、平等权、自卫权;国家综合安全包括政治、经济、社会、信息安全等。经济安全是国家综合安全的核心,军事安全是国家安全的支柱。

(4)解决经济发展与国家安全脱节的问题。

(5)树立独立发展理念,为"全球化"条件下的民族国家定位。

三、我国总体安全观

党的十八大以来,为了推进国家治理体系和治理能力现代化,实现国家长治久安,也更好适应我国国家安全面临的新形势新任务,我们党明确提出了总体国家安全观。

总体国家安全观是指坚持国家利益至上,以人民安全为宗旨,以政治安全为根本,以经济安全为基础,以军事、文化、社会安全为保障,以促进国际安全为依托,维护各领域国家安全,构建国家安全体系,走中国特色国家安全道路。坚持总体国家安全观,统筹发展和安全,增强忧患意识,做到居安思危,是我们党治国理政的一个重大原则。新时代我国面临复杂多变的安全和发展环境,各种可以预见和难以预见的风险因素明显增多,各方面风险可能不断积累甚至集中显露,这要求我们必须坚持以总体国家安全观为指导,审时度势、与时俱进,创新国家安全理念,完善国家安全制度体系,统揽国家安全全局,坚决维护国家主权、安全、发展利益。

坚持总体国家安全观,走出一条中国特色国家安全道路。必须既重视外部安全,又重视内部安全,对内求发展、求变革、求稳定、建设平安中国,对外求和平、求合作、求共赢、建设和谐世界;既重视国土安全,又重视国民安全,坚持以民为本、以人为本,坚持国家安全一切为了人民、一切依靠人民,真正夯实国家安全的群众基础;既重视传统安全,又重视非传统安全,构建集政治安全、国土安全、军事安全、经济安全、文化安全、社会安全、科技安全、信息安全、生态安全、资源安全、核安全等于一体的国家安全体系;既重视发展问题,又重视安全问题,发展是安全的基础,安全是发展的条件,富国才能强兵,强兵才能卫国;既重视自身安全,又重视共同安全,打造命运共同体,推动各方朝着互利互惠、共同安全的目标相向而行。

具体举措:

第一,完善国家安全体系。

第二,健全公共安全体系。

第三,推进平安中国建设。

第四,加强国家安全能力建设。

第五,加强国家安全教育。

建设社会主义和谐社会是一项艰巨复杂的系统工程,需要全党全社会长期坚持不懈的努力。党和政府应加强和创新对建设社会主义和谐社会各项工作的领导,把改善民生、创新社会治理和坚持总体国家安全观作为社会建设的根本任务,让全体人民在共建共治共享发展中有更多获得感、幸福感和安全感。

第二节　国家安全形势

一、中国国家地缘环境基本概况

(一)概况

1.我国是陆海大国

我国是位于欧亚大陆东南部、亚洲东部、太平洋西岸的濒海大国。陆地面积约963万平方千米,按《联合国海洋法公约》应拥有470余万平方千米的海洋国土,有2.2万千米的陆地边界线,1.8万平方千米的海岸线(不含岛屿海界),陆地国土面积居世界第三位,拥有丰富的海洋资源。

2.我国邻国众多,地缘复杂

我国陆地上与14个国家接壤,按地理位置排序依次是:朝鲜、俄罗斯、蒙古、哈萨克斯坦、吉尔吉斯斯坦、塔吉克斯坦、阿富汗、巴基斯坦、印度、尼泊尔、不丹、缅甸、老挝和越南。在海上,我国与日本、朝鲜、韩国、菲律宾、马来西亚、印度尼西亚、文莱和越南8个国家的大陆架或200海里专属经济区相连接,其中朝鲜和越南既是海上邻国,又是陆地邻国。我国陆海邻国众多,仅次于俄罗斯排世界第二位,周边安全环境复杂。我国周边地区是世界上大国最集中的地区和人口大国集聚区,又多是军事强国,核扩散的形势严峻。在众多邻国中,有的过去对我国发动过侵略战争,现在仍是经济大国,并正在成为军事强国。一些邻国之间存有积怨,甚至对立,一旦发生冲突,必将影响我国的边境安全。有的国家内部不稳定因素多,一旦发生内乱,将对我国边境安全造成压力。有的国家居民与我国边境居民同为一个民族,信奉同一宗教,虽有利于两国边境居民友好往来,但也存在消极因素。还有一些国家,与我国仍存在着历史遗留下来的边界领土争端和海洋划界争议。这些不同因素的变化,对我国安全环境产生了不同程度的影响。

3.我国安全环境受外部影响因素大

我国安全环境的外部影响,主要来自陆、海两个方面。

历史上,美、苏曾分别从海上和陆上对我国施加过影响。苏联解体后,俄罗斯仍是世界上最大的陆地国家,陆地面积约1707万平方千米,横跨欧亚大陆。从历史上看,中俄地缘战略上的不安全因素依然存在,且不可小视。美国位于北美洲大陆南部,陆地面积约有936万平方千米,综合国力强大,并积极向海外发展。美国和俄罗斯对欧亚大陆具有全局性影响。日本、印度是我国周边地区的两个重要国家,是构成我国地理环境的重要因素。日本资源缺乏,对海外资源和海外市场的严重依赖性是其显著特点。在近代,日本经历了50年的侵略扩张和对美国的依附。甲午战争至第二次世大战结束以前,日本军国主义积极推行侵略扩张政策,主要是向亚洲大陆扩张。第二次世界大战结束后,美国控制世界海洋,日本充当美国在太平洋的前沿堡垒。冷战结束后,日本继续追随美国,企图成为政治和军事大国。印度人口众多,是一个依陆面海的大国。地理条件较为优越,周边邻国主要是中小国家。我国是直接与印度毗邻的唯一大国,两国目前仍有边界争议没有解决,其安全形势还很严峻,历史上也曾发生过边境战争。东南亚、中亚是我国周边的两个重要地区,也是我国陆、海两面的枢纽地区,对我国的安全和经济发展具有重要影响,在陆海通道、资源、安全等方面都有重要战略意义。

在交通方面:东南亚是连接亚洲与大洋洲,沟通印度洋和太平洋的"十字路口",控制太平洋到印度洋的主要水上航线。中亚地区处于东亚、西亚、南亚和北亚的地理连接点上,是连接欧亚大陆以及中国、俄罗斯、欧洲、中东、南亚各地陆路连接的枢纽。

在资源方面:东南亚有丰富的战略资源,锡储量占世界的 60%,橡胶年产量占世界的 80%以上,矿产资源丰富,石油和稻米出口量较大。在安全方面:东南亚邻接我国的东南沿海与西南地区,是影响我国南部安全的重要方向。贯穿东南亚的海上战略通道对于日本有重要意义,对美欧各国的航运也有重要的影响。中亚地区与我国新疆、西藏等地接壤,该地区的形势与我国西北边疆的安危相关。中亚五国是苏联的加盟共和国,现是独联体成员国。随着上海经合组织的建立,我国与中亚各国建立了平等合作的友好关系,将对这一地区的安全环境产生有利影响。

(二)我国的合法权益

我国是联合国海洋法公约国,海洋对我国安全影响深远。靠近中国内地的有黄海、东海和南海。海洋是巨大的宝库,蕴藏有丰富的资源,对人类的生活、生产与未来发展都具有十分重要的战略意义,它一直是海洋国家争夺的对象。1973 年 12 月—1982 年 4 月,联合国召开了三次海洋法会议,154 个国家出席了会议,通过了《联合国海洋法公约》(以下简称《公约》),从 1994 年 11 月 16 日起正式生效。第三次联合国海洋法会议对领海、海峡、大陆架、专属经济区、群岛国、岛屿制度等一系列重大问题进行了讨论。规定了群岛制度,将一大片公海划为这些国家的内水;确定了"200 海里专属经济区"制度;重新定义了"可达 350 海里的大陆架"概念。《公约》几乎涉及海洋的所有方面,其中,与我国周边安全环境密切相关的要素如下。

1.基线、内水、领海和毗连区

(1)基线:陆地和海洋的分界线,也是测算领海、专属经济区和大陆架的宽度的起点线。一是正常基线,即领海基线(也称低潮线),是海水退潮时退到离海岸最远的那条线。二是直线基线,即在海岸上的沿海岛屿上选定一系列的基点,在这些基点之间划出一条条相互连接的直接,构成一条折线,这条折线即为领海基线。一般适用于海岸线比较曲折、沿海有许多岛屿的国家。《公约》规定,"沿海国为适应不同情况,可交替使用以上各条规定的任何方法以确定基线",称为"混合基线法"。我国政府在 1958 年的《中华人民共和国关于领海的声明》中指出:"中国大陆及其沿海岛屿的领海以连接大陆岸上和沿海岸外缘岛屿上各基点之间的各直线为基线。"1992年颁发的《中华人民共和国领海及毗连区法》明确规定:"中华人民共和国领海基线采用直线基线法划定,由各相邻基点之间的直线连成组成。"根据此法,中华人民共和国政府于1996年5月15日发表声明,宣布了我国领海的部分基线和西沙群岛的领海基线。

(2)内水:沿岸领海基线向陆地一面至海岸线的水域,称为内水,是国家主权的组成部分。内水构成沿海国领水的一部分,沿海国在这一海域内享有排他性的主权。其中,海湾根据湾口宽度以及海湾与沿海国的关系,可分为三种:沿岸属于一国领土的海湾;沿岸属于两个或两个以上国家领土的海湾;历史性海湾。对于沿岸属于一国领土的海湾,该国可在一定条件下将其划入本国的内水范围,实行完全排他的主权。《公约》规定:如果海湾天然入口两端的低潮标之间的距离不超过24海里,则可在这两个低潮标之间划出一条封口线,该线所包围的水域应视为内水;海湾天然入口两端低潮标之间的距离超过24海里,则24海里的直线应划在海湾内,基线以内的水域才是内水。历史性海湾是指沿岸属于一国,其湾口虽然超过领海宽度的两倍,但历史上一向被承认是沿海国内海湾的海湾,如我国的渤海湾。历史性海湾完全处于沿岸国排他性主权的管辖下。

(3)领海:濒海国陆地领土及其内水以外邻接的一定宽度的海域,称为领海,其范围为领海基线至领海线之间的海域。国家主权及于领海的海床、底土及其上空。《公约》规定:"每一国家有权确定其领海宽度,直至从按照本公约确定的基线量起不超过12海里的界线为止。"目前,包括中国在内,世界上有119个国家实行12海里的领海宽度。领海是沿海国家领土的组成部分,受沿海国主权的管辖和支配。沿海国在领海享有属地最高权,领海内的一切人和物均受沿海国管辖。沿海国有权制定和颁布有关领海的法律和规章。外国船舶可以在领海上无害通过,但外国飞机未经许可不得飞越他国领海的上空。沿海国的主权不仅及于领海,也及于领海的上空、海床和底土。

(4)毗连区:沿海国在毗连其领海以外一定范围内,为行使必要管制权而划定的区域。其外部界限从领海基线量起不得超过24海里。沿海国在毗连区内可对本国和外国公民及船舶行使海关、缉私、卫生和移民等事项的管制权(图2.1)。

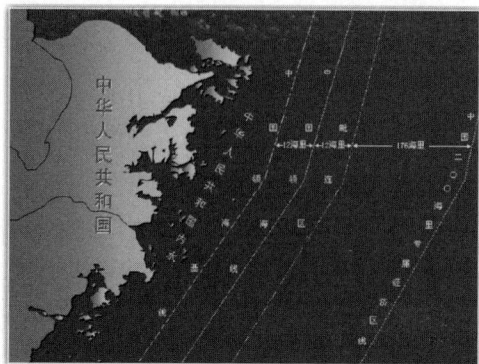

图2.1 领海、毗连区、专属经济区示意图

2.专属经济区、大陆架

专属经济区是指主权国家在邻接其领海的外部海域设立的经济管辖区。其外部界线至领海基线不应超过 200 海里。专属经济区是国家自然资源区的组成部分，国家对之行使有关国际海洋法规定的经济主权权利和管辖权。

专属经济区是《公约》创设的一种新的海域，它介于领海和公海之间，具有独立的法律地位。专属经济区不同于领海，它虽属沿海国管辖区域，但并不构成沿海国领土的组成部分，沿海国对它不享有绝对的、排他的主权。专属经济区也不同于公海，其他国家虽然在专属经济区有自由航行、飞越权，但也不是公海意义上的那种自由，主权国可对其他国家在专属经济区内的活动加以限制。专属经济区、内海、公海具有不同的海洋权益。

大陆架是陆地向海面下自然延伸和缓倾的浅水平台。其范围从低潮线起到海底坡度突陡止。沿海国有对其行使勘探和开发自然资源为目的的权利。在国际法上，大陆架是指沿海国家的陆地在海水下面的自然延伸，并与大陆形成一个连续的完整的整体。《公约》规定：如陆地领土向海底延伸部分不足 200 海里时，可扩展到 200 海里；如延伸部分超过 200 海里的，不应超过从测算宽度的基线量起 350 海里或不超过连接 2500 米深度各点的等深线 100 海里。

我国的海岸线漫长，大陆架极为广阔，属于大陆架超过 200 海里的 18 个国家之一。渤海、黄海海底全部为大陆架，东海有 2/3 的海底是大陆架，最宽处近 400 海里，南海大陆架占海底面积的一半以上，总面积约有 150 万平方千米。但是，除渤海大陆架外，我国大陆架都与邻国存在划界问题。中国政府多次郑重声明，根据大陆架是陆地领土自然延伸的基本原则，中国对东海大陆拥有不可侵犯的权利。东海大陆架涉及其他国家的部分，应由中国和有关国家协商划分。位于南海上的东沙、西沙、中沙和南沙群岛领海，有 150 多个岛屿和礁、滩，自古以来就是中国的领土。南海诸岛大陆架与其他国家的划界问题，应由我国与有关国家依据《公约》和国际习惯，通过谈判协商公平合理划定。

1982 年 12 月 10 日，我国作为首批签约国，在联合国海洋法公约上签字。1996 年 5 月 15 日，我国第八届全国人民代表大会常务委员会第十九次会议批准实施。

二、中国地缘安全形势

（一）我国地缘安全环境的历史演变

1.我国因特殊环境形成了重陆轻海的国防安全观

我国是一个陆海大国，理应既重视陆地又重视海洋，形成陆海并重的安全观和国防政策。但是，特殊的地理、历史和社会情况，使我国长期以来形成了重陆轻海的观念。我国陆地面积大，陆地资源丰富，气候条件良好，有足够的生存空间，在世界进入现代文明之前，中华民族完全可以依靠江河流域发展自给自足的农业文明。以小农生产方式为经济基础的中央集权的封建社会形成较早，体制制度严密，政治和思想上统治力量强大,极大地限制和束缚了资本主义生产方式的发展,使我国缺乏向海洋谋求经济利益的社会动力。

在古代中国,对中央王朝的主要威胁来自陆地,多数来自我国内部北方游牧民族的侵扰,历代中央王朝的主要防御方向是北方。长城就是这种防御政策的产物和历史象征,长城两侧是当时中央王朝与北方游牧民族交战的主战场,长城的走向标志我国中原农业文明和北方游牧文明的分界线。

直至近代,中国屡遭西方列强从海上的大举入侵,才迫使中央政府开始重视和加强海上的防御。早在明代,我国就开始遭到倭寇从海上的入侵,但由于王朝的海军力量薄弱,一代抗倭名将戚继光只能采取以海战为辅,以陆战为主,待敌人上陆以后再加以歼击的御敌方略。清朝后期,为了对付列强从海上入侵,我国从国外购买了先进的铁甲战舰,组建了实力雄厚的北洋水师。但是,由于清王朝的腐败和作战指挥上的消极被动,甲午战争导致北洋水师全军覆灭。

中华人民共和国成立后,毛泽东提出建立强大海军的战略思想。进入 20 世纪 60 年代,中苏关系急剧恶化,力量对比强弱悬殊,我国被外敌入侵的危险性增大,只能采取诱敌深入的防御方针对付可能的侵略者。在这种情况下,我国海军的任务只能是配合和保障以陆军为主的陆上防御,从而形成了一支近岸防御型海军力量。

海洋是强国富民的宝库,是联系世界各国的重要纽带,是海上友谊的桥梁。长期以来,中国人尽管有很强的守土意识,海洋意识却一直较淡薄。现代条件下,大海对于人类再也不是障碍,21 世纪将是海洋的世纪已成为世界各国的共识。各国现代高新科学技术和经济快速发展,对海洋开发利用的步伐将进一步加快。我们必须重视海洋,进一步强化海洋意识,维护我国海洋权益不受侵犯;我们必须经营海洋,充分发挥海洋在国家建设中的重要作用。在新形势下,我国随着改革开放的深入和加入 WTO (世界贸易组织)而将进一步走向世界。加强与各国的友好往来和经济技术合作,世界也正走进中国。

2.我国近代屡遭帝国主义列强入侵

在西方列强势力还未扩展到东亚之时,除了北方游牧部落对中原的入侵外,我国历代封建王朝几乎感受不到漫长边界和海岸的危险。青藏高原和帕米尔高原将我国与南亚、中亚隔断,在西北只有一条穿越茫茫沙漠戈壁的狭窄通道与中亚相连,南有云贵高原和横断山脉的天然屏障。东南的万里海域更是不可逾越的障碍。但当世界进入近代,西方列强凭借坚船利炮,开始从陆上和海上同时蚕食中国这个古老的国度。仅 1842 年、1860 年、1895 年和 1900 年,列强四次发动侵华战争,清政府被迫割让大片国土,赔偿巨额白银。随着近代西方工业化的快速发展,先进的军事技术和航海能力彻底粉碎了中国封建统治者传统的安全观。

自 1840 年后的 100 多年里,帝国主义列强屡屡入侵中国。过去认为最安全的浩瀚海疆成为敌军入侵成功次数最多的突破口,成为近代中国战争惨败的最大伤痕和屈辱。第一次鸦片战争,英法联军攻占广州、厦门、定海、镇海、宁波和镇江,从长江口入侵南京;第二次鸦片战争,英法联军攻占广州、大沽口、天津,从天津侵入北京;中法战争，法军攻占福建马尾港；甲午战争，日军攻占旅顺、威海；1897年德国军舰进占胶州湾，俄国军舰闯进旅顺口；1900年八国联军攻陷天津和北京；1914年日军攻占济南、青岛；1937年日军发动全面侵华战争。

在同一历史时期内，中国的陆地边疆也不安全。沙俄和日本曾先后侵占我国东北地区；英国军队曾先后两次从东亚方向入侵中国西藏地区，并曾在第二次入侵时攻占拉萨；英、日军曾先后越过中缅边境侵入云南；法军从中越边境侵袭云南；等等。在中国近代史上，我国台湾、海南岛等岛屿和海洋，由于经济、军事战略地位重要，更是帝国主义列强侵占和瓜分的重灾区。

（二）我国地缘安全环境面临的主要挑战

21世纪以来，世界格局和安全形势正发生变化，"和平与发展"仍是时代的主题。经过世界各国的多方共同努力，一个相对和平稳定的安全环境已经出现。特别是中国，根据习近平总书记2013年提出的"命运共同体"的外交思路，以"一带一路"建设为牵引，践行"亲、诚、惠、容"的周边外交理念，中国与一些大国、邻国的关系得到全面改善；与一些曾经关系紧张的国家也逐渐建立起相互谅解和信任的正常关系，重新走上了健康发展道路。我国周边安全环境处于一个较好的时期。然而，随着中国综合国力不断提升，国际影响力日益增强，围绕中国和平崛起的话题越来越被国际社会关注，在一系列成绩与繁荣景象背后，复杂多变的国内外形势给我国国家安全带来一系列新的挑战。特别是随着美国政府采取的"以合作开道，以遏制为本"部署展开，在军事上实施战略重心东移的"亚太再平衡战略"，以及重返亚太政策的实施，不断强化美日韩同盟的军事存在，在我国周边煽动与我国有领土、领海争议的国家不断对崛起中的中国进行挑衅，以"搅局"的方式，企图达到阻止、遏制中国发展的目的。一些周边国家存在不同程度的恐华、疑华、防华心态，并借势大造"中国威胁"舆论，对我国环境安全带来不同程度的负面影响。近年来，我国周边安全环境呈现出风云变幻的局面，中国周边安全环境在总体改善的情况下，仍存在着各种现实挑战和潜在危机。

1.美国视中国为主要潜在竞争对手

美国是当今世界唯一的超级大国，它的战略目标就是努力维持和强化自己的"一超"地位，防止出现一个或多个挑战美国超级大国和领导地位的世界强国或地区强国。中国作为一个正在迅速崛起、有着巨大发展潜力的大国，不可避免地要成为美国遏制、敌视的对象。一方面，美国尽可能地维持与加强同中国在经济、政治、文化、军事领域的交流，并千方百计地把中国纳入自己主导的各种国际机制之中。另一方面，美国又采取各种手段抑制中国的崛起，使中国不能成为美国的"战略竞争对手"。美国在不放松对中国在经济、政治、文化等方面遏制的同时，在军事方面，调整了其在亚太地区的军事战略部署，强化了美国与日、韩、澳等盟国的军事同盟关系，多边军事合作迈出实质步伐；进一步提升关岛美军的军备水平和战略威慑能力，形成日本和关岛两大地区兵力投送中心；在东亚、东南亚、中亚、南亚地区，美国借反恐合作行动，建立多个军事基地,以扩大其军事存在。同时,一些周边国家和地区借美国战略东移机会,加快扩军备战步伐。

2.中日之间存在一系列的矛盾和斗争

长期以来,中日之间在历史问题、东海领土主权归属问题,以及台湾问题上存在一系列矛盾和争端。日本当局不顾中国政府和人民的反对,多次做出伤害中国人民感情的事,致使中日关系出现严重困难。一方面,在舆论上加强攻势。在对待侵华历史、参拜靖国神社等问题上,日本当局歪曲历史,美化侵略战争,拒绝承担战争责任;在领土争议问题上,日本内阁官方网站公布钓鱼岛的所谓"历史档案",试图证明钓鱼岛属于日本,日本政府在修订中小学教材时,大幅增加了有关钓鱼岛主权宣示的内容。在钓鱼岛问题上,日本正在实质性加强对中国的反制,不断提高拒阻能力。另一方面,在实际行动上,日本大幅度提升执法力量,增加预算,加强这一区域安保力量以显示其存在。2015年4月,日、美两国签订新的《防卫合作指针》,日美同盟在合作的深度及广度方面都得到了大幅提升,美国一再公开表示,钓鱼岛在美日防卫范围之内,美国会承担责任。日本海上保安厅计划将原本设在宫古岛的海上保安署升格为海上保安部,人数及设备规模均相应扩大。再者,日本在台湾问题上挑战中国的国家核心利益。近年来,日本右翼势力支持"台独"分裂势力更加明目张胆,其动向值得我们高度关注。

3.我国领海、海洋权益遭遇严峻复杂的挑战

从20世纪90年代开始,特别是21世纪的头十年里,我国和周边国家海上争端不断上升,国际舆论大肆炒作中国发展海上力量,一些国家企图以所谓"国际航行自由"插手介入南海问题,抢占话语权和规则制定权。海上安全已经成为中国周边安全形势紧张的重要来源,中国的海洋战略已成为国际社会判断中国是否和平崛起的重要指标。自1995年美国首度表示关切南海问题开始,美国的目光就没有离开过这一地区,美国的持续介入使南海地区的安全局势趋于紧张和复杂化。中国的深海战略已经触及美国的亚太乃至全球利益,周边国家借美国重返亚太之势在海洋问题上结成利益共同体抗衡中国的潜力大大增强。

我国的大陆海岸线长18000多千米,领海自北向南有渤海、黄海、东海和南海,我国的领海22.8万平方千米,管辖的专属经济区和大陆架海域300万平方千米。辽阔的疆域既为我们的发展提供了广阔的生存空间,又使我们维护国家主权的任务异常艰巨和繁重,与周边邻国在领海主权和海洋权益上的矛盾十分突出。

4.半岛局势风向难测

朝鲜半岛问题是影响世界安全稳定的风向标,是东亚地区最大的冷战遗产。从地缘政治的角度看,以朝鲜半岛为中心的东北亚地区是中国安全的致命弱点。进入21世纪后,以美国政府为首的相关国家对朝鲜采取强硬姿态,使半岛局势再度趋紧。2010年"天安舰"事件和延坪岛炮击事件后,朝鲜半岛朝韩双方的紧张对立和美日韩的武力威慑政策,不仅给政治和外交解决朝核问题的多边进程带来沉重的打击,更把

朝鲜半岛推到了战争的边缘。2011年12月17日,朝鲜领导金正日去世,给朝鲜半岛局势带来新的不确定性,但同时也意味着历史性机遇的来临。面对美韩日等国家的持续施压,尤其是受伊朗核问题、中东局势及内部政局演进的影响,为扭转在国际上被动、孤立的局面,朝鲜在核开发、导弹问题上制造事端,铤而走险。朝鲜新领导人金正恩上台后,违背半岛无核化的国际原则,发展核武,试射导弹,废除《朝鲜停战协定》,宣布全面废除朝韩之间互不侵犯所有协议,宣布《朝鲜半岛无核化共同宣言》完全无效。恢复朝核问题六方会谈的前景渺茫,朝鲜半岛成为东北亚地区最大的不稳定因素。2013年2月以来,朝鲜不顾国际舆论的规劝、反对,多次进行核试验,半岛紧张局势再次升级。

朝鲜与美国、韩国之间的矛盾根深蒂固,各自的国家利益和政策目标大相径庭,半岛局势的发展仍存在较大的不稳定和不确定因素,不排除出现武力对抗和军事冲突的可能性,朝鲜半岛是中国东北部安全的战略缓冲,半岛局势的紧张将破坏本地区的和平与稳定,也将影响中国现代化建设的进程,将影响中国"和平崛起"的最终实现。在多方的共同努力下,2018年半岛问题终于迎来一线曙光,开始走向和平。2018年4月27日,韩国总统文在寅和朝鲜国务委员会委员长金正恩在板门店韩方一侧的"和平之家"举行会晤,会谈结束后,双方共同签署了具有历史性意义的《为实现半岛和平、繁荣和统一的板门店宣言》(简称《板门店宣言》),朝鲜半岛迎来历史性时刻。2018年6月12日,朝鲜最高领导人金正恩与美国总统特朗普在新加坡举行会晤,这是美朝两国最高领导人在全世界的瞩目下举行的首次历史性的会晤。会晤后,双方签署了《联合声明》,就四项内容达成协议,包括朝鲜方面承诺"完全无核化",美方则承诺向朝鲜提供安全保障,自此朝鲜半岛初现和平曙光。

5.恐怖主义活动愈演愈烈

恐怖主义成为全球公敌。恐怖主义不仅是"20世纪的政治瘟疫",更是21世纪世界安全的头等大事。国际社会在反恐怖领域不断加大投入,共识日益增多,合作日趋深入,取得了不少积极进展。但是,恐怖主义滋生的土壤并未铲除,国际社会面临的恐怖威胁远未消除,国际反恐怖形势仍然十分严峻。国际恐怖主义正向全球化、长期化、高技术化方向发展,一些新兴的发展中国家极易成为国际恐怖主义目标。中国毗邻恐怖活动的"重灾区",与恐怖事件频发、恐怖势力聚集的阿富汗、印度、巴基斯坦、泰国等为邻,处于国际恐怖势力猖獗的高危弧形地带。从北高加索、中东、中亚、南亚至东南亚,是国际恐怖势力的主要盘踞地和威胁高发区。国际恐怖势力在中国周边的频繁滋事,恶化了中国周边环境,直接危害着中国国家安全。

如果说"9·11事件"是世界恐怖主义活动走向高发的转折,那么2008年中国的"3·14事件"后,中国开始进入恐怖主义活动的高发时期。近年来,境内的恐怖势力与境外"三股势力"(暴力恐怖势力、民族分裂势力、宗教极端势力)遥相呼应,在西方反华势力的支持下正走出"蛰伏期",不断进行干扰破坏活动,暴力化趋势日益增强,中国政府所面临的恐怖主义威胁进一步升级,这给我国各族群众生命财产造成重大损失,给当地正常秩序和社会稳定造成严重破坏。

三、新形势下国家安全

近年来,美国为继续维护美国在亚太地区经济、安全秩序和地区机制上的主导地位,化解中国崛起对美国领导地位的侵蚀和挑战,将战略关注的焦点重新向亚太转移,主导调整了包含政治、安全和经济的亚太策略。随着中国经略海洋的步伐不断推进,"一带一路"建设实施、亚洲投资开发银行的建立,以及人民币国际化进程的加快,美国在环中国经济带,以及与中国有地缘关系的国家,进行经济拉拢、军事恐吓,企图达到战略上孤立中国、抑制中国的目的。美国战略"东移西顾",日本力推"军事正常化",大国战略博弈日益加剧。美国高调介入亚洲事务引发的连锁性反应,中国与周边国家的政治互信将减弱,周边国家对我国海洋经济资源的争夺将加剧,中国周边的安全环境趋于恶化。中国与周边国家关系的互动进程,正在告别过去十年的稳定态势,进入了一个风雨变幻的战略摩擦期。

(一)大国关系的相对平稳发展是中国周边继续保持缓和的基础

中国周边地区是大国利益交汇的重要地区,中、美、日、俄、印等国对地区总体形势发展影响举足轻重。上述各国在全球化背景下,各国之间在竞争中既有联系,又有矛盾,彼此利益相互交织。国际上一些顽固坚持冷战思维、不愿意看到中国发展强大的势力,总是千方百计地利用我国周边存在的各种安全问题,制造"中国威胁论",编织围堵中国的安全网络。区域外大国的不断插手,霸权主义利用我国周边存在的安全问题,拉帮结伙,挑拨离间,借此建立防范围堵中国的网络。在域外势力的干预下,来自海洋方向的安全压力在上升,海洋成为周边安全的重点方向,霸权势力为遏制中国或转嫁内部危机可能挑起军事冲突的冒险性绝不能低估,对周边安全稳定增添了许多变数。

新时代,我国提出了构建"不冲突、不对抗、相互尊重、合作共赢"的新型大国关系。中国为解决全球安全问题、实现全球治理提出了一系列重要理念与构想,"人类命运共同体"的理念,"一带一路"倡议,彰显出了强大的影响力和生命力。可以预见,只要自身策略得当,中国不会成为大国矛盾的焦点,在大国外交中仍有充分回旋的空间。

(二)地区热点发生热战的可能性变数增大

近年来,随着大国战略竞争加剧,我国周边地区出现了一些新的变化,围绕周边热点问题发生危机冲突的可能性变数增大。周边热点问题进入新一轮集中爆发时期,一是朝鲜半岛局势充满变数。美国对朝鲜长期的敌视封锁政策,给朝鲜造成了巨大的安全压力。朝鲜半岛形势因朝鲜拥核、不间断进行核试,而面临新的复杂性,从长远看,朝核问题仍然可能出现轮番升级的势头。朝鲜半岛局势长期紧张,各方军事行动不断,危机频发,影响我国安全。二是西南中印、中缅方向不稳定不确定因素增加。近年来,中印关系总体稳定,双方建立了边境安全管控机制,但印度不断加强中印边境军事部署,军事对峙事件时有发生。三是世界大国加强在东海、南海岛屿海权益问题上,大做文章,因岛屿问题引发个别意外冲突虽不能完全排除,我国经略周边、维护周边安全稳定的难度加大。

多年来,我国一贯坚持"与邻为善、以邻为伴""睦邻、安邻、富邻"的周边外交方针;开展"亲、诚、惠、容"的周边外交,推动中国与周边国家关系进一步发展,为我国创造了和平稳定的周边环境。中国为解决全球安全问题、实现全球治理提出了一系列重要理念与构想,"人类命运共同体"的理念,"一带一路"倡议,迄今已经150多个国家和国际组织同我国签署合作协议,参与"一带一路"的队伍正在扩大。从周边入手推动这一战略构想的落实,将有力地促进我国与周边国家的共同发展和共同繁荣,使周边成为和平安全稳定的地带。

（三）非传统安全问题将成为地区安全合作的"催化剂"

中国周边地区存在的非传统安全挑战将长期存在,某些挑战在一定时期内可能成为特定国家的主要安全威胁。随着国际社会及地区国家对非传统安全问题的重视,地区国家特别是主要大国将把应对非传统安全挑战视为增进合作、扩大影响的渠道和机会,积极探索并推进在多种框架、多领域开展合作。"9·11事件"后,防扩散、打击恐怖主义成为中美关系不断改善和加强的重要推动因素。印度洋海啸和南亚大地震发生后,各主要国家充分利用救援外交,拉近与受灾国的距离,为进一步发展和巩固双边关系奠定基础。在"10+3"机制的带动下,东亚各国在非传统安全领域的合作正不断加强。21世纪初,上海合作组织成立,各成员国共同签署了《打击恐怖主义、分裂主义和极端主义上海公约》,把打击"三股势力"、维护地区安全与稳定作为首要任务,近年来还逐步加强合作打击中亚地区日益严重的毒品走私活动,把遏制和铲除毒品走私纳入合作框架之中。2015年11月,中国、柬埔寨、老挝、缅甸、泰国、越南6国围绕澜沧江—湄公河流域实施可持续开发和开展互惠务实合作。种种事实表明,非传统安全问题已经成为区域安全对话与合作的主要议题,并将成为改善地区国家关系的"润滑剂"和加强安全互信的纽带。

（四）中国应对周边安全形势的举措

21世纪以来,虽然"和平与发展"仍是当今时代主题,但随着美国高调介入亚洲事务,中美之间的角逐将越来越决定亚太地区的秩序,在美国亚太政策的影响下,中国与周边国家矛盾或问题的连锁性反应,导致中国与周边国家政治互信,因本国经济发展利用的驱动,变得时增时减;中国与周边国家海洋经济资源的争夺逐步加剧,调控空间缩短、缩小,战略性摩擦在所难免。国际局势复杂多变,中国与周边国家关系的互动进程,正在告别过去十年的稳定态势,进入了一个战略摩擦期。

周边国家与地区是我国实行对外开放、开展互利合作的重要伙伴,也是发挥国际作用的重要区域。周边关系的好坏直接关系到我国的国家安全、国内发展与稳定。因此,构建周边安全机制,营造睦邻友好环境,是我国应对周边安全的重要举措的基本着眼点。针对当前周边安全环境中的消极因素,一方面,我们顺应和平与发展的时代潮流,通过加强与周边国家和地区的交流、合作与发展,消除其对中国发展的疑虑;另一方面,我们也应该采取有效措施,化解周边安全环境中的不稳定因素,为和平发展提供稳定、和平的周边安全环境。

1.坚持和平共处五项原则,积极开展睦邻外交

我国一贯坚持"与邻为善、以邻为伴""睦邻、安邻、富邻"的周边外交方针;开展"亲、诚、惠、容"的周边外交,推动中国与周边国家关系进一步发展。以和平共处五项原则为基础,开展睦邻外交,从维护地区和平稳定大局出发,妥善处理与邻国的领土、领海争端和历史遗留问题,暂时解决不了的问题暂时搁置,待历史事件成熟解决,防止霸权主义从中得利。

在新的历史时期,中国坚持独立自主、和平外交和不结盟政策。在处理国家关系时,我们强调国家不分大小、强弱、贫富,主权一律平等,反对以大欺小,以强凌弱,尊重别国的独立民主,尊重别国的民族利益和民族尊严。坚持以和平共处五项原则为核心,把握机遇,利用和争取较长时间的和平环境,发展经济,增强综合国力,增强国防现代化建设,为维护祖国统一和保卫国家安全作出新的贡献。

2.构筑和平共赢的新战略安全观

面对日新月异的世界局势,人类社会依然面临诸多难题和挑战。地区热点此起彼伏,霸权主义、强权政治和新干涉主义有所上升,军备竞争、恐怖主义、网络安全等传统安全威胁和非传统安全威胁相互交织。构筑和平共赢的新战略安全观,以"和平、发展、合作、共赢"为引领,维护世界和平,促进共同发展依然任重道远。着眼需要,我国提出并倡导"以国际安全为主体,突出主权安全;以和平共处五项原则为政治基础;以相互安全为前提;以综合安全为内容;以合作安全为途径;以共同安全为目标;以互信、互利、平等、协助为核心"的新战略安全观。旨在纷纭复杂的国际形势下,呼吁世界各国以发展共赢为核心,加强国家和国际安全合作为纽带,实现国家与国家、国家与地区的安全稳定,共同打造和平、和谐的人类社会为己任,化解、避免矛盾或冲突的产生,共同维护地区和世界和平。

3.坚持中国特色的强军之路

在当今以和平与发展为主题的时代背景下,面对复杂的国际局势,只有提高中国的综合国力,中国才能处理好外部事务,坚持中国特色强军之路,才是实现中国崛起的根本之路。以冷战结束和海湾战争爆发为标志,国际战略格局发生重大变化,世界多极化、经济全球化成为重要发展趋势,世界新军事变革蓬勃兴起,高技术局部战争登上历史舞台,争夺高技术质量优势成为国际军事竞争的焦点。围绕"听党指挥、能打胜战、作风优良"的基本要求,努力构建能够打赢信息化战争、有效履行使命的中国特色现代军事力量体系,完善中国特色社会主义军事制度,全面提高应对多种安全威胁、完成多样化军事任务的能力,继续高扬"和平、发展、合作"的旗帜,加强国防和军队建设。

4.开展国际军事交往,重塑国家安全体制和区域合作机制

在新时代国际背景下,维护一个国家的安全需要国际的合作,在复杂的国际战略

格局中,中国只有不断重塑国家安全体制和区域合作机制,广泛地进行与其他国家的军事合作来维护地区稳定,努力同周边国家在安全与防务的双边及多边的战略磋商和对话中增强相互了解信任。积极参与国际维护和行动,不断扩大多种形式的对外军事交流,推动国际军控与裁军进程与义务等国际军事合作,尤其是同周边国家加大国际反恐怖主义合作力度、参与海上搜救、打击海盗和打击贩毒等非传统安全领域的国际合作。以区域合作组织为依托,构建与周边国家的利益共同体,增强与其他国家的战略互信,消除周边国家对中国崛起的疑虑,共同营造和平稳定、平等互信、合作共赢的地区环境。

第三节　国际战略形势

国际战略环境是一定时期内世界各主要国家和政治集团在战略上相互联系、相互作用和相互矛盾斗争所形成的世界全局性的大环境和总体趋势。它包括国际战略格局和国际战略形势两个方面:国际战略格局是国际战略环境的框架结构;国际战略形势是国际战略环境的动态表现。它从本质上反映了世界各主要国家的政治集团建立在一定军事、经济实力基础上的政治关系的基本状况和总体趋势,其核心是世界范围内的战争与和平问题。国际战略环境是在一定的时代背景下形成的,时代的特征对它的基本面貌有决定性的影响。

一、国际战略形势现状与发展趋势

20 世纪 90 年代是国际形势复杂多变的时代,国际战略格局发生了重大、深刻的变化,政治多极化、经济全球化趋势进一步发展。国际形势保持了总体缓和,局部动荡持续不断,时而剧烈,时而趋缓的基本态势。"9·11 事件"又为未来国际格局和地区形势发展注入了新的复杂因素。

(一)和平与发展仍然是当今时代的主题

20 世纪 80 年代,国际战略格局发生重大变化与调整,开始从紧张转向缓和,从对抗转向对话,全球性的战略问题,一个是和平问题,一个是经济问题或者说发展问题。和平问题是东西问题,发展问题是南北问题。概括起来,就是"东西南北"四个字。邓小平根据国际形势的深刻变化,把握时代脉搏,提出"和平与发展是当代世界两大主题"的新论断,取代"战争与革命"这一旧的时代主题观。40 年来,这一论断仍然没有过时,虽然世界形势发生了巨大的变化,但始终没有改变这一主题。经济全球化的发展加深了世界各国之间的相互依存关系,制约了战争因素的增长。许多国家之间形成了"你中有我,我中有你,一损俱损,一荣俱荣"的利益局面。这样的格局迫使人们追求和平而放弃战争,转而采取更加理性的方式来解决矛盾或问题。

（二）世界"多极化"的长期曲折性与不可逆转性

20世纪90年代初,苏联解体,东欧剧变,苏东集团分崩离析,曾支配世界近半个世纪的两极格局终结,大国关系不断调整,世界出现了"政治多极化"的格局。这次格局的变化与两次世界大战后格局变化的条件完全不一样,前两次变化都与战争有直接的关系,力量对比因战争胜负发生了急剧、深刻的变化,各战胜国瓜分势力范围,并通过激烈的讨价还价后以条约的形式加以确认。而这次世界格局的变化则是在没有硝烟、炮火的情况下发生的,是世界各国政治、军事、经济、文化实力长期演变的结果,虽然也是世界发展的客观规律和内在矛盾发展的必然结果,但原因比前两次更加错综复杂,多种因素相互作用,形成合力,促成了其中一极的崩溃。因此多极化进程是长期的,是一个动态的、曲折而又复杂的历史过程。江泽民同志在1992年曾明确指出:"当今世界正处在大变动的历史时期,两极格局已经终结,各种力量分化组合,世界正朝着多极化方向发展。新格局的形成将是长期的、复杂的过程。"两极格局的结束大大刺激了美国构建单极世界的霸权欲望,但这一格局的结束也为其他力量中心的发展提供了机会和条件。欧盟作为当今世界最强大的国家集团,其竞争力、创新能力乃至整体实力将会有大幅度增长,与美国的摩擦和矛盾有所发展;中国经济乃至综合国力迅速发展和强大,成为一支重要的和平力量;俄外交调整灵活务实,但其维护世界一极的战略目标未变;日本积极参与地区、国际事务,谋求政治大国地位;发展中国家联合自强势头进一步加强,要求建立公正合理的国际政治经济新秩序。以上因素仍在发展之中,而且不排除还会出现其他新兴力量,这些因素在不同程度上制约了美国搞"单极"的行为,虽不可能完全形成联合制美,但各个力量中心之间形成了一定有效的牵制力量。因此,多极化的长期曲折性与不可逆转性,成为当今世界发展格局的总趋势。

（三）"9·11事件"为国际关系注入了新的因素

2001年发生的"9·11事件"虽然没有改变美国在世界力量对比中的优势地位,也没有改变国际战略格局,但这一事件强烈冲击了原有的国家安全观念和国际政治安全形势,使各大国在冷战结束10年之后终于认识到所面临的共同威胁。恐怖主义的无所不在和大敌无形使非对称性安全威胁成为对各国国家安全和国际和平环境的严峻挑战,恐怖主义、贫困失业、疾病、环境污染、跨境犯罪等国际性问题引起了世界各国的普遍关注。美国遭受恐怖袭击引起了国际社会的同情并赢得了反恐怖战争的广泛支持,大国之间由于战略目标的不同而产生的分歧得以暂时搁置。受上述新情况的影响,国际关系呈现以下新的特点:

一是建立什么样的国际政治经济新秩序成为大国关心的重要内容。美国以所谓的"历史终结论"及"民主和平论"为借口对外推行其民主价值观,还以反恐为由,提出"先发制人""预防性干预"等新理念,借反恐推行霸权。美国要获得出兵伊拉克的授权,各方也在进行有力牵制。围绕单极与多极、美国一方独霸与反对霸权的斗争呈现出多层次、多样化的特点。在国际经济方面,围绕制订适应全球化发展的游戏规则的斗争也在紧锣密鼓地进行,使本国适应经济全球化潮流并利用这一潮流来加强自己的领先地位和改变本国的落后地位等问题成为各主要国家的基本选择。

二是敌友界限模糊，大国互不为战争对手。应对非国家的新安全威胁成为许多大国的战略考虑。与恐怖主义相关的非对称性安全威胁成为美国的头号敌人。

三是日益紧密和相互渗透的经济联系使大国关系呈现出两面性，综合国力的竞争也日趋复杂激烈。

四是与冷战时期不同，大国间的竞争开始摆脱"零和游戏"的冷战思维，大国间的协调合作远远多于公开对抗，更多地向良性互动方向发展(图2.2)。

图2.2　全球恐怖主义影响图

（四）世界安全形势依然严峻

当前世界安全形势的具体表现是：局部战争和武装冲突时有发生，霸权主义和恐怖主义活动仍然猖獗，领土主权与权益纠纷不断升温，非传统安全威胁扩展。

1.局部战争和武装冲突时有发生

全球局部战争与冲突集中于五大地区：中东地区、非洲地区、独联体地区、东南亚地区、东北亚地区和其他地区。由于历史的原因，各国民族之间在领土、政治、经济、宗教、文化等方面存在着不平等的关系，冷战结束后，极端民族主义完全从本民族的利益出发，轻视和否定其他民族的利益，形成了民族扩张主义和地区霸权主义，导致局部战争和武装冲突时有发生。2008年以来，全球共发生46场大大小小的局部战争和武装冲突，这46场局部战争和武装冲突中，有的属于传统冲突热点，如伊拉克、阿富汗、巴以冲突等；有的则属于长期掩盖的问题突然引发的冲突，如俄格南奥塞梯冲突、科索沃独立等。这些突发性事件往往给国际安全格局带来很大的冲击。

2.霸权主义和恐怖主义对国际社会的威胁依然猖獗

当今世界上两大祸害：一是霸权主义。霸权主义是指一国凭借政治、军事和经济的优势，在全世界或个别地区破坏、控制他国主权，谋求统治地位，并积极推广其"所谓民主政治"的政策。世界霸权的发展和激烈斗争，造成了国际局势的动荡和紧张，促使大规模军备竞赛和争夺霸权对世界和平与各国安全的严重威胁。二是恐怖主义。长期以来，恐怖主义以其血腥的暴力活动为显著标志，在世界许多地区制造混乱，造成社会的动荡不安。"9·11事件"后，恐怖袭击的阴影开始弥漫全球。根据全球恐怖主义数据库的统计，2000—2012年，全世界发生的恐怖袭击事件共计达到25903起，平均每年发生2000起左右，每天发生5余起。伊拉克、巴基斯坦、阿富汗、印度、菲律宾、泰国、尼日利亚、也门、叙利亚和索马里是全球遭受恐怖袭击次数最多的国家。

3.领土主权与权益纠纷不断升温

领土争端和经济利益矛盾是影响世界局势的又一个重要因素。领土是国家物质财富的主要源泉,是人类生存繁衍的基础。若处理不当,有可能成为两国交战的导火索,它仍然是造成地区动荡的重要因素之一。2008 年以来,一些悬而未决的领土主权争端和海洋权益争端浮出水面,并不断升温,成为导致地区不稳定的重要诱因。例如,俄日北方四岛(俄称"南千岛群岛")、中日钓鱼岛、韩日独岛(日称"竹岛")问题,中国与越南、菲律宾、马来西亚、印尼、文莱等国岛屿主权争议,北冰洋周边国家对北极地区的领土争论,印巴克什米尔之争等。

4.非传统安全威胁扩展

(1)全球恐怖主义与反恐进入"后拉登时代"。在"后拉登时代",恐怖主义借助新的形式寻求发展,其结合地区内社会矛盾和政治经济困境而发动行动的可能性较大。这使恐怖主义活动的突发性和随机性增强,给各国反恐带来新的挑战。以"基地"为代表的国际恐怖组织呈现出分散化特征,恐怖组织本土化发展趋势明显,低成本、小规模成为恐怖组织发动袭击的重要特征,信息化等高科技手段渐为恐怖分子所利用。

(2)海盗活动猖獗,共同维护海上安全成为相关国家的关注点。面对日益严重的海盗问题,国际社会呼吁共同采取行动打击海盗行为。联合国 2008 年通过了第 1814 号、第 1816 号和第 1838 号三个决议,授权外国军队在征得索马里政府同意的情况下可自行进入其海域打击海盗。依照三个决议的授权,北约、俄罗斯、印度、欧盟、中国等先后派遣军舰前往索马里附近海域巡逻,以确保航运安全。但由于海盗伪装隐蔽,装备先进,行动敏捷,加之巡逻海域面积宽阔,目前反海盗尚未取得明显的效果。解决索马里海盗问题的关键在于进一步推动索马里和平进程,从根本上消除海盗的生存土壤。同时,需要有关各国联合起来应对,共同维护海上航运安全(图 2.3)。

图 2.3　中国海军索马里护航

二、世界主要国家军事力量及战略动向

19 世纪后,欧洲列强统治和影响着世界,形成了以欧洲为中心的国际战略格局。

这一格局的特点是几个欧洲大国都想争夺欧洲和世界霸权,列强的内部争夺剧烈发展,导致 20 世纪上半叶发生两次世界大战。第二次世界大战结束后,世界秩序被重新安排,形成了以雅尔塔体制为基础的、以美苏为霸主的两极格局。两极格局贯穿了战后 40 余年世界政治的始终,影响着世界政治力量的对比关系。

20 世纪 80 年代末,东欧剧变、苏联解体,使得持续了近半个世纪的东西方两大集团之间激烈对抗的冷战格局彻底终结。此时,美国通过海湾战争的胜利,企图建立自己称霸世界的"单极"国际格局。随后由于日本、德国、西欧在经济上的迅速崛起,美国的"单极"国际格局破产(图 2.4)。随着世界形势的大动荡、大分化,特别是"金砖国家"的出现,并逐渐发力,国际战略格局开始出现向多极方向发展的趋势,国际战略格局进入了一个"一超多强"的多极化格局。

当前及未来一个时期影响国际战略格局变化的主要方面:一是美国仍然是世界唯一的超级大国;二是世界多极化趋势继续发展;三是新的各种安全结构正在建立和完善;四是经济因素在国际事务中的作用越来越大。在这一大背景下,世界各国围绕国际秩序、综合国力、地缘政治等方面的战略竞争日益激烈,发达国家、发展中国家、传统大国与新兴大国的矛盾摩擦显现,局部冲突和地区热点此起彼伏,一些国家因政治、经济、民族、宗教矛盾动荡,天下仍不太平。

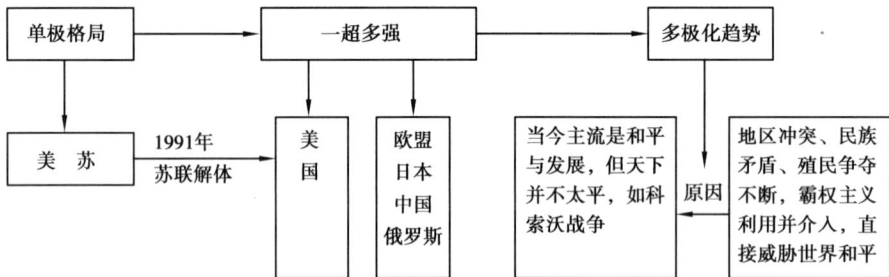

图 2.4　国际格局

(一)国际战略格局出现"一超六强"新趋向

冷战后形成的"一超多强"与"一超独霸"格局"量变"加速。作为"唯一超级大国"的美国,由于对外扩张过度与对内透支消费、放松经济监管,致使金融危机爆发、内外交困、软硬实力均遭重创,其"一超"优势地位明显下滑。"一超多强"格局虽然尚未发生"质变",但却有了重要的"量变",当今格局可称为"一超(美国)六强(欧盟、中、俄、日、印、巴)"格局,其中,"金砖国家"等新兴大国群雄并起,联手推进国际格局多极化进程。由于美国想构建单极世界而其他有一定实力的国家不愿被美国所操纵,于是开始大力发展国家综合实力。例如,日本在经济总量跻身世界前三后就一直谋求政治大国的地位。俄罗斯由于继承了苏联的大部分国土和绝大部分的精锐武器,成为当今世界唯一有实力能同美国单独对抗的军事强国。欧盟中西欧发达国家在一体化的道路上稳步前进,成为不可小看的强大经济体。除此之外,巴西、印度、南非等发展中国家发展势头迅猛,有望成为新的强国。

（二）多国的战略布局调整

为维护本国"利益"，世界主要军事强国，如美国、俄罗斯、日本及印度等国纷纷调整战略部署。

1.美国

奥巴马时代，强调"全面接触"，把"保护美国、预防冲突与意外攻击及战胜敌人"作为美国军事战略目标的三大使命，改变了布什政府时期"先发制人"战略指导原则和军事行动思想，放弃"单边主义"，积极参与海外事务，加强与盟友和战略伙伴的合作来应对挑战，以及与中国、印度和俄罗斯等新兴大国建立新的全球伙伴关系。以"混合型战争"代替"两场战争"理论；调整了"反恐战争"的提法，强调瓦解、铲除和击败"基地"组织及其分支和追随者成为美国反恐战略的首要目标。美国反恐将常态化，并首次提出把本土作为反恐的一个主战场。把"全球公地"作为新的战略重点，提出重点关注海洋、太空、网络空间等"全球公地"，强调其国际战略意义。随着中国等新兴国家的崛起和亚太地区经济蓬勃发展以及地区热点问题的不断升温，美国全球战略调整进入了一个新阶段，美国全球战略重心逐步转向亚太地区。美国针对亚太地区的外交、军事、经济等方面进行的全方位战略布局，对中国的发展与中美关系，对亚太地区以及世界形势都已经并将继续造成重大影响。特朗普时代，由于大力推动"美国优先"战略，美国与世界多个国家的关系大有突变之势，未定之数大大加剧，世界格局、国际关系异常复杂。加之由于受到伊拉克战争、阿富汗战争、全球反恐战争和国际金融危机的巨大拖累，同时面临新兴大国群体性崛起带来的挑战，美国实现安全战略目标的能力受到很大制约，在应对一些全球性、地区性问题和热点问题上举步维艰。

2.俄罗斯

以"现实遏制"为主导，摒弃"冷战"思维下运用军事手段应付军事危机的传统安全战略，宣布实现无冲突的对外战略，不卷入军事角逐，致力于发展军备，以维持与美战略平衡，以实现遏制。在应对美国谋求军事霸权、北约东扩等传统安全威胁的同时，俄罗斯开始更多关注恐怖主义等非传统安全威胁。俄主张采取传统（军事）和非传统（非军事）的综合手段解决国家面临的安全威胁。在经济困难情况下继续推进军事现代化进程，加大国防采购，致力于完成军队武器装备的更新，并研发新型武器系统，以维持与美国的战略平衡。当前，俄军备发展战略包括战略核力量、空间武器系统、弹道导弹防御系统、常规部队的新武器系统和装备等方面。

3.北约

在美国主导下，北约确立了"新战略概念"，扩大了安全威胁的范畴。这也是美国全球战略调整的重要组成部分。北约重申其组织的"地区性"，同时强调安全挑战的"全球性"；申明无意挑战联合国在国际安全事务上的主导地位，同时强调北约与联合国在安全事务上的互补性；认定当前不存在冷战时期那种"紧迫和大规模"的安全威胁，同时确认北约新的安全使命包括应对网络攻击、能源安全和气候变化带来的安全问题；认定"新兴力量"均以"和平崛起"为目标，同时对各地区热点或潜在冲突表示"严重关切"，特别是对阿富汗和东北亚局势的关注。为实现独立防务，欧盟积极介入全球安全事务。

4.日本

以"防卫扩张"为目标,积极推进自卫队由"国土防卫型"向"海外参与型"转变,构建多边防卫同盟体系,以应对、遏制中国。2010年12月提出的《防卫计划大纲》中指出,中国的军事动向"是令地区和国际社会忧虑的事项"。2010年9月"钓鱼岛撞船"事件后,日本将领土争端与安全战略问题联系起来,借机调整安全战略,明确把中国作为安全防范的对象,加强日美同盟以应对中国威胁,实行"机动性防卫"重心南移(日本九州以南,中国台湾以东的岛屿,包括钓鱼岛),即从俄罗斯转向中国,试图构建一个以美日同盟为基础,包括澳韩印及东南亚多国在内的多边防卫同盟体系,以达到遏制中国的目的。为适应防卫区域重心调整,新大纲决定削减陆军力量,增强海空实力。日防卫手段也不断扩大。

5.印度

把"拒止威慑"战略调整为"惩戒威慑"战略。作为南亚次大陆面积最大的国家和欧亚大陆一支重要的地缘战略力量,印度有着浓厚的大国情结。长期以来,印度把"立足南亚、控制印度洋,争当世界一等强国"视为国家的战略目标,并以此作为制定和调整军事战略的基本依据。21世纪初,印度开始将过去被动防御的"拒止威慑"战略调整为"惩戒威慑"战略,明确将作战范围由周边扩大到整个亚太地区。基于对安全环境和威胁的新判断,印度军事战略转到印巴边境,强化对巴基斯坦的强大威慑;并积极向中亚、西亚地区渗透,力争在大国角逐中抢得一席之地。

（三）各国不断加大军费开支,加强军队现代化建设

全球性金融危机和经济衰退导致很多政府收入减少、赤字增加,但由于军事力量仍是各国实现安全战略目标所倚重的主要政策工具,且增加军事投入也是经济刺激计划的组成部分,所以世界军费开支仍保持了增长态势。斯德哥尔摩国际和平研究所(SIPRI)的统计数字显示,2012年世界各国军事支出总计17530亿美元,占世界GDP总和的2.5%。美国军费支出虽然减少7.8%,但仍达6400亿美元,排名世界第一;中国内地增加7.4%,达到1880亿美元,排名第二;俄罗斯是第三名,而沙特阿拉伯则超越英国、日本与法国,跃居第四名。2012年世界军事预算前十个国家分别为美国、中国、俄罗斯、英国、法国、日本、沙特、德国、印度、意大利。2014年,全球军费开支达到1.8万亿美元,军费排行榜前四名分别是美国、中国、俄罗斯和沙特阿拉伯,其中,沙特阿拉伯军费增长17%,成为军费开支涨幅最大的国家。从地区看,2009年以来,几乎所有地区军费开支都在增长,亚洲和大洋洲的增长速度最快,年增长速度为8.9%。南亚的增速尤为突出,高达10.9%。从图2.5可以看出,随着国际局势的变化是全球性军备竞赛的态势变化,世界各国质量建军的步伐明显加快。美国通过冷战后进行的多场高技术条件下的局部战争,加快了运用高技术提高军队质量水平的步伐,继续引领世界军事潮流。美军强调用高技术提高战斗力,将工业时代的武器力量转变为信息时代的武装力量。俄罗斯尽管财力有限,但为了加速在21世纪的复兴,要求运用最新科技成果、最新工艺、最新材料超前研制新一代武器装备。英、法、德等传统军队强国在提高军队质量、发展高技术武器装备方面也是不遗余力。中东地区一些国家自海湾战争以来,从美国等西方国家大量采购高技术武器装备。日本近年来军费节节攀升,其自卫队武器装备技术水平居亚洲各国军队之首。我国周边东盟各国,随本国经济的发展,大都增加军费开支。

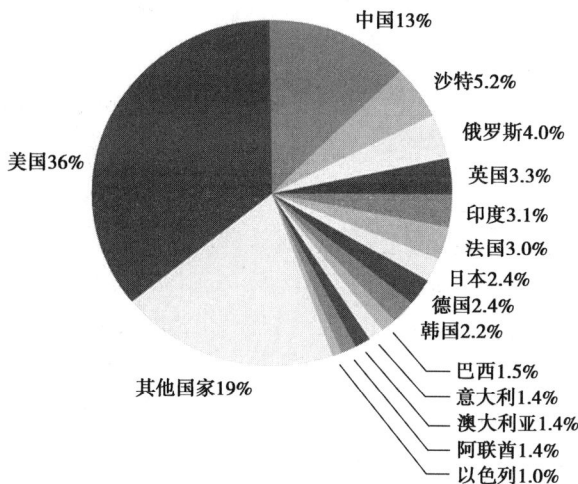

中国13%
沙特5.2%
俄罗斯4.0%
英国3.3%
印度3.1%
法国3.0%
日本2.4%
德国2.4%
韩国2.2%
巴西1.5%
意大利1.4%
澳大利亚1.4%
阿联酋1.4%
以色列1.0%
美国36%
其他国家19%

图2.5 2015年军费支出最多的15个国家

知识链接

美国重返亚太战略

进入21世纪的第二个十年,美政府开始从阿富汗和伊拉克两场战争中撤出,同时寻求外交政策新亮点,美国政府在"巧实力"的概念下调整了战略选择,决定把战略重心转移到亚太。2011年11月,美国前总统奥巴马在亚太经合组织(APEC)峰会上高调亮出"转向亚洲"战略。2012年1月,美国发布《维持美国的全球领导地位:21世纪国防的优先任务》——"重返亚太战略"的新军事战略报告。新战略暗示美国将缩减陆军规模,并减少在欧洲的军事存在,转而加强在亚太地区的军事存在。2012年6月,美国前国防部长帕内塔提出了美国"亚太再平衡战略",指出美国将在2020年前向亚太地区转移一批海军战舰,届时将60%的美国战舰部署在太平洋。其目的是一石三鸟:既将双边军事同盟变为多边同盟网络,从而强化了美国主导的安全秩序;又挑拨了中国与周边国家关系,迟滞了东亚区域一体化进程;同时更是直接锁住中国海上实力的拓展空间,而又避免了与中国的直接对抗和冲突。美国推行的"再平衡战略"不是什么新概念,它依然是在利用中国周边个别国家对中国发展的疑虑来加固美国的战略地位。"亚太再平衡战略"被视为是对美国重返亚太战略的进一步充实。

美国重返亚太、再平衡的目的:

(1)分兵部署以抵抗日益强大的俄罗斯,继续以俄作为目标进行军备。

(2)围困中国,遏制中国经济发展,"最终消灭中国"。

【思考与练习】

1. 简述国家安全与国家总体安全观的含义。
2. 影响中国安全形势的重要因素有哪些?
3. 简述当今世界主要国家军事力量及战略动向。
4. 为什么说"和平与发展"仍是当今时代的主题?
5. 简述影响我国安全环境的不稳定因素。

第三章　军事思想

不战而屈人之兵,善之善者也。故上兵伐谋,其次伐交,其次伐兵,其下攻城。

——孙武

军事思想是一种社会意识形态。它产生于一定物质生产和战争实践的基础之上,同时受其他社会意识形态的制约和影响,反映一定阶级和集团利益的政治观念,决定军事思想的阶级性质,制约其发展方向。哲学为军事思想提供认识论和方法论基础。科学文化水平以及道德、宗教和法律,还有民族、地理环境等因素,也都不同程度地影响军事思想的发展。

战争的发展,推动着武器的发展,武器的变迁蕴涵着不同时期军事思想的变化。随着时代的变迁,人类的战争经历了从冷兵器时代、热兵器时代、现代兵器时代以及以高科技为主体的军事高技术战争的发展历程。与兵器的发展历程并行,按照不同社会历史发展阶段、阶级、国家和各历史时期主导性兵器的特征,军事思想可分别划分为古代、近代、现代军事思想;奴隶主阶级、封建地主阶级、资产阶级、无产阶级军事思想;外国和中国军事思想等。

第一节　军事思想概述

军事思想是人们关于战争、军队和国防问题的理性认识,是对长期军事实践经验的系统总结及合乎理论的概括。它是揭示战争的本质、战争的基本规律以及进行战争的指导规律,阐明军队建设的基本理论和原则,从总体上反映研究战争和军事问题的成果。内容包括战争观、国防观、作战思想、建军思想等。军事思想在实践中产生、发展和丰富,并在实践中发挥重要指导作用。

一、军事思想的分类与特征

(一)军事思想的分类

军事思想按时代可分为古代军事思想、近代军事思想和现代军事思想;按阶级属性可分为奴隶主阶级军事思想、封建地主阶级军事思想、资产阶级军事思想和马克思主义军事思想;按地域或国家可分为东方军事思想、西方军事思想、美国军事思想和中国军事思想等。

(二)军事思想的特征

在人类社会发展的长河中,军事思想无论是在古代、近代,还是现代,均秉承了阶级性、时代性和继承性的基本特征。阶级性:军事思想来源于社会实践,在阶级社会中,人们为了各自的阶级利益,所奉行和推荐的军事思想必然反映各个阶级对战争和军队建设的认识和立场。因此,不同阶级、国家和政治集团必然有不同的军事思想。时代性:不同历史时期的战争有着不同的战争形态和战略战术,不同的军队组织原则和编制。这种不同时代的特征往往最能反映当时的物质生产水平,军事思想所反映的这些特征代表着这一时代的生产力水平。继承性:战争的最大特点就是强制性地要求人们的主观认识与客观实际相一致。因此,在战争中,人们必须按事物的客观规律办事。历史上所形成的具有规律性的军事原则、概念和范畴被流传下来为后人所用,并不断加以丰富和发展。

二、军事思想的产生与发展

人类对军事问题的认识,随着社会生产力的发展,战争的日益频繁和战争规模的不断扩大,人们科学文化水平的提高,有一个从简单到复杂的发展过程。军事思想作为独立的意识形态出现,始于奴隶社会。"攻""守""战术""统率"等军事概念就产生于奴隶社会时期。此时,人们已开始探讨战争与物质力量的关系,在一定程度上认识到军队的多寡、武器的数量和质量对于战争胜负具有重要作用。"强胜弱""众胜寡"成为一般的作战原则,标志着这一时期军事思想已具有朴素的唯物义性质。但是在奴隶社会时期,在军事思想中占据重要地位的是宗教迷信观念,加之战争规模较小,作战形式单纯,这时的军事思想还比较简单。

在奴隶社会向封建社会发展的过程中,一些强大的奴隶制国家在战争中衰亡。这个事实促使人们认识到,战争胜负不仅取决于物质力量的强弱,而且同政治因素、战争的性质、力量的运用及其强弱转化,有着密切关系。这一认识是由中国奴隶社会向封建社会过渡时期的军事著作首先在理论上加以阐明的。以《孙子兵法》为代表的军事论著,总结了当时军事斗争的经验,揭示了战争中众寡、强弱、虚实、攻守、胜败等范畴的对立和转化关系,提出了"知彼知己,百战不殆""攻其无备,出其不意"等军事原则。这说明中国古代军事思想中已经饱含着朴素的辩证法思想。

资本主义工业革命的发展,使大量火器和众多人力投入战争成为现实。在资产阶级推翻封建统治的大革命中,在资本主义国家对外扩张的战争中,战争规模空前扩大,战争的本质也暴露得更加充分。以普鲁士军事理论家克劳塞维茨所著《战争论》为代表的资产阶级军事理论,运用当时的哲学和历史学成果,总结了拿破仑战争及以前的一些战争经验,阐明了战争与政治、战争与经济、暴力运用与科学技术的相互关系,并提出了若干作战原则。由克劳塞维茨和与其同时代的军事家若米尼等人所阐发的资产阶级军事思想的基本观点,代表了资本主义上升时期资产阶级的进取精神,他们的著述已成为公认的军事名著,至今仍被许多资本主义国家的军事家奉为经典。其中,"战争无非政治通过另一种手段的继续"等论点,也为列宁和毛泽东所肯定。资本主义进入帝国主义阶段后,随着科学技术的进步,又经过两次世界大战实践经验的积累,资产阶级军事思想有了进一步发展,它更加重视先进科学技术在战争中的作用,并在现代战争的作战方法、技术运用、组织指挥以及军队现代化建设等方面,提出了一些值得重视的理论和原则。但是,由于其阶级的偏见和认识论、方法论的片面性,资产阶级军事思想一般都掩盖了战争的阶级本质,并且过分强调武器和技术在战争制胜因素中的作用,从而贬低了人民群众的作用。

马克思主义军事思想的形成,是无产阶级在争取自身解放的过程中,不断总结革命战争经验,汲取军事思想史上的积极成果,形成了自己的军事思想。无产阶级革命导师马克思、恩格斯、列宁、斯大林、毛泽东以及其他无产阶级革命领袖人物,在创立、运用和发展无产阶级军事思想方面作出了杰出贡献。他们应用辩证唯物主义和历史唯物主义的基本原理,科学地论证了战争的社会历史根源,指明了暴力对新社会诞生的促进作用和对经济的依赖性,指出社会生产方式和物质条件对于战争的制约作用,明确区分了战争的政治性质,揭示了阶级社会战争的阶级本质,阐发了战争的基本规律,并且高度重视人民群众在战争中的作用,强调建设人民军队的重要性,提出了无产阶级的军事斗争纲领和作战方法。在中国共产党领导中国革命战争中形成的毛泽东军事思想,包含了一整套关于建设人民军队、进行人民战争和人民战争的战略战术的理论和原则,并且包含着研究战争与指导战争的认识论和方法论。中国人民及其军队,运用在战争实践中不断得以丰富和发展的毛泽东军事思想,经过艰苦卓绝的革命战争,终于战胜了来自国内外的所有反动武装力量,建立并且巩固了中华人民共和国。这一历史事实,充分显示了毛泽东军事思想的科学性和真理性。

> **知识链接**
>
> ### 《孙子兵法》
>
> 《孙子兵法》作者孙武(约公元前545年—约公元前470年),春秋末期齐国乐安(今山东省北部)人。中国春秋时期著名的军事家、政治家。《孙子兵法》共13篇,6000字左右,是中国现存最早的兵书,也是世界上最早的军事著作,为后世兵法家所推崇,被誉为"兵学圣典"。在中国乃至世界军事史、军事学术史和哲学思想史上都占有极为重要的地位,在政治、经济、军事、文化、哲学等领域被广泛运用。该书被译为英文、法文、德文、日文,成为国际间最著名的兵学典范之书。
>
> 《孙子兵法》被奉为兵家经典。诞生至今已有2500年历史,历代都有研究。是中国古代军事文化遗产中的璀璨瑰宝,优秀传统文化的重要组成部分,其内容博大精深,思想精邃富赡,逻辑缜密严谨,是古代军事思想精华的集中体现。

三、中国古代军事思想

中国古代军事思想源远流长,博大精深,异彩绚烂,在世界军事思想发展史上具有杰出地位。中国古代军事思想是中国在奴隶社会、封建社会时期,各阶级、政治集团及其军事家和军事论著者对战争与军队问题的理性认识。它随着社会的前进、战争的发展而不断深化,是在战争实践中的经验总结,是鲜血和生命凝聚的理论财富,是人类智慧的结晶。

(一)中国古代军事思想的发展历程

中国古代军事思想初步形成于夏商周时期,春秋时期趋于成熟,秦统一六国后得到丰富和发展,至宋、清前期进入系统化、体系化阶段。

公元前21世纪至公元前8世纪,中国建立了奴隶制的夏王朝,出现了专门为统治阶级服务的军队和真正意义上的战争,战争成为阶级斗争的最高形式。在战争实践中,为了获取胜利,军事思想开始萌芽,并逐渐成为一门专门的学科。西周时期,出现了最早期的《军政》《军志》等军事文献,这是中国古代军事思想产生的重要标志。

公元前8世纪初至公元前3世纪末,即春秋战国时期,中国逐渐由奴隶社会进入封建社会。生产力的发展,社会制度的变革,引起了士兵成分的变化和兵器的改进,军事制度和作战方式也随之变化。为适应这些新情况的需要,产生了统率军队的专职将帅,涌现了许多代表新兴地主阶级的军事家和兵书著作,从战争论、治兵论、用兵论及研究战争的方法论等方面,全面奠定了中国古代军事思想的基础,标志着中国古代军事思想的基本成熟。最有代表性、影响也最大的军事著作,有《孙子兵法》《孙膑兵法》《吴子》《六韬》《司马法》等。其中,最著名的《孙子兵法》标志着封建统治阶级军事思想的成熟。它是世界上最早的系统而全面的军事理论著作,揭示了一系列指导战争的规律,并奠定了中国军事思想的基础,指导着后代的战争实践和军事理论的研究,在国际上也享有极高的声誉。兵书《六韬》,针对频繁的战争,提出了爱惜民力、休养生息的思想,并对作战指挥机构以及步兵、骑兵的协同作战等作了论述。

公元前3世纪末至公元10世纪中叶,是中国封建社会发展的上升时期。这一时期,中国经历了秦、汉、晋、隋、唐等几个大的统一封建王朝。在这一历史时期,先秦的军事思想对军事斗争仍然起着重要的指导作用。同时,由于社会经济、政治、文化及战争的发展,军事思想也进一步得到丰富和提高。就战争种类而言,有建立封建王朝的统一疆域的战争,有多次大规模农民起义、民族起义的战争,又有国内诸民族贵族为了争夺中央统治权而进行的战争。就军队发展而言,兵种和兵器装备有了较大的变化。其中汉、唐两代是中国封建社会发展的盛世。这一时期的军事思想,是对先秦军事思想的全面继承,并结合时代特点又进一步丰富和发展,是中国古代军事思想史上承前启后的重要历史阶段。在总结东汉末年的赤壁之战、晋灭吴之战、东晋前秦的淝水之战、隋灭陈之战等战争实践中,凸显了政治斗争与军事斗争的结合,谋略与决策,以及作战指挥艺术,都达到了相当高的水平,具有极高的军事思想研究价值。比较有代表性的军事著作有《黄石公三略》《李卫公问对》《太白阴经》《隆中对》等。如《李卫公问对》一书,联系唐代初期的战争经验,对以往兵书进行了探讨,对《孙子兵法》提出的虚实、奇正、攻守等原则及其内在联系,作了比较辩证的论述。李筌的《太白阴经》认为,战争的取胜决定于国家政治的优劣、力量的强弱以及谋略的运用。

大约从 10 世纪末至 1840 年,中国历经了宋、元、明、清(前期)四个朝代。这一时期,是中国封建社会逐步走向没落的时期,阶级矛盾激化,大规模农民起义战争、民族起义战争和统治者的平叛战争等连绵不断,外国势力也趁机开始入侵中国。统治阶级为维护其统治,开始确立武学在社会中的正统作用和地位,开办武学,设立武举,发展军事教育,武学开始纳入国家教育体系中。比较有代表性的军事著作是《孙子兵法》《六韬》《三略》《尉缭子》《司马法》《李卫公问对》《孙膑兵法》,统称为《武经七书》。还出现了第一部军制史专著《历代兵制》、第一部名将传记《百将传》、第一部专门的军事典籍《武经总要》、顾祖禹著的第一部军事地理专著《读史方舆纪要》和年羹尧所著的《治平胜算全书》等。据《中国兵书总目》统计,这一时期兵书共计 1815 种,占中国古代兵书的 3/4,涵盖了军事思想的多个方面,形成了比较系统的军事思想体系。

(二)中国古代军事思想的体系与内容

中国古代军事思想是中国古代千百次王朝战争和大规模农民起义战争的经验总结。它的丰富内容,是前人留下的宝贵军事遗产,也是中华民族优秀文化遗产的一个重要部分。中国近代的直至现代的军事思想,都从中批判地继承和吸取了许多有价值的内容。

1."以人文本"的战争观

这一思想大约形成于奴隶社会的初期,到奴隶社会的末期基本成熟。以仁为本的战争观,主要包括两层含义:

(1)战争支柱——以仁为本。《司马法·仁本第一》开宗明义:"古者,以仁为本,以义治为正。正不获意则权。"仁者使人亲,义者使人悦。此二者,才是战斗力的凝聚核,才是赢得战争胜利的基础。

(2)战争准则——师出有名。《礼记·檀弓下》主张"师必有名",认为师出无名,必将遭到众人的反对,定成败局。

2.指导原则

(1)重战思想。《孙子兵法》开宗明义、大声疾呼:"兵者,国之大事,死生之地,存亡之道,不可不察也。"认为战争是关系到国家民众生死存亡的头等大事,不能不认真研究和对待。

(2)慎战思想。即慎重对待战争,不轻易言战。《孙子兵法》中这样写道:"亡国不可以复存,死者不可以复生,故明君慎之,良将警之。"

(3)备战思想。其意就是未雨绸缪。孙子受当时形势的影响和思想的熏陶,提出了必须重视备战的思想,并告诫人们思想上时刻不要忘记备战,做到"用兵之法,无恃其不来,恃吾有以待也;无恃其不攻,恃吾所不可攻也"。

(4)善战思想。就是要会用兵打仗。

一是注重以"道"为首要因素的多因素制胜论。"道"就是政治，是"令民与上同意也。故可以与之死，可以与之生，而不畏危也"。当然，在注重道的同时，其他四个"天、地、将、法"因素也不可忽视。

二是庙算制胜论。庙算，是古代开战前在庙堂举行军事会议，商讨与谋划战争的一种方式。《孙子兵法》主张战前要算，要对战争全局进行计划和筹划，定出可行的战略方针。

三是"诡道"制胜论。《孙子兵法》里讲道："兵者，诡道也。"因此，他提出了"能而示之不能；用而示之不用；近而示之远；远而示之近。利而诱之；乱而取之；实而备之；强而避之；怒而挠之；卑而骄之；佚而劳之；亲而离之"的诡道之法，进而达到"攻其不备，出其不意"的目的。

当然，中国古代军事思想由于历史的局限性和其阶级的偏见和认识论、方法论的片面性，过分强调武器和技术在战争制胜因素中的作用，从而贬低了人民群众在战争中决定的作用。

第二节　毛泽东军事思想

兵民是胜利之本。革命战争是群众的战争，只有动员和依靠群众，才能进行战争。

——毛泽东

在领导中国革命和建设的实践中，中国共产党坚持把马克思主义军事理论同中国实际结合起来，创造了一整套中国特色建军治军的方针原则，形成了毛泽东军事思想。毛泽东的军事思想是以毛泽东为核心的中国共产党人将马克思主义军事理论与中国革命战争和国防建设实践相结合的产物，是关于中国革命战争、军队和国防建设以及军事领域一般规律的科学理论体系，是具有中国特色的马克思主义军事理论，是毛泽东思想的重要组成部分，是中国共产党集体智慧的结晶。

一、毛泽东军事思想的形成与发展

毛泽东军事思想的形成和发展是一个历史过程，它是在中国革命战争的发展过程中逐步形成的一个科学体系。

1921年中国共产党成立至1935年1月遵义会议前，是毛泽东军事思想的产生时期。这一时期，毛泽东成功解决了中国革命走什么路、如何建军、如何作战三个基本问题，它标志着毛泽东军事思想已初步形成。1935年，遵义会议确立了毛泽东在中国共产党和中国工农红军中的领导地位，四渡赤水确立了毛泽东的威信。1945年，朱德同志在中国共产党第七次全国代表大会上明确提出了"毛泽东军事思想"的概念，并对此作了阐述。在全国解放战争中，毛泽东等老一辈军事家的战争指导艺术得到了充分的发挥,毛泽东军事思想得到极大的丰富,总结出著名的十大军事原则,为人民解放军取得全国性胜利奠定了坚实的基础。全国解放战争胜利、中华人民共和国成立后的抗美援朝战争以及社会主义革命与社会主义建设,是毛泽东军事思想继续得到全面丰富和发展的时期。抗美援朝战争,是一场现代化战争。指导这场战争取得伟大胜利,为毛泽东军事思想增添了适应现代化战争需要的新内容。中华人民共和国成立后,毛泽东又提出了国防建设理论,制定了积极防御的战略方针。

第一阶段:1927年8月八一南昌起义至1935年1月遵义会议。毛泽东成功解决了中国革命走什么路、如何建军、如何作战三个基本问题,它标志着毛泽东军事思想已初步形成。1927年8月1日,中国共产党发动南昌起义,进入了独立领导武装斗争的新时期。9月,毛泽东组织领导了湘赣边秋收起义。在井冈山斗争中,他提出了十六字诀"敌进我退,敌驻我扰,敌疲我打,敌退我追"的游击战争的基本作战原则。1928—1930年初,毛泽东在他的《中国的红色政权为什么能够存在?》《井冈山的斗争》等著作中,提出了中国革命必须走农村包围城市道路的理论。

第二阶段:1935年1月遵义会议至1945年8月抗日战争胜利。遵义会议确立了毛泽东在中国共产党和中国工农红军中的领导地位和威信。这段时期是毛泽东军事思想形成完整科学体系的时期。抗日战争爆发后,毛泽东发表了《论持久战》《论新阶段》等军事著作,系统地论述了人民军队、人民战争、人民战争的战略战术的理论和原则,以及研究和指导战争的认识论和方法论。

第三阶段:抗日战争胜利后人民解放战争、抗美援朝战争以及中华人民共和国成立以来的和平建设时期。全国解放战争、中华人民共和国成立后的抗美援朝战争以及社会主义革命与社会主义建设,是毛泽东军事思想继续得到全面丰富和发展的时期,总结出了著名的"十大军事原则"。

中华人民共和国成立后,毛泽东提出了国防建设理论,制定了积极防御的战略方针。

毛泽东军事思想,是中国的无产阶级军事理论。在毛泽东军事思想的指导下,中国人民取得了土地革命战争、抗日战争和解放战争的胜利。毛泽东军事思想是中国革命战争胜利的光辉记录,中国革命战争的伟大胜利,充分肯定了毛泽东军事思想的历史地位。

二、毛泽东军事思想的科学体系

以毛泽东为代表的中国共产党人,创造性地运用辩证唯物主义和历史唯物主义的基本原理,观察和分析战争的基本问题,发展了马克思主义的战争观和方法论。认为战争是从有私有财产和阶级以来就开始的,用以解决阶级和阶级、民族和民族、国家和国家、政治集团和政治集团之间的矛盾的一种最高斗争形式;战争是政治的继续;战争有正义和非正义之分;战争是力量的竞赛;战争是一种物质运动现象,是有规律的。

以毛泽东为代表的中国共产党人,把马列主义的建军学说与中国实际相结合,创造性地提出了一整套建军理论和原则。主要包括:人民军队是为了维护人民群众的根本利益、执行政治任务的武装集团,全心全意为人民服务是它的唯一宗旨;人民军队必须置于中国共产党的绝对领导之下;人民军队在加强革命化建设的同时,要加强现代化建设和正规化建设。以毛泽东为代表的中国共产党人,创造性地发展了马列主义关于人民战争的理论,创立了具有中国特色的人民战争思想。它的基本精神是:在中国共产党的领导下,一切为了人民群众的利益,坚决相信和依靠人民群众,充分动员、组织和武装人民群众,实行全面彻底的人民革命战争。依据中国革命战争的基本特点,以唯物辩证法为指导,经过长期革命战争实践,总结和提出一整套建立在人民军队、人民战争基础上的灵活机动的战略战术理论。形成了毛泽东军事思想科学体系的基本内容:毛泽东军事思想中的战争观及方法论,人民战争思想,军队建设理论,国防建设理论和战略战术五部分构成毛泽东军事思想的科学体系。其中,人民战争思想是毛泽东军事思想的核心。

（一）人民战争思想

毛泽东在领导中国革命战争的实践中,创造性地提出了依靠人民群众做基础、以党领导的人民军队为骨干力量、以农村革命根据地为依托、以武装斗争为主并与其他斗争形式相配合、实行灵活机动的战略战术的具有中国特色的人民战争的思想,这是中国共产党进行正义战争的根本指导路线。

第一,依靠人民群众进行战争的思想。毛泽东认为中国革命战争是在半殖民地半封建社会的敌强我弱、敌大我小的历史条件下进行的,因此,必须动员和依靠广大人民群众,特别是农民群众,从政治上动员农民积极支持和参加战争。毛泽东提出,"兵民是胜利之本",从而揭示了战争的伟力及最深厚的根源,解决了争取战争胜利的最基本的条件。

第二,开创了"农村包围城市、武装夺取政权"的武装斗争道路。毛泽东运用马克思列宁主义基本原理,根据中国的国情,提出了"农村包围城市、武装夺取政权"的理论,创造性地解决了中国革命的道路问题,这是毛泽东对马克思列宁主义军事理论的一个突出的贡献。

第三,农村革命根据地是人民战争的依托。毛泽东根据中国革命战争的特点和条件,强调必须首先在那些反革命势力比较薄弱的地区建立巩固的农村革命根据地,解决了支持长期革命战争的人力物力主要来源的战略基地问题。

第四,以人民军队为骨干力量,实行主力兵团与地方兵团相结合,正规军与民兵、游击队相结合,武装群众与非武装群众相结合的"三结合"的武装体制的思想。开展以军事斗争为主,并和政治、经济、文化、外交等斗争形成紧密结合的全民战争。解决了进行人民战争的最好的组织形式问题。这些思想都进一步发展了马克思主义人民战争思想。

第五,以武装斗争为主要形式,与其他斗争形式相配合的思想。毛泽东明确地提出了以武装斗争为主,同政治、经济、思想、文化的斗争等其他形式紧密配合得更为完善的斗争形式,从而阐明了武装斗争与其他斗争形式的关系,解决了人民战争的斗争形式问题。

(二)军队建设理论

毛泽东的军事思想丰富和发展了马克思列宁主义的建军原则,从根本上解决了以农民为主要成分的革命军队如何建设成为一支无产阶级性质的、具有严格纪律的、同人民群众保持紧密联系的新型人民军队的问题,并为社会主义时期的人民军队建设和发展奠定了基础。

第一,实行党对人民军队的绝对领导,从而确立了人民军队建设的根本原则,提供了始终保持无产阶级性质和坚定正确的政治方向的根本保证。中国共产党对人民军队的绝对领导,发端于"南昌起义",奠基于"三湾改编",定型于"古田会议"。坚持党对军队的绝对领导的原则,是毛泽东人民军队建设思想的核心,它是关系到我军能否杜绝军阀主义、永远保持人民军队本质和维护军队团结统一的根本问题。

第二,确立了全心全意为人民服务的宗旨。全心全意为人民服务的宗旨,解决了把我军建设成为一支无产阶级性质的新型革命军队的首要问题,使我军能够得到人民群众的坚决拥护和热情支持,强大有力而立于不败之地。

第三,明确了人民军队的基本任务。毛泽东明确地给人民军队提出了打仗、生产、做群众工作三大任务,后来概括为主要是一个战斗队,但同时又是一个工作队、生产队。把人民军队的任务、命运同人民群众的根本利益直接联系起来,从军队的任务上划清了与一切剥削阶级军队的严明界限;阐明了我军在和平时期的历史条件下维护国家主权和安全、积极支援和参加现代化建设的基本任务和基本职能,回答和解决了新形势下我军建设的重大问题。

第四,提出和总结了一整套军队政治工作的方针、方法和制度。在军队建设上重点突出了政治建军的内容,建立了人民军队的政治工作制度,系统地提出了官兵一致、军民一致、瓦解敌军的政治工作三大原则,实行政治、经济、军事三大民主和三大纪律八项注意,从而确立了我军正确处理政治工作与其他工作的关系、正确处理内外关系的基本准则,确立了人民军队的民主制度和行动准则,提供了我军团结一致、战胜敌人的强大武器。

(三)国防建设理论

中华人民共和国成立后,根据国际国内形势的实际,特别是社会主义建设与国防建设的要求,形成了关于国防建设的思想,为我国国防现代化建设和实行现代条件下的人民战争提供了重要的理论指导,进一步充实和发展了毛泽东的军事思想的科学体系,使人民军队在社会主义革命和建设中,发挥了人民民主专政坚强柱石的作用。

第一,提出了人民军队的正规化、现代化建设的历史任务。中华人民共和国成立后,毛泽东提出了中国必须建立强大的现代化、正规化的国防军和自力更生发展现代化国防尖端科学技术的任务,提出了一套诸如发展常规武器与尖端武器、国防工业与民用工业、坚持自力更生与不排斥外援等两条腿走路的国防建设的方针政策。

第二,提出了正确处理国防建设与国家经济建设关系的思想。要求在服从国家建设大局的前提下,一方面以国家经济建设的发展来促进国防建设,另一方面应有计划地照顾到国防建设的需要,通过国防工业和国防科技的发展来促进民用工业和国民经济的发展,并以不断增强的国防力量来保障经济建设。

（四）战略和战术

毛泽东根据中国革命战争敌强我弱的主要特点,从中国的具体实际情况出发,制定出一整套适应中国国情和军情、符合人民战争规律的战略战术原则。规定了积极防御、反对消极防御的总方针和具体方针;把游击战争提高到战略地位,进行游击战和带游击性的运动战;随着敌我力量对比的变化和战争的发展,适时地进行军事战略的转变,相应地实行运动战、阵地战、游击战等主要作战样式的转换;提出在战略上藐视敌人、在战术上重视敌人的策略思想;提出了以集中优势兵力,各个歼灭敌人为核心的十大军事原则;战略进攻要适时、战略决战要果断。这些战略战术不但带有鲜明的时代特色以及很强的实践性,而且体现了中国革命战争的认识辩证法,继承并充分发展了马克思主义军事战略战术思想。

三、毛泽东军事思想的特点

在对中国革命战争长期实践经验概括和总结以及对马克思主义军事理论继承和发展的基础上,毛泽东军事思想呈现出以下三方面鲜明的特点。

（一）时代性

1917 年十月革命以后,世界进入了无产阶级社会主义革命的新时代。十月革命给中国革命送来了马克思主义。伴随新民主主义革命的进程,毛泽东军事思想应运而生。毛泽东军事思想揭示了中国革命斗争中开展武装斗争建立人民军队的重要性与必要性,强调了中国革命必须在党的领导下,动员最广大的人民群众,实行真正的人民战争。在战争中必须实施灵活的战略战术,必须适时实现作战方式、战略方针等的转变。中华人民共和国成立后,面对严峻的国内国际形势,毛泽东向全军提出了建设现代化、正规化的国防部队的伟大任务,努力使人民军队真正成为保卫和建设社会主义的坚强柱石,成为反对霸权主义、维护世界和平的重要力量。从上面可以看出,毛泽东军事思想随着时代需要而产生,它的内容、形式等随着时代发展而发展,这就使它带有鲜明的时代特色。

（二）实践性

毛泽东在领导中国革命战争和国防建设的实践中,经历了指挥土地革命战争、抗日战争、解放战争和抗美援朝战争,以及边境自卫反击作战的实践;经历了游击战、运动战、阵地战、国内的正规战和与外敌的现代化战争等各种作战样式;经历了同国内"左"倾、右倾等各种错误思想的斗争等。所以我们可以说,毛泽东军事理论主要是马克思主义中国化的过程中,在概括和总结中国革命战争长期实践经验的基础上形成和发展起来的,这就使毛泽东军事思想具有很强的实践性。

（三）辩证性

毛泽东军事辩证法思想贯穿在毛泽东军事著作和战争指挥中,它是中国革命战争经验的科学总结,具有极其丰富的内容。毛泽东熟练地运用一般和特殊的辩证法来解决中国革命战争和战略问题,运用主次矛盾和矛盾的辩证法来处理战争中出现的各种矛盾问题,运用同一性和斗争性的辩证关系来解决战争中矛盾双方的问题,如敌与我,进攻与防御,保存自己与消灭敌人等,这些都坚持了战争中的对立统一规律。以弱胜强——质量互变的结果;实行军事战略的转变——质量互变的反映;集中优势兵力,各个歼灭敌人——应掌握好质量互变的限度等,则体现了毛泽东在战争实践中运用质量互变规律。毛泽东运用螺旋式、波浪式发展观指导革命战争则体现了他在战争中坚持了否定之否定规律。毛泽东强调,要充分发挥主观能动性来把握战争的一般规律与特殊规律,则体现了中国革命战争的认识辩证法。从上面可以看出,毛泽东在战争中能够运用运动、变化、发展等观点来指导中国的革命战争,从而深刻地体现了毛泽东军事思想的辩证性。

四、毛泽东军事思想的历史地位

毛泽东军事思想继承和发展了古代、近代和现代的中外优秀军事理论,尤其是继承和发展了马克思列宁主义的军事理论。马克思和恩格斯在资本主义上升时期创立无产阶级关于战争和军队的学说,奠定了无产阶级军事理论的基础。列宁研究了帝国主义时代的战争问题,把马克思主义军事理论推进到新的阶段。斯大林对马克思列宁主义军事理论也作出了自己的重要贡献。毛泽东军事思想在半殖民地半封建的社会条件下,创造性地解决了中国革命武装斗争的指导问题,尤其是在创建农村革命根据地,坚持走农村包围城市、最后夺取城市的道路,建设以农民为主体的军队,实行积极防御和灵活运用战略战术,以及在人民民主专政条件下加强国防现代化建设等重要方面,丰富和发展了马克思列宁主义军事理论,成为马克思列宁主义军事理论宝库中具有中国特色的最新财富。

毛泽东军事思想深刻揭示中国革命战争基本规律,极大地丰富了马克思主义军事理论宝库,在人类军事思想发展史上树起了一座不朽丰碑。无论国防和军队建设面临的条件如何发展变化,无论战争形态和作战样式如何发展变化,毛泽东军事思想永远是国防和军队建设以及军事斗争必须遵循的根本原则和方针。

第三节　当代中国军事思想

在领导中国革命和建设的实践中,中国共产党坚持把马克思主义军事理论同中国实际结合起来,创造了一整套中国特色建军治军的方针原则,形成了毛泽东军事思想、邓小平新时期军队建设思想、江泽民国防和军队建设思想三大军事理论成果。新世纪新阶段,在以胡锦涛为总书记的党中央和中央军委领导下,把科学发展观作为国防和军队建设的重要指导方针,切实履行军队的历史使命,实现国防和军队现代化又好又快发展。党的十八大以来,在实现中国梦的伟大征程上,以习近平同志为核心的中央领导集体审时度势,总结我们党建军治军的成功经验,鲜明提出了党在新时代"建设一支听党指挥、能打胜仗、作风优良的人民军队"的强军目标,为新时代下加强国防和军队建设提供了根本遵循,指明了前进方向。

一、邓小平国防和军队建设思想的主要内容

把我军建设成为一支强大的现代化、正规化的革命军队。

——邓小平

邓小平根据世界经济与政治发生的重大变化,敏锐地把握到时代的主题已开始由战争与革命转变为和平与发展,及时提出和平与发展已经成为当代世界的两大主题的科学论断。在新的历史条件下,针对国家发展利益和国家安全的需要、武装力量的建设与运用等问题,邓小平提出了一系列具有鲜明时代特征的军事理论观点,从不同侧面深刻揭示新时期军队建设和军事斗争的规律,构成了一个科学的军事思想体系。

(一)国防和军队建设必须服从国家经济建设大局

1987年12月,党的十一届三中全会决定把党和国家的工作重点转移到经济建设上来,适应党和国家工作重点的转移,邓小平强调国防和军队建设指导思想必须实行战略性转变,即从准备"早打、大打、打核战争"的临战状态,转到和平时期建设的轨道上来。实行这一战略性转变,就是要正确处理国防建设与经济建设的关系,使军队服从国家经济建设大局:一是要合理确定国防投入比例,二是要适度压缩军队建设规模,三是要积极支援国家经济建设。他认为国防建设、军队建设并不是被动地依附于经济建设,而是可以与经济建设相互促进,在经济发展的基础上推进国防和军队建设。

邓小平以他非凡的战略家眼光和胆识,通过对战争与和平的分析,明确指出,战争的危险依然存在,但和平力量的发展超过了战争力量的发展,世界大战至少在20世纪打不起来,我们有可能争取到一个较长的和平环境。我们要充分利用大战一时打不起来的这段时期,放心大胆、一心一意地搞现代化建设。为此,邓小平多次号召全军要服从国家经济建设大局。他要求全军和从事国防事业的各部门要正确认识和处理国家经济建设与国防建设的关系,指出国防建设的规模、质量和速度总要受国家经济实力的制约。在现代化条件下,国家的防御能力和军队的发展比以往任何时候都更加依赖和取决于经济、科学技术和现代工业。振兴国防首先要振兴国家经济。国家建设搞好了,经济实力增强了,军队和国防现代化才有坚实的基础。在实际工作中,要坚持军民兼容、平战结合、发展国防工业;要坚持引进先进技术与自力更生相结合以发展国防科技,逐步强大我国的军队和国防力量。

(二)现代化条件下的人民战争

邓小平强调,在现代化条件下,"坚持人民战争""用劣势装备打败优势的敌人"仍然是我们的重要战略思想。人民战争思想是我们夺取历次革命战争胜利的法宝,是我们在和平时期巩固和保卫政权的指南,也是我们赢得未来战争的根本。在新的历史条

件下坚持人民战争思想,注重时代条件发生的种种变化,强调在现代化条件下人民战争思想要有新发展。他指出,现代人民战争与过去不同,装备不同、手段不同、条件不同,战争的表现形式也不同。现代条件主要是指战争背后的国际大环境、大气候出现的新变化,现代生产力和科学技术的飞速发展,以及许多战争对经济的依赖和高技术在军事领域的广泛运用,未来敌我政治、经济、军事的现实状况等。在这些条件下实行的人民战争必然会出现区别于以往的新特点,要把人民战争思想贯彻到现代军事斗争和国防建设中,要动员全国人民都来关心国防、建设国防,要把人民战争同现代军事紧密结合起来,同先进的武器装备结合起来,同提高人的素质结合起来,只有这样才能成功进行现代化条件下的人民战争。

(三)坚持质量建军,建设一支强大的现代化正规化的革命军队

邓小平敏锐地把握争夺质量优势愈益成为世界军事竞争核心内容的发展趋势,反复强调军队要讲质量,要坚持走精兵之路。基于我军肩负的神圣使命和面临的严峻考验,提出把我军建设成为一支强大的现代化、正规化革命军队。现代化,就是要求军队适应未来战争需要,培养高素质的军事人才,发展现代化的武器装备,实行科学化的体制编制,提高现代条件下的总体作战效能。正规化,就是要求军队贯彻依法治军、从严治军方针,建立健全规章制度,提高科学管理水平,使部队建设走上制度化、法制化轨道。革命军队,就是要求军队始终坚持党的绝对领导,坚持全心全意为人民服务的根本宗旨,坚持贯彻党的基本理论、基本路线和基本方针政策,始终不渝地保持人民军队的性质。

邓小平认为,现代化、正规化的革命军队是新时期军队建设不可分割的总的目标取向,但中心始终是解决现代化问题。以现代化为中心的军队建设总的目标取向,极大地振奋了全军官兵乃至整个中华民族富国强兵的信心,也大大地加速了我军追赶世界军事发展潮流的进程。

无论是革命化建设,还是现代化、正规化建设,归根到底都在于提高军队的质量。这是邓小平为新时期军队建设提出的总目标,是军队建设的总纲领,反映了我军发展的历史必然,从根本上为军队建设指明了方向。

(四)走中国特色的精兵之路

邓小平同志一再强调军队要改革体制,精减整编,把军队搞精干。一是大仗打不起来,军队精减整编,既有必要,又没风险。二是国家集中精力搞经济建设,军队要紧密配合,在大局下行动。三是军队体制编制存在的问题很多,最大的就是臃肿,必须消肿。四是军队消肿主要是解决机构重叠、人浮于事以及由此带来的指挥不灵、工作效率低、官僚主义等问题,减人主要是减干部。五是体制改革解决好了,可以带动军队其他问题的解决。六是编制就是法规,要切实遵守,要建立一套制度来保证新时期军队和国防建设的根本方针。他明确指出,解决维护国家安全问题,不能只打数量上的主意,关键是提高质量,提高效能。1985年,他亲自领导的百万大裁军,就是走精兵之路

的重大举措和成功实践。

邓小平新时期国防和军队建设思想,是邓小平理论在军事领域中的展开和延伸,是发展了的毛泽东军事思想,是加强我军以信息化为核心的现代化建设,是巩固国防必须长期坚持的指导方针。

知识链接

1985 年中国人民解放军百万大裁军

1985 年 5 月,时任中央军委主席邓小平在中央军委扩大会上郑重宣布:中国政府决定,中国人民解放军减少员额 100 万。1985 年下半年开始,机关、后勤部队、院校和保障单位,自上而下地组织实施了百万大裁军。

此次大裁军,按照革命化、年轻化、知识化、专业化的方针调整配备了三总部、大军区、军兵种的领导班子。各总部、各军兵种、各大军区和国防科工委机关及其直属单位,撤并机构,人员精简 40%。将原来的 11 个军区合并为 7 个大军区,调整后的军区,战区范围扩大,兵源充足,物质资源雄厚,战役纵深加大,从而提高了大军区的独立作战能力。较大幅度地调整各兵种的编成比例,加强了特种兵部队。凡保留下来的陆军,军级建制全部改编为"合成集团军",与原陆军相比,集团军的火力、突击力、机动能力都有所加强,提高了现代条件下的合成训练和作战能力。全军撤销或合并了一些初级指挥院校和专业技术院校。院校数量精简 12%,人员数量减少 20%。

1987 年 4 月 4 日,在全国人大六届五次全会举行的中外记者招待会上,人民解放军副总参谋长徐信宣布:中国人民解放军精简整编的任务已基本完成!裁减员额 100 万后,军队的总定额为 300 万。整编完成,人民解放军朝着机构精干、指挥灵便、反应快速、提高效率、增强战斗力的目标迈出了坚实的一步。百万大裁军在人民解放军军史上写下了浓墨重彩一笔。中国政府以实际行动推动了整个世界的和平进程。当时的外电评论说:"现在世界上都在谈裁军,可是迄今为止只有中国人言行一致。"

二、江泽民国防和军队建设思想的主要内容

政治合格、军事过硬、作风优良、纪律严明、保障有力。

——江泽民

江泽民国防和军队建设思想,是以江泽民为代表的中国共产党人在我国深化改革开放和发展完善社会主义市场经济的条件下,创造性地坚持和运用毛泽东军事思想、邓小平新时期军事思想的基本立场、观点和方法,紧密结合新的实践,研究新情况,解决新问题,总结新经验,探索新规律,作出的一系列新的重大决策,是马克思主义军事理论中国化的新成果,是中国共产党人集体智慧的结晶。

江泽民国防和军队建设思想针对军队建设和军事斗争的新情况,与时俱进,围绕

"建设一支什么样的军队、怎样建设军队,未来打什么样的仗、怎样打仗"的问题从理论上作了一系列科学论述。其国防和军队建设思想的理论体系包括 14 个方面的内容:从国际战略全局和国家发展大局谋划国防和军队建设;解决好打得赢、不变质两个历史性课题;党对军队的领导是我军永远不变的军魂;积极推进中国特色的军事变革;用新时期军事战略方针统揽军队建设全局;按照"五句话"总要求全面加强军队建设;始终把思想政治建设摆在军队各项建设的首位;实施科技强军战略,加强军队质量建设;培养和造就大批高素质新型军事人才;加快我军武器装备现代化建设步伐;走出一条投入较少、效益较高的军队现代化建设路子;坚持依法治军、从严治军;军队现代化建设动力在改革;依靠人民建设军队。

在军队建设方面,江泽民明确提出,军队要按照"政治合格、军事过硬、作风优良、纪律严明、保障有力"的总要求进行建设。"五句话"总要求为加强军队质量建设、走中国精兵之路全面推进军队建设,确立了根本指导原则。"五句话"总要求体现了毛泽东的建军思想,尤其体现了邓小平新时期军队建设思想的要求,是对毛泽东建军思想和邓小平新时期军队建设思想的继承与发展。"五句话"总要求思想深刻,内容丰富,意义深远。

江泽民新时期国防与军队建设思想,坚持、继承和发展了毛泽东军事思想和邓小平新时期军队建设思想,是我军新时期军队建设的指导思想和行动指南,对于加强我军革命化、现代化、正规化建设,开创国防和军队建设新局面有重要指导意义。

三、胡锦涛国防和军队建设重要论述的主要内容

为党巩固执政地位提供重要的力量保证、为维护国家发展的重要战略机遇期提供坚强的安全保障、为维护国家利益提供有力的战略支撑、为维护世界和平与促进共同发展发挥重要作用。

——胡锦涛

进入新世纪新阶段,胡锦涛总书记对加强国防和军队建设作出了一系列战略思考、科学判断和重要部署,形成了关于国防和军队建设科学发展的重要论述。

胡锦涛关于国防和军队建设思想,是新世纪新阶段用科学发展观统筹国防和军事现代化建设,打赢信息化战争的军事指导理论,是毛泽东、邓小平和江泽民国防和军队建设思想的丰富和发展,是科学发展观在国防和军事领域的展开和延伸,是当代中国马克思主义的创新军事理论。胡锦涛坚持运用科学发展观思考回答军事领域面临的重大理论和现实问题,提出了一系列新思想、新观点和新论断,深刻揭示和反映了国防和军队建设又好又快发展的基本规律。

胡锦涛国防和军队建设思想的主要内容包括:科学确立新世纪新阶段军队历史使命;把科学发展观确立为加强国防和军事建设的指导方针;全面提高有效履行使命任务的能力;把以人为本作为重要的建军治军原则;走中国特色军民融合式发展的道路。关于新世纪新阶段军队历史使命,2004 年 12 月,胡锦涛着眼时代发展要求和国家战

略全局，提出了新世纪新阶段我军"三个提供、一个发挥"历史使命，即：为党巩固执政地位提供重要的力量保证、为维护国家发展的重要战略机遇期提供坚强的安全保障、为维护国家利益提供有力的战略支撑、为维护世界和平与促进共同发展发挥重要作用。"三个提供、一个发挥"的历史使命，确立了国防和军队建设的首要目标和任务，反映了我军职能任务的新拓展，开辟了我军建设和改革的新视野，为建设一支同国家安全和发展利益相适应的军事力量指明了方向。

胡锦涛关于国防和军队建设科学发展的重要论述，是马克思主义军事理论中国化的新成果，是毛泽东军事思想、邓小平新时期军队建设思想、江泽民国防和军队建设思想的继承与发展，为我军建设实现又好又快发展提供了重要的方法，是新世纪新阶段党的军事指导理论创新发展的新篇章，是新世纪新阶段国防和军队建设的科学指南。

第四节　新时代习近平强军思想

建设一支听党指挥、能打胜仗、作风优良的人民军队。

——习近平

党的十九大报告明确指出："经过长期的努力，中国特色社会主义进入了新时代，这是我国发展新的历史方位。"从此，中国开启了迈向强起来的新征程。习近平总书记强调，中国特色社会主义进入了新时代，国防和军队建设也进入了新时代。进入新时代，我们党以习近平强军思想为指引，坚持走中国特色强军之路，推动军民融合深度发展，以前所未有的勇气和决心推动人民军队的革命性重塑。强国必须强军。历史有力证明，落后就要挨打，没有国防和军队的现代化，就不会有国家的现代化，就不会有中华民族的伟大复兴。

一、习近平强军思想

党的十八大以来，习近平着眼坚持和发展中国特色社会主义，实现中华民族伟大复兴，立足国家安全和发展战略全局，围绕强军兴军作出了一系列重要论述，提出一系列重大战略思想、重大理论观点、重大决策部署，形成了习近平强军思想。

（一）习近平强军思想产生的历史背景

习近平强军思想，是习近平新时代中国特色社会主义思想的重要组成部分，开拓了马克思主义军事理论和当代中国军事实践发展新境界，标志着党的军事指导理论的与时俱进。习近平强军思想是基于当今世界形势前所未有之大变局、国际政治格局等发生重大变化；基于我国进入我国改革开放和现代化建设进入深水区和矛盾凸显期、新时代国防和军队建设的历史方位和阶段性特点判断形成的。

从世情看，当今世界正面临百年未有之大变局，经济全球化进程出现波折，国际战略格局深度调整,全球治理体系变革加速推进,发展道路和发展模式竞争更加激烈。从国情看,我国正处于由大向强发展的关键阶段,现在是一个船到中流浪更急、人到半山路更陡的时候,是一个愈进愈难、愈进愈险而又不进则退、非进不可的时候,未来必定会面临这样那样的风险挑战,甚至会遇到难以想象的惊涛骇浪。我们越发展壮大,遇到的阻力和压力就会越大,面临的外部风险就会越多,同各种敌对势力的斗争就越激烈。从军情看,国际军事竞争格局正在发生历史性变化,世界新军事革命正在加速推进,我军正经历着一场革命性变革,已经成为诸军兵种联合的强大军队,成为基本实现机械化、加快迈向信息化的强大军队。同时,我军现代化水平与国家安全需求相比差距还很大,与世界先进军事水平相比差距还很大,我军打信息化战争能力不够、各级指挥信息化战争能力不够的问题比较突出。综合分析,新时代我国安全的内涵外延、时空领域、内外因素都在发生深刻变化,安全需求的综合性、全域性、外向性特征更加突出。

(二)习近平强军思想的核心内容

在实现中华民族伟大复兴的征程上,以习近平同志为核心的党中央从政治高度和国家利益全局观察和思考军事问题,科学统筹富国和强军两大战略任务,提出党在新形势下的强军目标,突出了国防和军队建设的战略地位。在总结我们党建军治军成功经验的基础上,依据当今国际战略形势和国家安全环境发展变化,着眼于解决军队建设面临的突出矛盾和问题,深刻回答了"新时代建设一支什么样的强大人民军队、怎样建设强大人民军队"的时代课题。鲜明提出了党在新形势下,"建设一支听党指挥、能打胜仗、作风优良的人民军队"的强军目标。

习近平总书记对强军目标言简意赅的 21 个字的诠释,蕴含着对实现中国梦、强军梦的深邃战略思考,实现了党的军事指导理论的与时俱进,为新时代党的强军思想科学统筹了建军治军方略和发展理念,为加强国防和军队建设提供了根本遵循,指明了前进方向。"没有一个巩固的国防,没有一支强大的军队,中华民族伟大复兴就没有安全保障,中国梦就难以真正实现。"只有落实强军目标,才能为实现中国梦提供坚强的国防保证。

二、习近平强军思想的主要内容

习近平强军思想,阐明了新时代人民的军队使命任务和强军目标、建设布局、战略指导、必由之路、强大动力、治军方式、发展路径等国防和军队建设一系列根本性、方向性、全局性的重大问题,把我们党对国防和军队建设规律、军事斗争准备规律、战争指导规律的认识提升到新高度,谱写了马克思主义军事理论的新篇章。为实现党在新时代的强军目标、把人民军队全面建成世界一流军队提供了科学指南和行动纲领。

其内容主要包括以下十个方面:

(一)强军使命

强国必须强军。为实现"两个百年"奋斗目标、实现中华民族伟大复兴中国梦,巩固国防和强大人民军队是新时代坚持和发展中国特色社会主义、实现中华民族伟大复兴的战略支撑。安不可以忘危,治不可以忘乱。新时代,我国安全的内涵外延、时空领域、内外因素都在发生深刻变化,面临的压力和阻力也越来越大。这是我国由大向强发展进程中无法回避的挑战,是实现中华民族伟大复兴绕不过的门槛。习近平总书记深刻指出:"强国必须强军,军强才能国安。"国防和军队建设是国家安全的坚强后盾,军事手段是实现伟大梦想的保底手段,军事斗争是进行伟大斗争的重要方面,打赢能力是维护国家安全的战略能力。国防和军队现代化进程必须同国家现代化进程相适应,军事能力必须同实现中华民族伟大复兴的战略需求相适应。我军必须服从服务于党的历史使命,把握新时代国家安全战略需求,为实现中华民族伟大复兴提供战略支撑。

(二)强军目标

党在新时代的强军目标是"建设一支听党指挥、能打胜仗、作风优良的人民军队",必须同国家现代化进程相一致,力争到2035年基本实现国防和军队现代化,到本世纪中叶把人民军队全面建成世界一流军队。强军目标,以中华民族伟大复兴为崇高理想,以国家安全环境和军队建设现状为客观依据,以提高军队战斗力为出发点和落脚点,是对党的军事指导理论的坚持和发展。阐明了强军兴军的发展方向、战略重点和基本途径,是我军建设目标的新概括、新定位,体现了新的形势和任务对军队建设的新要求,是党的军事指导理论与时俱进的最新成果,展示了我们党建设一支强大人民军队的决心意志,对于国防和军队建设在新的起点上实现大发展的客观需要。

听党指挥、能打胜仗、作风优良。听党指挥是灵魂,决定军队建设的政治方向;能打胜仗是核心,反映军队的根本职能和军队建设根本指向;作风优良是保证,关系军队的性质、宗旨和本色。

(三)强军之魂

党对军队绝对领导是人民军队建军之本、强军之魂。听党指挥是灵魂,决定军队建设的政治方向。坚持党对人民军队的绝对领导,是新时代中国特色社会主义基本方略的重要内容,是党和国家的重要政治优势。党对军队的绝对领导,其基本内容是:军队必须完全地无条件地置于中国共产党的领导之下,在思想上政治上行动上始终与党中央、中央军委保持高度一致,坚决维护党中央、中央军委权威,任何时候任何情况下都坚决听从党中央、中央军委指挥。必须全面贯彻党领导军队的一系列根本原则和制度,确保部队绝对忠诚、绝对纯洁、绝对可靠。

(四)强军保证

作风优良是保证;作风优良关系军队的性质、宗旨、本色;作风优良是我军鲜明特色和政治优势。习近平总书记反复强调"作风优良才能塑造英雄部队,作风松散可以搞垮常胜之师"。人民军队要恪守全心全意为人民服务的宗旨,牢记为人民扛枪、为人民打仗的神圣职责,始终做人民信赖、人民拥护、人民热爱的子弟兵,不断发展坚如磐石的军政军民关系。

（五）强军核心

军队是要准备打仗的，必须聚焦能打仗、打胜仗，创新发展军事战略指导，构建中国特色现代作战体系，全面提高新时代备战打仗能力，有效塑造态势、管控危机、遏制战争、打赢战争。习近平总书记强调："人民军队永远是战斗队，人民军队的生命力在于战斗力。"把备战与止战、威慑与实战、战争行动与和平时期军事力量运用作为一个整体加以运筹，牢固树立战斗力这个唯一的根本的标准，提高军事训练实战化水平，扎实做好各方向各领域军事斗争准备，聚力打造精锐作战力量，着力建设一切为了打仗的支援保障力量，加快构建适应信息化战争和履行使命要求的武器装备体系，加快建设以联合作战指挥人才为重点的高素质新型军事人才队伍，发扬一不怕苦、二不怕死的战斗精神，锻造召之即来、来之能战、战之必胜的精兵劲旅。

（六）强军进程

习近平总书记指出："中华民族实现伟大复兴，中国人民实现更加美好生活，必须加快把人民军队建设成为世界一流军队。"这是实现中华民族伟大复兴中国梦在国防和军队建设领域的具体化，进一步明确了国防和军队建设的目标引领，体现了新时代对强军的战略要求。党的十九大对全面推进国防和军队现代化作出新的战略安排：到2020年，国防和军队建设要基本实现机械化，信息化建设取得重大进展，战略能力有大的提升；到2035年，基本实现国防和军队现代化；到本世纪中叶，把人民军队全面建成世界一流军队。这一部署，绘就了建设强大人民军队的路线图、时间表。

（七）强军布局

加强国防和军队建设，必须坚持政治建军、改革强军、科技兴军、依法治军，更加注重聚焦实战、更加注重创新驱动、更加注重体系建设、更加注重集约高效、更加注重军民融合，全面提高革命化现代化正规化水平。改革是决定军队未来的关键一招，必须大刀阔斧实施改革强军战略；科学技术是核心战斗力，必须下更大气力推进科技兴军、赢得军事竞争主动；军队越是现代化越要法治化，必须厉行法治、从严治军。贯彻"五个更加注重"战略指导，必须强化作战需求牵引，提高军队建设实战水平；下大气力抓理论创新、抓科技创新、抓科学管理、抓人才集聚、抓实践创新，靠改革创新实现新跨越；坚持成体系筹划和推进军事力量建设，全面提高我军体系作战能力；坚持以效能为核心、以精确为导向，提高国防和军队发展精准度；深入实施军民融合发展战略，加快把国防和军队建设融入经济社会发展体系，实现国防和军队建设更高质量、更高效益、更可持续发展。

（八）强军之路

改革是强军的必由之路，必须推进军队组织形态现代化，构建中国特色现代军事力量体系，完善和发展中国特色社会主义军事制度。习近平总书记指出："深化国防和军队改革，是为了设计和塑造军队未来。"领导管理和作战指挥体制改革，以重塑军委机关和战区为重点，强化中央军委集中统一领导和战略指挥、战略管理功能，形成决策权、执行权、监督权既相互制约又相互协调的运行体系，构建平战一体、常态运行、专司主营、精干高效的战略战役指挥体系。规模结构和作战力量体系改革，按照调整优化结构、发展新型力量、理顺重大比例关系、压减数量规模的要求，推动我军由数量规模型向质量效能型、由人力密集型向科技密集型转变，部队编成向充实、合成、多能、灵活方向发展。军队政策制度调整改革，立起打仗的鲜明导向，营造公平公正的制度环境，使军事人力资源配置达到最佳状态，让军人成为全社会尊敬、爱戴的职业，把军队战斗力和活力充分激发出来。

（九）强军动力

习近平总书记强调："创新能力是一支军队的核心竞争力，也是生成和提高战斗力的加速器。"创新是引领发展的第一动力，必须坚持向科技创新要战斗力，统筹推进军事理论、技术、组织、管理、文化等各方面创新，建设创新型人民军队。我们这支军队，靠改革创新走到现在，也要靠改革创新赢得未来。必须把创新驱动发展的引擎全速发动起来，善于运用新理念、新思路、新方法推进我军各项建设。要加快形成具有时代性、引领性、独特性的军事理论体系，依靠科技进步和创新把我军建设模式和战斗力生成模式转到创新驱动发展的轨道上来，下大气力推进军事管理革命，努力培养造就宏大的高素质创新型军事人才队伍，大力弘扬创新文化，激励官兵争当创新的推动者和实践者，使谋划创新、推动创新、落实创新成为全军的自觉行动。

（十）强军机制

习近平总书记指出："一支现代化军队必然是法治军队。"现代化军队必须构建中国特色军事法治体系，推动治军方式根本性转变，提高国防和军队建设法治化水平。强化法治信仰和法治思维，坚持依法治官、依法治权，领导干部带头尊法学法守法用法，引导官兵把法治内化为政治信念和道德修养，外化为行为准则和自觉行动。构建系统完备、严密高效的军事法规制度体系、军事法治实施体系、军事法治监督体系、军事法治保障体系，坚决维护法规制度权威性，强化法规制度执行力。推动实现从单纯依靠行政命令的做法向依法行政的根本性转变，从单纯靠习惯和经验开展工作的方式向依靠法规和制度开展工作的根本性转变，从突击式、运动式抓工作的方式向按条令条例办事的根本性转变，形成党委依法决策、机关依法指导、部队依法行动、官兵依法履职的良好局面。

（十一）强军格局

军民融合发展是兴国之举、强军之策，必须坚持发展和安全兼顾、富国和强军统一，形成全要素、多领域、高效益军民融合深度发展格局，构建一体化的国家战略体系和能力。把军民融合发展上升为国家战略，使之成为更有力地应对复杂安全威胁、赢得国家战略优势的重大举措。着眼经济实力和国防实力同步增长，强化统一领导、顶层设计、改革创新和重大项目落实，同步推进体制和机制改革、体系和要素融合、制度和标准建设，完善军民融合组织管理体系、工作运行体系、政策制度体系，努力开创经济建设和国防建设协调发展、平衡发展、兼容发展新局面。

三、习近平强军思想的时代意义

习近平强军思想是新时代中国特色社会主义思想的重要组成部分,是党的军事指导理论最新成果,是坚持走中国特色强军之路、全面推进国防和军队现代化的行动纲领;是中国特色社会主义思想的"军事篇",是马克思主义军事理论中国化时代化的新飞跃,是党的军事指导理论的重大突破、重大创新、重大发展。

(一)习近平强军思想进一步丰富了马克思主义军事理论的内涵

习近平强军思想凸显了强军兴军这个鲜明主题,凸显了以强军支撑强国复兴伟业这个根本着眼点,凸显了实现党在新时代的强军目标、把人民军队全面建成世界一流军队这个核心要求,凸显了走中国特色强军之路这个实践指向,充分体现了当代中国马克思主义军事理论的原创性贡献。习近平强军思想,既坚持马克思主义关于战争和军事问题的基本观点,坚持我们党一以贯之的建军治军指导思想和方针原则,坚持人民军队特有的光荣传统和优良作风,又紧密结合新的时代特征和实践发展,汲取中华优秀传统军事文化精华,借鉴当今世界军事理论优秀成果,处处彰显着与时俱进的理论品格,彰显着当代军事文明的中国气派、中国风格,进一步丰富了马克思主义军事理论的内涵。

(二)习近平强军思想是强国强军新时代的伟大理论创新

习近平强军思想科学把握国防和军队建设面临的时与势,全面擘画强军蓝图,是新时代我们党带领全军进行理论探索和实践创造的根本成就。创造性揭示军事力量建设与运用的客观规律。洞察国际军事竞争态势新变化,适应现代战争新特点,深入辨析备战与止战、威慑与实战的内在联系,深刻揭示了战争与和平的辩证法、军事服从政治的战争指导根本原则;系统研究现代战争的演进轨迹和内在机理,科学阐发现代战争对作战指挥、政治工作、后勤装备保障、军事训练、军事改革、军事管理等的本质规定性,深刻揭示了新时代军事斗争准备规律。

【思考与练习】

1.军事思想的含义及特征是什么?

2.简述毛泽东军事思想的形成及科学体系。

3.邓小平同志军事思想的核心内容是什么?

4.江泽民同志关于军队建设的指导思想是什么?

5.胡锦涛同志关于军队建设的指导思想是什么?

6.习近平同志强军思想的核心内容及含义是什么?

第四章　现代战争

第一节　战争概述

兵者,国之大事,死生之地,存亡之道,不可不察也。

——孙子

战争是一种社会政治现象,是政治通过暴力手段的继续。

——克劳塞维茨

战争是矛盾斗争表现的最高形式与暴力手段,是一种集体、集团、组织、民族、派别、国家、政府互相使用暴力、攻击、杀戮等行为,使敌对双方为了达到一定的政治、经济、领土的完整性等目的而进行的武装战斗。由于触发战争的往往是政治家而非军人,因此,战争亦被视为政治和外交的极端手段。

一、战争的定义、本质

(一)战争的定义

战争是国家或政治集团之间为了一定的政治、经济目的,使用武装力量进行的大规模激烈交战的军事斗争;是解决国家、政治集团、阶级、民族、宗教之间矛盾的最高形式。

战争,虽然不一定是人类永恒的话题,但它的确是人类经久不衰的话题。在人类历史长河中,战争始终绵延不断,并构成人类历史的一个独特篇章。据统计,从地球上出现文明以来的5000多年当中,人类先后发生了15000多次各类战争和武装冲突,有几十亿人在战争中丧生。在这5000多年中,人类只有300年是生活在和平的环境中。也就是说,每100年中,人类最少有90年是生活在战争状态中,在这人类的"悲剧"过程中,为了赢得自由、独立和尊严,人类进行着各种惨烈的战争,在人类历史上留下了重重的一笔。

(二)战争的本质

战争的本质是指战争本身所固有的,决定战争性质、面貌和发展的根本属性。战争是政治的继续,是阶级之间的暴力斗争,是社会矛盾的最高斗争形式。

战争本质的问题,自西方近代著名军事家克劳塞维茨定义为"战争是政治的继续"之后,才开始推动了人们对战争本质的认识与研究。在研究中,人们普遍认为,任何战争都是为了达到既定目的而进行的,具体表现为战争的军事目的、政治目的和经济目的。战争的政治目的是进行战争的阶级、民族和国家在政治上所要达到的根本目标。战争的经济目的是追求一定的经济利益。战争的军事目的、政治目的、经济目的相互关联,融为一体。战争目的集中地表现为战争的政治目的,但达成战争的军事目的是达成政治目的的前提。政治是经济的集中表现。战争的经济目的往往潜藏于战争的政治目的之中。不同战争的政治目的和经济目的可能是各异的,但军事目的都是相同的。不同类型的战争具有不同的目的。被压迫民族和被剥削阶级进行正义战争的目的是反抗阶级压迫和民族压迫,谋求阶级解放和民族解放,保卫国家的独立和领土完整。帝国主义、霸权主义进行的非正义战争是为了实行阶级压迫和民族压迫,维护反动统治,为了侵略扩张和争夺霸权。

马克思、恩格斯从其所创立的无产阶级哲学基本观点出发,深入研究战争的本质问题,并深刻指出,在阶级社会里,战争集中表现为"各国统治阶级和他们的臣民之间、国家和社会之间、阶级和阶级之间发生冲突,当这种冲突日趋尖锐,以致剑拔弩张时,就非诉诸武力不可"。毛泽东在总结中国革命战争经验的基础上,深化了马克思、恩格斯关于战争与政治问题的认识,并逐步形成了毛泽东军事思想中的战争观。在毛泽东看来,战争就是政治,战争本身就是政治性质的行动,从古至今,从来就没有不带政治性质的战争存在。战争绝不是单纯的军事行为,而是由一定时期内各种复杂的社会政治、经济关系相互交织引发的,是为一定阶级、国家、民族和政治集团政治目的服务的,并在这个意义上,将其高度概括为:"政治是不流血的战争,战争是流血的政治。"

二、战争的起源、分类

马克思主义战争观认为,阶级社会的战争根源于私有制和阶级利益的冲突。可见,在以私有制为核心的阶级社会里,阶级与阶级、民族与民族、国家与国家、政治集团与政治集团之间的战争,是在不同历史时期,为了各自的阶级利益,必然发生的对抗与冲突。

(一)战争的起源

战争是在原始社会后期出现的。据考古资料证明,最早的战争出现于公元前21世纪初石器时代的初期。原始社会的战争主要表现为氏族部落之间或部落联盟之间,为了争夺赖以生存的土地、河流、山林等天然财富,甚至为了抢婚、种族复仇而发生冲突,进而演变成原始状态的战争,这种战争同阶级社会的战争有着本质的区别。它不具有政治目的和阶级压迫、奴役的性质。随着生产力和畜牧业的发展,原始公社制解体,人类进入了奴隶社会。随着人类社会的发展,先后经历了奴隶社会、封建社会、资本主义等社会形态,由于阶级和阶级矛盾的始终存在,人类战争不断,战争变成了政治的工具，成为阶级斗争的最高手段。阶级社会中，私有制、阶级压迫和经济利益的冲突，掠夺和反掠夺、压迫和反压迫、侵略和反侵略、争霸和反争霸、扩张和反扩张的战争，便成为阶级社会的特殊的、必然的现象，成为发生战争的基本根源。到 20 世纪 80 年代，在有文字记载的 3500 多年的时间里，世界上共发生过 14531 次战争，战争主要围绕争夺势力范围、领土争端、边界纠纷、掠夺战略资源、争夺市场、意识形态斗争、宗教矛盾、民族矛盾等。当今社会，虽然"和平与发展"仍是社会的主题，但随着经济、科技的发展，各种矛盾、利益冲突加剧，帝国主义、霸权主义开始成为现代战争最主要的根源，是现代战争的直接动因。

（二）战争的分类

（1）战争从性质上，可分为正义战争和非正义战争。基于自卫、保卫和平、保卫国家主权和领土完整、为了自由和尊严进行的战争，是正义战争。侵略战争、征服战争、出自压迫掠夺目的的战争，是非正义战争，根据习惯国际法，发动侵略战争是一项犯罪。

（2）战争从形式上，分为传统战争和现代战争。传统战争，是敌对双方由于意识形态、领土争端、民族矛盾、宗教纠纷等传统诱因而发生的战争。非传统战争，是与恐怖主义、武器扩散、跨国犯罪、毒品走私、环境恶化等非传统原因诱发的战争。现代战争，是在核（武器）威慑存在的前提下，普遍使用现代化高技术和高技术武器进行为现代作战工具或武器为主进行的现代化常规战争。

（3）战争从规模上，可分为世界战争和局部战争等。

三、战争形态的演变

战争形态，总是随着时代发展和社会生产力的发展而不断变化的，是由主战武器、军队编制、作战思想和作战方式等战争要素构成的战争整体形式和状态。

战争自古就有，但在不同的经济、政治与技术时代，有着不同形态、不同性质以及不同特征。按照时代变迁，人类迄今为止共经历了冷兵器战争时代、热兵器战争时代、机械化战争时代、高技术战争时代和信息化战争时代。

（一）冷兵器战争时代

冷兵器时代，是一个时间概念，是指远古时兵器由生产工具分化出来，也就是兵器发明开始，到火药发明并使用于战争的这段时期，时间跨度大约从公元前 21 世纪到公元 18 世纪。从人类社会发展的历史进程看，大致为奴隶社会和封建社会两个社会形态。奴隶社会、封建社会，由于技术水平低，人类尚处于冷兵器时代。

从狭义上讲，冷兵器是指不带有火药、炸药或其他燃烧物，在战斗中直接杀伤敌人，保护自己的近战武器装备。从广义上讲，冷兵器则指冷兵器时代所有的作战装备。冷兵器时代的发展经历了石器时代、青铜时代和铁器时代三个阶段。中国最早的冷兵器是由蚩尤或黄帝所发明，距今约有 4600 多年。考古证据显示，弓箭的出现距今至少有 2 万年。

奴隶社会后期,随着社会生产力的进步,冶金技术的日益发展,金属兵器的出现和普遍使用,使得战争的程度和毁伤力极大提升,不断推动着战争军队的发展与变革。铜、铁兵器时代是冷兵器的鼎盛时代,冷兵器与火器并用时代冷兵器逐渐衰落。兵器的产生与发展,直接推动了时代战争形态的变化,并随社会形态的发展,逐渐产生出了专门从事战争的专业人员或队伍,军队应运而生。

（二）热兵器战争时代

公元 12—13 世纪,人类在技术上进入了火器时代（热兵器战争时代）,火药、滑堂武器投入了战争,改变了战争的形态,世界历史进入了热兵器战争时代。

热兵器又名火器,古时也称神机,指一种利用黑火药或无烟炸药作为推进燃料快速燃烧后产生的高压气体推进发射物的射击武器。公元 1132 年,中国南宋的军事家陈规发明了一种火枪,这是世界军事史上最早的管形火器,它可称为现代管形火器的鼻祖。13 世纪,中国的火药和金属管形火器传入欧洲,火枪得到了较快的发展,世界一步步进入热兵器时代。

14 世纪 70 年代开始,英法百年战争中,当时处于反攻阶段的法国将大批新从阿拉伯传来的大炮应用于攻城战,火炮成为战争的新武器。1860 年,美国南北战争时期,首先开创了连珠枪的先河,史宾塞步枪开始列装军队。1883 年,自动机枪鼻祖英籍美国人海勒姆·史蒂文斯·马克沁发明了马克沁重机枪,极大地提高了战争的效力,开辟了轻武器领域的新时代。至此,冷兵器时代终结,人类战争步入热兵器时代。

（三）机械化战争时代

19 世纪末 20 世纪初,自动火器、火箭和快速机动的坦克、飞机、战舰以及各种现代化运输工具大量装备部队,扩大了军队的交战距离、规模和军事行动范围,世界历史进入了机械化战争时代。

机械化战争是工业革命的产物,是用人操纵机器去打仗,重视军队的机动能力,主张陆军实行机械化和依靠机械化军队取胜的战争。1914—1918 年爆发的第一次世界大战和 1939—1945 年爆发的第二次世界大战,就是具体的机械化战争实践。世界大战给人类带来了深重灾难,但在客观上促进了科学技术的发展。

1.第一次世界大战

1914 年 7 月 28 日—1918 年 11 月 11 日第一次世界大战爆发。19 世纪末至 20 世纪初,资本主义国家向其终极阶段,即帝国主义过渡时产生的广泛的不可调和矛盾,亚洲、非洲、拉丁美洲殖民地和半殖民地基本上被列强瓜分完毕,新旧殖民主义矛盾激化、各帝国主义经济发展不平衡、秩序划分不对等的背景下,为重新瓜分世界和争夺全球霸权而爆发的一场世界级帝国主义战争。在战争中,各种新式武器,如飞机、坦克、远程大炮相继投入战争,是武器发展史的重要阶段。这一时期,英国坦克军参谋长 J.F.C.富勒基于总结坦克在战争中的使用经验,提出了建立和使用机械化军队的新观点,著有《论未来战争》《机械化战争论》等著作,创立了机械化战争理论。

2.第二次世界大战

1939 年 9 月 1 日—1945 年 9 月 2 日第二次世界大战爆发。战争是以德意志第三帝国、日本帝国、意大利王国三个法西斯轴心国和以反法西斯同盟和全世界反法西斯力量为另一方进行的第二次全球规模的战争。战争范围从欧洲到亚洲,从大西洋到太平洋,先后有 61 个国家和地区、20 亿以上的人口被卷入战争,作战区域面积 2200 万平方千米。据不完全统计,战争中军民共伤亡 9000 余万人,是人类历史上规模最大、最惨烈的世界战争。第二次世界大战在客观上推动了科学技术的发展,带动了航空技术、原子能、重炮等领域的发展与进步。1945 年 8 月 6 日,由美国研制的原子能武器原子弹(代号为"小男孩")在日本广岛、长崎的使用,加速了战争的结束进程。1945 年 8 月 15 日,日本天皇宣布无条件投降。9 月 2 日,日本正式签署无条件投降书。至此,第二次世界大战以反法西斯国家的彻底胜利终告结束。

(四)高技术战争时代

冷战结束后,运用现代科技成果的高技术战争进入了战略家们的视野。20 世纪 70 年代后,随着世界新技术革命的深入发展,涌现出了以信息技术、生物技术、新材料技术、新能源技术、空间技术、海洋开发技术等为主体的一大批高新技术。这些高新技术广泛应用于军事领域,使武器装备产生质的飞跃,其杀伤威力、命中精度、机动能力等作战效能空前提高,从而改变了战争的原有形态,使战争呈现高技术特征,发展为高技术战争。特别是 90 年代爆发的海湾战争、科索沃战争、阿富汗战争、伊拉克战争,越来越让人们认识到,在战争中,起决定作用的不再是庞大的陆、海、空军,不再是黑压压的坦克群、机群和望不见尽头的舰队和巨型战舰,也不再是毁灭一切的狂轰滥炸或核武器,而是从不同作战平台远距离发射的常规高精确度、大杀伤力的突击武器或防御武器、新物理原理武器。战争的形态发生了本质性的变化,各类高技术武器装备在战争中被大量使用,打破了以往战争的特点和规律,也推动了军事理论的变革。

高技术战争是新科技革命的产物,是将处于现代科技最前沿的技术运用于军事领域的战争,是在核威慑依然存在的条件下,大量使用采用了新材料技术、新能源技术、新信息技术、新生物化学等技术的武器装备,结合与这些高技术装备相关的新的战略、战术理论而进行的战争。现代高技术和军事相结合,使高技术含量密集化的武器系统与指挥控制系统紧密结合、广泛利用以及创新的军队作战理论,进一步改变了战争的样式,使战争的多维化特征表现得更加清晰,高技术战争的可控性更难以把握,在未来的战争中突显了非凡的毁伤力。

(五)信息化战争时代

20 世纪末 21 世纪初,人类社会掀起了第三次技术革命浪潮,同时进入了高速发展的信息时代。信息技术作为现代科技的主流和核心,推动社会向信息化方向发展,产业信息化、经济信息化、社会信息化、信息网络化已成为不可逆转的时代潮流。新军事变革推动着高技术广泛地在军事领域的发展与运用,使武器装备、作战方式发生了深刻的变化,促进了军事理论的创新和编制体制的变革。从 20 世纪 90 年代的海湾战争、科索沃战争到 21 世纪初的阿富汗战争、伊拉克战争，信息化战争形态初见端倪，开始作为一种全新的战争形态登上了历史舞台，并将取代工业时代的机械化战争，成为未来战争的基本形态。

信息化战争是一种充分利用信息资源并依赖于信息的战争形态，是指在信息技术高度发展以及信息时代核威慑条件下，交战双方以信息化军队为主要作战力量，在陆、海、空、天、电等全维空间展开的多军兵种一体化的战争。

第二节　新军事革命

日月不新，何来光明。

——谭嗣同

20 世纪末 21 世纪初，人类社会掀起了第三次技术革命浪潮，同时进入了高速发展的信息时代。信息技术作为现代科技的主流和核心，推动社会向信息化方向发展，产业信息化、经济信息化、社会信息化、信息网络化已成为不可逆转的时代潮流。与此同时，世界军事领域也兴起了一场深刻的变革，世界军事逐渐进入信息化战争时代。信息战技术在未来战争中的运用与发展将成为一种趋势。美国、俄罗斯等国认为，信息战的破坏力仅次于核战争，它将是未来信息化战争的新型作战样式。

进入 21 世纪，军事高技术的迅猛发展和广泛应用，推动了武器装备的发展和作战方式的演变，促进了军事理论的创新和编制体制的变革，由此引发新的军事革命，被称为"新军事变革"。

一、新军事变革

冷战格局结束后，新的格局还没有完全形成，世界大战在很长时间内虽可避免，但是局部战争或冲突则不可避免，且 21 世纪 90 年代后发生的几场局部战争具有了很多新的特点。以信息技术为核心的高技术的迅猛发展，影响了武器装备，乃至军事思想、战争形态、军队建设编制等发生重大而深远的变化，成为推动新军事变革的主要动因。

（一）新军事变革概念

新军事变革是指在人类社会从工业时代走向信息时代的变革过程中，在以信息技术为核心的高技术迅猛发展推动下，将信息化武器系统、创新军事理论和变革的体制编制有机结合形成的、能彻底改变旧作战方式，极大提高军事效能的军事革命。即：世界军事由工业时代的机械化军事形态向信息时代的信息化军事形态全面转型变革。

新军事变革这个概念源于英文 Revolution in Military Affairs，缩写为 RMA。1979年，苏联总参谋长尼古拉·瓦西里耶维奇·奥加尔科夫元帅提出了军事技术革命理论，认为以电子计算机为核心的信息技术迅速发展，精确制导武器大量涌现，必将从根本上打破军队旧的发展模式，推动和促进新的军事革命的发生，建议以信息技术为核心，带动一系列高技术群的发展，占领科技制高点，加速信息化军队建设的步伐。这是在世界上首次提出的新军事变革的思想。20世纪90年代初，海湾战争结束以后，美国及世界一些战略学界开始大量出现关于RMA的论述。1994年1月，美国国防部长佩里批准在国防部成立了一个高级指导委员会，负责指导美国有关RMA的研究工作。美国官方最早承认和使用RMA这一词，并于1981年提出"空地一体战"理论，推动美军积极发展联合监视与目标攻击系统等多种信息化武器系统。虽然苏联最早提出了新军事变革的理论，但却是美国以敏锐的军事嗅觉、雄厚的国力基础和先进的高科技科研能力的支持，大力推进以信息技术为核心的新军事革命，率先进行新军事变革，开始步入信息化战争的时代。

（二）新军事变革的实质、核心

1.新军事变革的实质

军事变革的实质是工业时代以来建立起来的现行的机械化军事体系，向未来信息化军事体系的整体转型，即机械化基础上的信息化。变革的基本内容可以概括为四个"革新"、一个"转变"，即革新军事技术，推进武器装备的信息化；革新体制编制，重新编组军队的结构；革新作战方法，以发挥信息化装备的优势；革新军事思想，以新的理念谋划作战与军队建设；通过上述四个方面的革新，推动战争形态从机械化战争向信息化战争的方向演变。

2.新军事变革的核心

新军事变革的核心是把工业时代适于打机械化战争的机械化军队，建设成信息时代适于打信息化战争的信息化军队。最终结果是使工业时代的机械化战争经过高技术战争阶段转化为信息时代的信息化战争。

二、新军事变革的主要内容

新军事变革主要涉及军事理论、军事战略、军事形态、作战思想、指挥体系、部队结构、军备发展和国防工业等各个方面，其本质核心是国防和军队建设的信息化。

这场军事变革前，国防和军队建设是按照"科技进步—武器装备—军事理论—编制体制"思路进行的，通俗地说就是"有什么武器打什么战"。科学技术的发展带来了理论的创新，推动了战法的变化。现在的流程是"军事理论—科技进步—武器装备—编制体制"，也就是说"需要打什么战就发展什么武器"，即先设计战争，先创新军事理论，而后才是武器的发展，以及编制和体制的调整。

新军事变革是世界军事由工业时代的机械军事形态向信息化时代的信息化军事形态的全面转型，它主要包括以下内容。

（一）以信息技术为核心的军事高技术的广泛使用

军事高技术是建立在现代科学技术成就的基础之上的，将最前沿的当代科学技术运用于军事领域，对武器装备、军事理论、作战样式、军队结构等的发展起到了巨大的推动作用。当今世界,以信息技术为核心的高新技术正迅猛发展并不断运用于军事领域,极大地改变着战争的面貌,使人类战争形态发生了根本性和历史性的改变,从机械化战争进入到信息化战争。

20世纪50年代以后,世界科学技术水平发生了质的飞跃,全球范围内出现了一大批高新技术,90年代之后逐渐形成了相互支撑、相互联系的六大高技术群:一是以微电子、电子计算机、激光、光导纤维、光电子、人工智能技术、卫星通信等为基础的信息技术群。信息技术群作为六大群体的先导提供当代最新知识和技术的基础。二是以非晶态、多晶薄膜、碳纤维、结构陶瓷、超导体、分离膜、记忆合金等高性能复合材料技术、超导材料技术、耐高温材料技术为代表的新材料技术群。新材料技术群是支持和促进高技术发展的物质基础。三是以核聚变能技术、太阳能技术、氢能技术等为代表的新能源技术群。新能源技术群是替代传统的煤、石油、天然气的新途径,提供维持和发展社会生产、生活的能量源泉。四是以微生物酶、细胞、基因等生命科学技术为基础的生物技术群。生物技术群直接或间接地利用生物体及其组成部分的功能,为揭示生命过程的奥秘,创造全社会新的生物提供了广阔的前景。五是以开发海洋生物资源为代表的海洋技术群。海洋技术群包括海底采矿、海水淡化、酶水提铀、海上城市等,为人类提供了利用占地球面积71%的海面及海底资源的现代化手段。六是以运载技术、航天器技术、地面探测技术为主体的航天技术群。航天技术群是当代科技发展的标志,是探索地球圈外的整个宇宙的新起点。

信息技术在高技术群中起主导作用,它带领整个高技术群飞速发展。相应地,新军事变革也是以军事信息技术革命为基础的。要推进新军事变革,必须首先发展军事信息技术。军事信息技术是军事技术革命的核心,它的发展使武器装备发生了质的变化,即由机械化武器装备时代进入了信息化武器装备时代。

(二)军事理论的重大突破

伴随着信息化战争时代的到来,从整个世界范围看,军事理论创新又进入了一次空前活跃的高峰期,各种军队建设思想和作战理论层出不穷。科学技术在军事领域的运用,首先会导致军队武器装备的改进,进而带动体制编制的改革以及军队人员素质的提高,并在此基础上促进新的战略战术的产生,军事理论的创新与发展也就不可避免。纵观军事理论发展史,这已被证明是军事理论创新的一条重要途径。如20世纪初,伴随着飞机、坦克、航空母舰等一大批新式武器装备的出现,相继出现了"机械化战争论""空中战争论""总体战"等理论;核武器的出现,又导致核战争理论和核威慑理论的出现。20世纪80年代以来,随着一大批精确制导武器等高技术兵器的出现,高技术战争理论应运而生。军事理论发展的历史一再表明,科学技术进步及其引起的武器装备改进,始终是引发军事理论发展创新的先导性因素。在信息技术革命的推动下,科学技术与军事理论创新的关系亦发生了一些新变化,其先导作用更为显著。

大量高新技术在军事上的广泛运用,成为军事理论创新的强大动力,既孕育着新的军事理论,也使军事理论创新的周期变短,更新换代的速度加快,这是世人有目共睹的。如信息技术革命的发展使拥有先进科技的国家,可以在作战实验室里借助于"虚拟现实"技术对作战进程、结局进行推演,对影响战争的各种因素进行定性、定量的综合分析,借以检验新装备、新编制、新战法在军事上的运用可能带来的影响,并在此基础上形成新的军事理论,从而大大缩短了军事理论创新的周期,减少了军事理论创新的环节。而这些创新型的军事作战理论也在各场局部战争中得到运用和发展。比如,美国在1991年的海湾战争中实践了"先空中打击、后地面突击,并以空中打击为主"的"非线式机动战"联合作战理论;在1999年的科索沃战争中实践了"非对称、非接触"联合作战理论;在2001年阿富汗战争中使用了全频谱支援的特种作战的联合作战理论;在2003年开始的历时9年的伊拉克战争中则实践了"震慑理论",引起世界舆论和军事理论界的广泛关注。震慑理论强调综合运用谋略战、外交战、心理战、宣传战和有压倒性优势的诸军兵种合成力量对敌人实施全方位、高强度的打击,以最低伤亡造成极大的"震慑"效果,迫使敌人放弃抵抗。可以说美国运用这些创新型军事理论打赢了新时期的几场战争,并在战争中将这些军事理论进一步发展和完善,使之保持其在世界军事理论前沿和先导的地位。

(三)作战方式的历史演变

恩格斯曾说:"一旦技术上的进步可以用于军事目的并且已经用于军事目的,它们便立刻几乎强制地,而且往往是违反指挥官的意志而引起作战方式上的改变甚至变革。"

作战方式泛指作战形式、样式和方法,具体包括战役战斗的表现形式、基本样式和组织实施战役战斗所涉及的指挥保障等各方面的方式方法。军事科学技术的进步是促使作战方式变革的物质基础。随着军事技术的发展和各种武器技术在战场上的应用,不断涌现出与作战武器相适应的作战方式。例如,在冷兵器时代,采用列阵的形式是较为理想的作战方式,在火器时代就演变为了线式和散兵战术,在机械化战争时代发展了战线式、接触式、阵地式和对称式作战。信息技术的发展及其在军事领域的应用,势必对原有作战方式产生深刻的影响甚至导致变革。在现代高技术战争形态下,出现了非线式、非接触式、非对称式、新概念式等作战方式,使得电子战、信息战、网络战、导弹战、导航战、指挥控制战、空天一体战、现代火力战、现代特种战等成为当代战争的常用作战样式,其中一体化联合作战样式的作用尤为突出,使网络中心战成为当前最重要、最主要的新型作战样式。

(四)军队结构的空前变革

军队结构包括军队的军种构成和军种内部的兵种构成,是军队军种的宏观组织形式。确定军队结构的主要依据,包括作战空间、在战争中的作用、战略运用特点、主要作战装备的不同,独立完成战略、战役任务的能力,以及是否有利于形成军队整体作战能力等因素。此外,组织系统建设、部队领导指挥、管理训练、后勤保障等方面的需要和可能,特别是国家的地理环境,也是确立和划分军种的重要依据。

随着新军事革命的发展,军队建设模式也发生了革命性的变化。主要措施有:

第一，大幅度削减陆军兵力，增大海、空军兵力比重。近 10 多年来高技术局部战争的实践表明：陆军的作用在下降，空、海军的作用在上升，陆军的很多职能可以由空、海军遂行。从 1990 年至今，陆军占军队总员额的比例，美国陆军由 35% 下降至 34%，俄罗斯陆军由 41% 下降至 32%，印度陆军由 87% 下降至 85%。外国军事专家预测，今后各国将继续压缩军队规模，而陆军兵力减少的幅度肯定大于其他军种。

第二，打破军兵种界线，创建多种一体化部队。就是以一定的手段和方式建立一支合成度更高、内部结构更趋合理、协同配合能力更强、综合作战能力更大的一体化联合部队。一体化联合部队是根据任务将不同军兵种的部队聚合在一起的多功能部队，其主要特点是：高素质军人与信息化武器系统紧密结合，以发挥最大效用，各部队之间实现信息的共享及快速流动；便于执行多种作战任务，包括非战争军事行动；指挥层次和中间环节少，指挥机构精干、灵活。与以往的联合部队相比，一体化部队的合成程度更高、内部结合更紧密、协同作战能力更强，不仅有多个兵种，而且有多个军种。

第三，军队编成小型化。军队编成的总体规模日益趋小，军队各级建制单位所属的下级单位的数量和建制单位的员额逐步减少。现代高技术大量运用于武器装备，大幅度地提高了现代兵器的作战效能，为军队编成向小型化发展创造了有利条件。军队编成小型化主要表现在军队总体规模缩小、部队建制单位减少、建制单位缩编。例如，美国军队 1990 年的现役兵力为 206.9 万人，到 1998 年已缩减至 143.1 万人，到 2015年现役部队将减少到 136 万人左右；1990—1998 年陆军师由 18 个减到 10 个，空军战斗机联队由 24 个减少到 13 个，海军航空母舰由 15 艘减到 11 艘，舰载机联队由 13 个减到 10 个；现在美各陆军师的员额已由过去的 1.8 万~2 万人减至 1 万~1.2 万人，到21 世纪实现数字化后，美军还准备将其装甲师的编制人数进一步减至 0.5 万~0.7万人。

（五）指挥控制领域的革新

为适应新军事变革的发展和当代战争的需要，很多国家正在将纵长形"树"状指挥体制，改为扁平形"纵短，横宽"的"网"状指挥机制。"扁平化"是信息化时代军队的特质。随着信息化军事变革的兴起，尤其是军事网络和人工智能技术的应用，使人的体力劳动自动化和脑力劳动自动化互动发展，信息化水平和综合作业能力显著提高，能进行实时、精确、智能化的指挥控制，从而为指挥体系结构真正实现"扁平化"提供了可靠的物质支撑。这就要求增多平行单位，减少上下层次，缩短信息流程，提高指挥效率，缩短反应时间，充分发挥横向网络作用，使尽量多的作战单元连成一体。

美军认为，实现指挥横向一体化的关键设施是计算机，目前正通过计算机的联网，不仅对指挥中心、网络节点，而且对每件武器、每个士兵都配备计算机，力图使"整个战场就像一个计算机大平台"，实现信息流程最优化，信息采集、传递、处理、存储、使用一体化。

第三节　信息化战争

言不相闻,故为之金鼓;视不相见,故为之旌旗。夫金鼓旌旗者,所以一人之耳

目也。

——孙武

20 世纪末 21 世纪初,人类社会掀起了第三次技术革命浪潮,同时进入了高速发展的信息时代。信息技术作为现代科技的主流和核心,推动社会向信息化方向发展,产业信息化、经济信息化、社会信息化、信息网络化已成为不可逆转的时代潮流。新军事变革推动着高技术广泛地在军事领域的发展与运用,使武器装备、作战方式发生了深刻的变化,促进了军事理论的创新和编制体制的变革。从 20 世纪 90 年代的海湾战争、科索沃战争到 21 世纪初的阿富汗战争、伊拉克战争,我们可以清楚地看到,信息化战争开始作为一种全新的战争形态登上了历史舞台,并将取代工业时代的机械化战争,成为未来战争的基本形态。

一、信息化战争定义

信息化战争是一种战争形态。2011 年 12 月版的《中国人民解放军军语》中对信息化战争的定义是:依托网络化信息系统,使用信息化武器装备及相应的作战方式,在陆、海、空、天和网络电磁等空间及认知领域机械的以体现对抗为主要形式的战争。

信息化战争中的信息是指一切与敌我双方军队、武器和作战有关的事实、过程、状态和方式直接或间接地被特定系统所接收和理解的内容。在传统战争中,双方注重在物质力量基础上的综合信息化战争较量。如机械化战争,主要表现为钢铁的较量,是整个国家机器大工业生产能力的全面竞赛。信息化战争在不排斥物质力量较量的前提下,更主要的是知识的较量,是创新能力和创新速度的竞赛,知识将成为战争毁灭力的主要来源。然而,信息化战争毕竟也是一种战争形态,并不会改变战争的本质,但战争指导者必须考虑到战争的结局和后果。

二、信息化战争的历史演变

信息化战争的出现,依赖于一定的社会环境和历史条件。信息化战争的形成和发展,是 20 世纪中后期国际政治、经济、科技、军事等因素相互作用的必然结果。

(一)信息化战争的孕育阶段(20 世纪 60—80 年代)

20 世纪 60 年代以来,集成电路、电子计算机、基因工程、激光等大批高新技术迅猛发展,为军事技术的发展与应用开辟了广阔的前景,目标侦察、监视技术与先进的制导弹药紧密结合,为机械化战争向信息化战争演变起到了极大的推动作用。20 世

60—70 年代,美军在越南战争中先后投放了 25000 余枚激光制导炸弹和电视制导炸弹,命中率达 60% 以上,圆概率误差提高到了 5 米,作战效能比传统的普通炸弹提高了上百倍。

1967 年 10 月,埃及海军的导弹快艇发射苏制"冥河"反舰导弹,一举击沉以色列海军的 1700 吨的"埃拉特"号驱逐舰,创造了用导弹击沉大型军舰的首例,揭开了海上导弹战时代的序幕。1973 年 10 月 6 日爆发的第四次中东战争,交战双方大量使用导弹,埃及使用的是苏制 SA-6 地空导弹和 AT-3 反坦克导弹,以色列使用的是美制"小牛"空地导弹和"陶"式反坦克导弹,作战效果空前显著。

高新技术的发展,推动了世界范围内的军事变革。美国是较早对以往机械化战争进行研究,并顺应军事技术发展的需要,大胆创新军事理论的国家之一。1976 年,美国提出了高技术局部战争的理念:第一,核武器威力巨大,仍然具有不可替代的威慑效能,但难以用于实战,因此,武器装备发展重点应逐渐转向精确制导武器,加大巡航导弹、战术导弹、灵巧炸弹等的研制和发展。第二,机械化武器装备的技术潜力基本发展到了物理极限,而以信息技术为核心的一大批军用高技术正处在萌芽状态,应加速发展和尽快物化为武器装备,抢占军事制高点。因此,要侧重发展侦察卫星、通信卫星、导航卫星、预警机、侦察机、C^3I 系统、电子战装备和隐身飞机等。第三,在核威胁以及东西方冷战的阴影下,要尽量避免诱发大规模战争,尽量利用高技术武器装备进行一些能够控制的小型战争,来实现既定的战略目标,因此,美国"发现—打击—摧毁""技术融合""低强度冲突"等新的军事理论应运而生。

1982 年以色列与叙利亚在贝卡谷地的速战速决,使人们第一次认识到了 C^3I 系统和电子战在战争中的巨大威力,也促使苏军开始考虑军事技术革命的进一步深化与发展,而美军则更加坚定了大力推进军事变革的决心。

一般认为,1982 年 5 月发生的英阿马岛战争是高技术局部战争的起点标志。交战双方大规模使用精确制导武器,种类多达 17 种以上。战后统计,两军损失战机的 84% 是被导弹击落的,尤其是阿军用一枚价值 20 万美元的法制"飞鱼"空舰导弹,击沉了英军价值 2 亿美元的"谢菲尔德"号驱逐舰,建立了精确制导武器将成为战场主宰的理念。

美军分别在 1983 年 10 月、1986 年 3 月和 4 月先后对格林纳达、利比亚发动了三次"外科手术式"打击,充分发挥了精确制导武器的威力,取得了显著的作战效果。这种高技术、低强度、快速交战、快速撤离的作战样式,对信息化战争的产生与发展起到了巨大的推动作用。

(二)信息化战争的萌芽阶段(20 世纪 80—90 年代)

军事理论的创新、科学技术的推动,为高技术局部战争的发展奠定了良好的基础。1991 年爆发的海湾战争,虽然战争基本形态仍以机械化战争为主,但以精确制导武器和电子信息装备为代表的信息化武器装备的广泛使用,使人类看到了信息化战争的端倪。应该说,海湾战争是机械化战争向信息化战争过渡的一个重要转折点。海湾战争验证了美国的高技术局部战争理论,促使战争形态从机械化战争向信息化战争转型。

在战争中,美国的 C^3I 系统、电子战装备系统以及巡航导弹、F-117 隐身飞机、"爱国者导弹"等高新技术武器发挥了关键性的作用;战争中,尽管精确制导弹药只占总弹药量的 8%,却摧毁了 80% 以上的目标。美国的"空地一体战"理论,及其远距离精确打击、非线式作战、空地一体联合作战、大规模电子战、全球战略机动等一系列新的作战理论和战法也得到了实战检验;把火力毁伤与电子信息有机地结合起来,显露了信息战的雏形。海湾战争结束后,美军确定了以国家信息基础设施为核心的信息化建设目标、建设信息化军队的长远目标和打赢信息化战争的战略目标。在新的战略指导下,美军全力推进军事变革,大力加速军队信息化建设。

一是结合未来战争的需要创立新的军事理论,提出了信息战争、联合作战、非接触作战、非线式作战、精确作战、网络中心战、系统集成、横向一体等许多创新的军事理论和观点。

二是以未来作战为牵引,大力加强信息化武器装备建设。美军投资 4000 亿美元建设国家信息高速公路,各军种全面启动自动化指挥系统建设,同时合力打造相互贯通、相互兼容、高度集成、互通性和互操作性良好的"勇士 C^4I"系统。

三是着眼未来,夯实军事发展的技术基础。在武器装备发展战略上,首次确立了信息技术的主导地位,提出了全球监视与通信、精确打击、空中优势和防御、水面控制和水下优势、先进的地面战、模拟环境、降低费用七大军事需求技术。

1998 年 12 月,美英联军对伊拉克发动了代号为"沙漠之狐"的空袭作战,这是美国精心策划的一场战争,也是历史上第一次信息化战争的预演。在这次战争中,美国一是抛开了联合国,侵犯一个主权国家,助长了单边主义,巩固了其"一超独霸"的地位;二是验证了新军事变革的阶段性成果,成功地进行了跨军种联合作战;三是试验了信息高速公路的作战效能,尤其是全球网络化、信息化和一体化能力,并对信息化武器装备进行了实战鉴定。

（三）信息化战争的形成阶段（20 世纪 90 年代至今）

1999 年爆发的科索沃战争,2001 年爆发的阿富汗战争,以及 2003 年爆发的伊拉克战争,标志着战场信息战粗具规模,信息化战争形态逐渐显现。伊拉克战争使人们认识了联合作战的巨大威力,看到了 C^4ISR 系统在作战指挥中的巨大效能,见识了陆、海、空、天、电磁一体化的作战模式,信息化战争特征日趋明显。

1999 年 3 月,以美国为首的北约抛开联合国授权,打着"人权高于主权"的旗号对一个主权国家发动战争。在战争中,夺取信息优势、控制机动、精确打击成为战争的主导,战争形态开始向信息化转变。在整个战争中,美军信息化建设成果得到了综合运用,C^4ISR 系统实现了全球网络化、一体化;各军种通过 C^4ISR 实现了无缝隙链接;最高指挥官通过 C^4ISR 对单兵实施实时、远程控制。同时,北约还首次使用了微波炸弹、计算机病毒、石墨炸弹等信息战装备;综合验证了大规模信息战和联合作战理论,创新了全纵深精确打击理论和不对称作战理论等;首次使用了"联合直接攻击弹药"等新武器,精确制导弹药占全部弹药的比例达 35%。

2001 年 10 月 7 日,美国发动了阿富汗战争。这场战争规模不大,强度也不高,但信息化程度和联合作战水平却超过了以往任何一次战争。其主要表现为：一是首次使用了侦察攻击型无人机、全球人信息栅格，验证了网络中心战理论；二是首次使用了单兵数字通信系统、掌上电脑、光电侦察设备、地面传感器和 GPS 等系统，验证了信息化战争中的特种作战理论；三是首次使用了 GBU-28 钻地炸弹、BLU-118B 燃料空气炸弹等新型武器，验证了大规模毁伤性武器的可控性理论；四是首次实现了以 C^4ISR 系统为主的全球一体化作战模式。

2003 年的伊拉克战争，是美军建设初步完成信息化转型后发动的第一场具有鲜明信息化特征的战争。战争中，美国成功地验证了"先发制人"战略和"震慑"理论，创新了夺取信息优势、实施全频谱控制、联合对地攻击、网络中心战、精确闪击作战和快速决定性作战等作战理论。创新了接触与非接触相结合、空地一体与地面快速推进相结合的战法，为信息化战争发展奠定了坚实的理论和实践基础。

三、信息化战争的基本特征

（一）战争工具——信息技术主导化

信息化战争作为 21 世纪的战争，战争的较量主要是知识和智能的较量。随着军队信息化程度的不断提高、战场感知系统与武器装备系统的高度融合，围绕信息获取、处理、传输、决策等认知领域的斗争日趋激烈，各种信息化武器装备的探测预警、情报侦察、精确制导、指挥控制、通信联络等信息能力主导着信息化战场上的全部作战活动。信息化战争的其他特征都是由此派生出来的。

（二）战争力量——智能化系统作战

在信息化战争中，智能和知识处于力量集聚的核心和主导地位，战争力量的集聚是靠信息控制来达到的。作为主要武器的 C^4ISR 系统、信息战装备、精准制导武器、信息化作战平台，将通过全球信息栅格进行无缝隙链接，形成全维度、全天时、全天候的一体化、实时化作战体系，是系统集成和横向一体化的关键要素。武器装备系统高度智能化是信息化战争的标志之一。智能化方向发展，逐渐出现了各种信息化弹药、信息化作战平台、军用智能机器人、单兵数字化装备、人机结合的 C^4ISR 系统以及计算机病毒武器等智能化武器系统。

C^4ISR 系统是战场指挥、控制、通信、计算机、情报、监视和侦察系统的简称。它把作战指挥控制的各个要素、各个作战单元黏合在一起，是军队发挥整体效能的"神经和大脑"。在武器装备的物理性接近极限的情况下，运用信息技术实现武器装备的信息化和智能化，可以从根本上增强武器装备系统的自动化水平，不仅使各类武器系统能利用自身的信息探测和处理装置，自主地对目标进行分析、识别、判断、排序和掌握最佳攻击时机，而且通过各级 C^4ISR 系统可以把整个战场上各军兵种的武器系统联为一体，使战区内成千上万个火力单位紧密配合，极大地提高作战效能。

知识链接

C⁴ISR 系统

C⁴ISR 系统是军事术语,意为自动化指挥系统,是指在军事指挥体系中以电子计算机为核心的技术与指挥人员相结合、对部队和武器实施指挥与控制的人机系统。它是现代军事指挥系统中,7个子系统的英语单词的第一个字母的缩写,即Command(指挥)、Control(控制)、Communication(通信)、Computer(计算机)、Inteligence(情报)、Surveillance(监视)和 Reconnaissance(侦察)。

(三)战争实施——精确化控制

现代战争不再简单地追求火力的密度和速度,而更着眼于火力的精确和高效,要求灵活运用各种作战力量,打击敌方作战系统的关键点以使其整个作战体系瘫痪。信息化战争的精确化,要求对作战目标的选择、作战力量的使用、作战目标的打击都必须达到精确的效果。

精确化控制是指对目标实施精确侦察与定位、对力量实施精确的投放、对部队实施精确的支援、对目标实施精确的打击、对作战效果实施精确判断和评估,从而以最低的风险和代价,达到最佳的作战效果。信息化战争中,由于信息优势、精确打击、联合作战,战争实施的精确和控制程度明显提高,精确控制将成为信息化战争的精髓。

(四)战争时空——作战多维化

作战时空是指战争活动所涉及的时间、空间范围。任何战争都有特定的作战时空,随着战争形态的变化,作战空间的维度也在增加。在信息化时代,战争则扩展到包括陆地、海洋、空中、太空、电磁、网络、陆地、海洋、空中、太空等有形的物理空间与电磁、网络、心理等无形的信息空间相互交融,共同构成信息化战争全维一体化的立体作战空间。信息化战争是全时空的信息对抗,凡是电子计算机通信网络能涉足的地方,无论是地面、海上、空中乃至太空都是信息化战争潜在的战场,在这难以划定边界线的非线形战场上,一切信息目标都是交战双方角逐的对象。

(五)战争保障——联勤保障

保障是确保战争胜利的重要因素,战争保障是指在战争全局的谋划上,根据战争任务、目的、进程和结局从总体上策划对保障的要求,并通过必要的手段和方式进行保障实施的。在信息化战争中,战争的主要力量是计算机、网络、通信、人工智能等信息技术和软件系统等,因此,信息化战争保障侧重于联勤保障,将智力、知识、信息、网络进行综合,多维空间相互结合、依托信息网络融合为一个完整的体系,联勤体制各军种、兵种间联合组织后勤保障,合理调节人力、物力和财力,发挥整体保障效能。

(六)战争制胜——人机结合

传统战争中,制胜的要素是物质力量和精神力量的结合,经济因素是决定战争胜负的基础,政治是决定胜负的关键,军事力量是决定战争胜负的直接力量。信息化战争中,科学技术渗透到了各种战争制胜的要素中并发挥重要作用和影响,其中,人仍然是关键性要素,战斗力主要是通过人、武器以及人与武器的结合来实现的。

四、信息化战争的基本样式

作战样式是作战形态的具体表现,有什么样的战争形态就必然会出现什么样的战争样式。信息化战争作为一种新的战争形态,随着大量电子信息技术的应用,以信息化武器装备为基础,以夺取信息优势为战略指导,以一体化指挥自动化系统为统一指挥协同为纽带的新的战争形态,以信息战、网络中心战、电子战、舆论战、心理战、精确战、特种战和太空战等为主要作战样式。

(一)信息战

信息战是为夺取和保持制信息权而进行的一场没有硝烟的战争,是随社会信息化和军事信息化而出现的一种崭新的作战样式,包括信息进攻和信息防御。信息进攻是充分利用各种信息技术手段,通过信息封锁、信息欺骗、信息干扰、信息污染和信息摧毁等方式,影响或削弱对方信息作战能力;信息防御是采用信息保密、防护等方法,保护己方信息、信息系统、信息作战能力不受对方信息进攻的影响。信息进攻和防御的手段主要有计算机病毒武器、微米/纳米机器人、网络嗅探、信息攻击技术及黑客组织等。

(二)网络中心战

网络中心战是一种基于全新概念的战争,是指通过全球信息网络,将分散配置的作战要素集成为网络化的作战指挥体系、作战力量体系和作战保障体系,实现各作战要素间战场态势感知共享,最大限度地把信息优势转变为决策优势和行动优势,充分发挥整体作战效能。其实质是利用计算机信息网络对处于各地的部队或士兵实施一体化指挥和控制,利用网络让所有作战力量实现信息共享,实时掌握战场态势,缩短决策时间,提高打击速度与精度。在网络中心战中,各级指挥官甚至普通士兵都可利用网络交换大量图文信息,并及时、迅速地交换意见,制订作战计划,解决各种问题,从而对敌人实施快速、精确及连续的打击。

(三)电子战

电子战是应用电磁能量来确定、探测、削弱或抑制敌方使用电磁频谱并保护我方应用电磁频谱的军事行动的统称;是敌对双方争夺电磁频谱使用和控制权的军事斗争,包括电子侦察与反侦察、电子干扰与反干扰、电子欺骗与反欺骗、电子隐身与反隐身、电子摧毁与反摧毁等。由于军队电子化程度的迅速提高,电子战被作为直接用于攻防的作战手段,形成了“陆、海、空、天、电”多维立体战。电子战的攻击重点是敌 C^4ISR 系统,电子系统被攻击或破坏而无法正常工作,使对方指挥系统成为聋子、哑巴、瞎子,从而失去战争对抗能力,主要包括雷达对抗、通信对抗和声呐对抗。

(四)舆论战

在人类战争史上,新闻舆论的地位和作用早就被人们所认识。拿破仑曾说:"报纸一张,犹如联军一队。"美国前总统艾森豪威尔也说过:"在宣传上花一美元,等于在国防上花五美元。"舆论战有广义和狭义之分,广义上是指围绕国家发展战略、安全战略,以综合国力为基础,通过系统运用传播学、舆论学、心理学等学科原理,利用各种传媒,进行有针对性的信息渗透,影响公众信念、意见、情绪、态度,有效控制舆论态势,争取舆论强势的政治战样式。狭义上是指战时新闻舆论战,即交战双方运用报纸、广播、电视、网络等新闻传媒,有计划、有针对性地向受众传输有利于己方作战的信息,达到鼓舞己方军民战斗热情,瓦解敌方战斗意志,引导国际舆论,争取广泛支持的目的的方式。

(五)心理战

心理战是一种运用心理学的原理、原则,以人类的心理活动为战场,有计划地采用各种手段,对人的认知、情感和意志施加影响,在无形中打击敌人的心志,以最小的代价换取最大胜利和利益的作战方式。依托宣传方式利用人在对抗环境中的心理变化规律,通过大量的信息传递,瓦解敌方士气,削弱抵抗意志,使其放弃抵抗、逃避战斗乃至缴械投降,从精神上瓦解敌方军民斗志或消除敌方宣传所造成的影响的对抗活动。心理战从规模上可分为战略心理战和战役战术心理战;从性质上可分为进攻性心理战和防御性心理战。主要是运用心理学原理,如注意律、需要律、错觉律、思维定式律、从众心理律、逆反心理律等,并借助诸如传单、书报、广播、电影、电视、通信、网络等媒介,进行心理威慑、谋略、佯动、伪装、欺诈、恐吓、诱惑、收买、谣言、宣传、网络运用等来达到战争的效果。

(六)精确战

精确战是一种使用精确制导武器打击敌人,目标充分发挥精确制导武器的威力,突然、准确地毁伤敌方目标的作战样式。精确战具有机动灵活、隐蔽突然、毁伤力强、效费比高和附带伤小等优点。随着精确制导武器种类的增加和性能的提高,精确战将在超视距、全天候、多模式、智能化等方面进一步发展,既能对敌重要目标实施"外科手术式"打击,又能对战场全空间威胁己方的各种目标予以多点、同时、连续的打击。精确战是武器信息化和战场透明化综合作用的产物,更是信息时代的必然要求,其可以在多维空间、不同的时间以多种方式对战场目标实施全方位立体打击,进而达到作战目的。

(七)特种战

特种战,指专门执行突袭、破袭敌重要的军事、政治、经济等目标的战斗和其他特殊作战。在平时和战时,为了达到特定的战略战役目的,由国家或集团领导和指挥的,由特殊编组、训练及装备的特种部队或根据任务的需要临时编组的精锐部队,以特殊的方式和手段实施的作战行动,特种部队或临时赋予特种作战任务的部队为达到特定目的或目标所进行的作战如空降作战、登陆作战以及解救人质,袭击敌首脑机关、重要军事设施和其他要害目标等的作战。其行动具有目的特殊、计划周密、方式独特、手段多样、隐蔽突然、速战速决等特点。

(八)太空战

太空战是指以宇宙空间为主要战场,以军用航天器为主要作战力量,以夺取空间控制权为主要目的的崭新作战样式,主要是利用天基武器系统,以争夺制天权为目的的作战行动,是以地球的外层空间为战场所进行的攻与防的作战。它既包括作战双方天基武器系统之间的格斗,也包括天基武器系统对地面和空中目标的打击以及从地面对天基系统发动的攻击。其目的就是剥夺对方对太空的使用权。军用航天技术的日益成熟,使太空成为继陆、海、空三维战场后的又一个崭新的战场。太空战场的开辟和建立,特别是天基作战平台和天基武器系统的不断发展与完善,催生出一支崭新的军种——"天军"。从发展趋势上看,"天军"将成为未来太空战场的主力军,并可在夺取制天权的战争中发挥作用。

五、信息化战争的发展趋势

随着信息化社会的发展,信息作为战略资源的地位将更高,围绕信息资源获取、信息化军队建设和占领信息优势高地的竞争将愈演愈烈。

(一)制信息权主导着制空权、制陆权、制海权、制天权等主动权的争夺

战争空间急剧拓展,信息化战争是高度立体化战争,即战争不仅在地面、水面、水下进行,而且向外层空间扩展。

(二)战争进程明显加快

以往战争持续时间一般比较长,而信息化战争节奏明显加快,进程大大缩短。在信息技术的作用下,武器装备的能量释放速度加快,杀伤力在增加;高技术手段的运用,使军队的机动能力、打击能力和保障能力大大提高,单位时间作战效能明显增强;此外高技术武器装备造价昂贵,迫使进程加快。

(三)作战力量多元一体

作战力量的大小,不再以数量的多少,作战能力信息化战争的强弱和人员、武器数量决定,高技术的武器装备只有同高素质的战斗人员相结合,才能发挥最大效能;其次,诸军兵种的有机结合成为现实。

(四)精确制导武器的大量使用

20 世纪 90 年代以来爆发的几场局部战争表明,信息化战争具有明显的精确化趋势。

(五)指挥控制智能化程度高

(六)战争耗资巨大

高新技术装备造价昂贵,高技术武器使用空前频繁。

（七）信息优势成为战争胜负的重要因素

信息化战争以信息为基础并以信息化武器装备为主要战争工具和作战手段。在信息化战争中，信息优势的获得已经成为决定战争胜负的重要因素。

六、我国信息化战争建设

在信息化时代，我国要实现国防信息化，其实质就是通过利用信息技术的强大渗透力、融合力和倍增力来增强国防领域各方面的信息化水平，加快国防现代化建设。

国防建设的指导思想要转到立足于遏制或打赢信息化战争上来。国防建设的指导思想应该反映国防活动的规律，针对现代战争的特点，具有时代的特点。能否根据战略形势的变化及时调整国防建设的指导思想，关系到国防建设的方向和成败。中华人民共和国成立以后的很长一段时期内，根据美苏争霸的战略格局和我国周边的安全形势，以毛泽东为代表的党中央和国家领导核心确定了"准备早打、大打、打核大战"的国防建设的指导思想。进入新时期以后，邓小平同志在对国际政治、经济形势科学分析的基础上，果断地作出了国防和军队建设思想实行战略性转变的决策，指出：国防和军队建设指导思想要从"准备早打、大打、打核大战"转到和平时期的建设上来。江泽民同志主持军委工作后，根据冷战结束、东欧剧变等国际局势和海湾战争的情况，提出了要立足于打赢现代战争条件下特别是高技术战争条件下反侵略的局部战争。1999年的科索沃战争爆发以后，江泽民同志又明确指出：未来人类的战争将主要是信息化战争。胡锦涛同志担任军委主席后指出：要将国防建设的指导思想转到立足于遏制或打赢信息化局部战争上来，并确定了我国于21世纪中叶实现军队信息化，并具备打赢信息化战争能力的国防建设发展的目标。

（一）加强信息化军事思想建设

在军事思想建设方面，战略思维应从物质向信息转变。为适应信息化战争的出现和发展，必须树立"信息主导"的新思想，确立能打赢信息化战争的新型理念和思维方式，以通过夺取信息权来赢得未来信息化战争为目标，制定信息时代的国家安全战略、国家军事战略和军队作战理论。

我国国防信息化发展的基本思路是：以国家信息化发展战略为指导，以军委新时期军事战略方针为依据，以适应未来信息化战争需求为目标，以国家和军队信息基础设施为依托，以正在发展中的机械化为基础，以信息技术为主要手段，以信息化带动机械化，走信息化与机械化融合互动、具有我国特色的跨越式发展之路。要从我国的国情和军情出发，积极推进中国特色的新军事变革，借鉴国外军事现代化建设的有效经验，结合实际，推动国防和军队的信息化建设。

（二）加强国防信息基础建设

国防信息基础设施是建设信息化国防和信息化军队的物质基础，也是国家战略能力的重要组成部分。要实现国防信息化，就要建立快速、准确、高效的国防信息基础设施。要促使传统的军事通信网向一体化指挥控制平台过渡,逐步形成综合、智能和无缝的国防信息网络;支持各级指挥员在任何时间、任何地点获取作战指挥信息;为满足信息化战争的需求提供支撑和保障。

国防信息基础设施的建设可以军民结合,尽可能地把军队信息系统建设纳入国家信息化体系当中,走开放式发展道路。要依托民用信息产业,充分发挥民用信息技术的雄厚优势,着力搞好军民信息资源的优化组合和系统整合。现代科技发展的一个突出特点就是它的军民兼容性。我国在信息化基础设施的建设方面已经取得了很大发展,但在一些方面还与发达国家有一定差距。我们必须提高国家的信息基础设施建设水平,才能应对未来的信息化战争。

目前我国信息化基础设施建设的重点,一是努力发展以微电子技术、计算机技术和通信技术为主体的信息技术,这是一个国家信息基础设施建设的基础;二是加快国家大型网络系统建设;三是大力开发各种软件技术。目前我国的软件研制、开发能力还不发达,与发达国家相比还有很大差距。而国家信息安全的防护,在很大程度上是由先进的软件技术来保障的。因此要加大对研制和开发软件技术的资金、技术和人力的投入。

(三)加快信息化条件下的国防和军队建设

国防和军队信息化建设是个十分复杂的系统工程,必须抓住四个重点:一是要大力发展信息化武器装备。我军一方面要致力于发展信息化武器装备,另一方面要在信息化弹药、信息作战平台、专用信息化武器三个方面取得突破性进展以缩小与发达国家的差距。二是要大力推进数字化部队建设。突出我军特色,走出一条投入少、周期短、效益好的发展路子。三是要大力加强信息化战场建设。数字化部队和数字化战场是信息化战争的两大支柱,有了数字化战场,数字化部队才有依托。四是要以信息化带动机械化。信息化建设以机械化建设为基础,没有雄厚扎实的机械化,就不可能有高水平的信息化。目前,我军正处于由机械化、半机械化向信息化发展的阶段,机械化的建设任务还没有完成,如果放弃机械化建设而全面转入信息化建设,将失去信息化建设的基础,欲速而不达。因此,在军队建设上要以信息化建设的需要牵引机械化发展,运用信息技术改造、完善机械化武器装备,推动机械化建设向高层次、高水平跃升,为信息化建设创造更好的物质条件。

(四)努力培养信息化军事人才

军事人才素质的高低决定着未来信息化战争的输赢。我军必须大力培养新型的信息化军事人才,为我军在未来打赢信息化战争提供强大的智力支持。为此,我们必须把培养信息化军事人才的工作作为国防信息化建设的根本大计,树立超前意识,构建我军新型信息化军事人才培养体系,抓紧培养复合型人才,尽快缩小与发达国家军队在人才素质上的差距,以适应国防信息化建设和未来信息化战争的需要。

我们必须采取有效措施建一支能够持续支持我国国防信息化建设的人才队伍。一是充分发挥军事院校培养国防信息化人才的主要渠道作用。特别是要在教学中加大高新技术知识的比重，使军事院校成为培养高素质新型军事人才特别是信息化军事人才的摇篮，创新高技术和军事理论的基地。二是加大依托国民教育体系培养信息化军事人才的力度。我军信息化建设和信息化作战需要大量的信息化人才，仅仅靠部队和军事院校的培养是远远不够的。因此，必须根据国情和军情，依托国民教育培养信息化军事人才。三是强化岗位练兵，提高部队信息化条件下的训练水平，整体提升部队的信息化战斗力。

第四节　现代战争范例

一个世纪来，美军参与了世界上所有的大规模战争，从来没有遭受比对手更重大的伤亡，而且伤亡越来越少，直至零伤亡。这是因为美军始终紧扣军事革命的脉搏。海湾战争、科索沃战争、阿富汗战争和伊拉克战争已成为历史。但在这些战争中，美军在正面战场均取得了堪称辉煌的胜利，一系列新的军事技术、作战理论和作战模式得到了实战的检验和进一步完善，不仅成就了高技术武器的神话，也推动了新一轮军事革命的浪潮。作为装备与作战思想远落后于美国的国家，回眸海湾战争、科索沃战争、阿富汗战争和伊拉克战争，研究美军作战特点，对推动中国新军事变革，提升中国军队现代化建设的速度，增强我国国防实力，维护国家安全是非常有意义的。

一、海湾战争

海湾战争是指 1990 年 8 月 2 日—1991 年 2 月 28 日（战争真正开始是 1991 年 1 月 17 日），以美国为首的由 34 个国家组成的联合国军在联合国安理会授权下，为恢复科威特领土完整而对伊拉克进行的战争。海湾战争是第二次世界大战之后参战国最多、一次性投入兵力最大、投入的兵器最多最先进、空袭规模最大、战况空前激烈和发展异常迅猛、双方伤亡损失又极其悬殊的一场现代高技术局部战争。这场战争对冷战后国际新秩序的建立产生了深刻影响，同时，它所展示的现代高技术条件下作战的新情况和新特点，对军事战略、战役战术和军队建设等问题带来了众多启示。

（一）战争背景

1990 年 8 月 2 日凌晨 2 时，为了解决与科威特的边界纠纷和石油争端，蓄谋已久的萨达姆派遣 10 万大军越过伊科边界，侵入仅 1.78 万平方千米的弹丸小国科威特，以迅雷不及掩耳之势吞并了科威特，从而引发了海湾危机。

世界其他绝大多数国家或国际组织都对伊拉克的入侵作出了迅速的反应，普遍强烈抵制和谴责伊拉克的侵略行为。联合国安理会和各成员国对海湾危机作出了前所未有的异常迅速且几乎完全一致的反应。1990 年 8 月 2 日，联合国安理会就以 114 票赞成，0 票反对，1 票弃权，通过了谴责伊拉克违反联合国宪章，要求其撤军的第 660 号决议。从 1990 年 8 月 2 日至 1990 年 11 月 29 日，联合国安理会先后通过了 12 个谴责和制裁伊拉克的决议。这些决议,使伊拉克在政治、经济、军事和外交等方面处于极端孤立的境地。其中的第 678 号决议,规定了伊拉克必须撤军的最后期限为 1991 年 1 月 15 日,在最后期限到来之前伊拉克如不撤军,决议授权联合国会员国可以使用"一切必要手段"来执行联合国通过的各项决议,这就为以美国为首的 38 国组成联军出兵海湾,用武力解决这场危机提供了法律依据。

伊拉克入侵科威特不可避免地同在海湾存在巨大战略利益,而且与谋求建立"国际新秩序"的美国产生不可调和的矛盾。加上海湾地区一直是美国和西方的生命线(美国进口石油的 20%、西欧的 35%、日本的 70% 都来自海湾),为了控制海湾的石油资源,从经济和军事上打垮伊拉克,维持中东地区的稳定和势力均衡,并显示美国在世界上的领导作用,重新确立美国在全球的支配地位,美国便打着"维护正义"和"解放科威特"的旗号,在联合国的授权下联合多国部队迅速出兵。

(二)战争经过

1991 年 1 月 17 日,当地时间凌晨 2 时,在伊拉克拒不执行安理会第 678 号决议情况下,多国部队航空兵空袭伊拉克,发起"沙漠风暴"行动,海湾战争由此爆发。

战争分为两个阶段:

1.空中战役阶段(1991 年 1 月 17 日—2 月 23 日)

空中战役包括战略性空袭、夺取科威特战区制空权和为地面进攻作好战场准备。

1991 年 1 月 17 日,联军开始执行名为"沙漠风暴"的强烈空袭行动,每天的攻击次数上千。使用的武器有制导炸弹、集束炸弹、空爆炸弹和巡航导弹。相应地,伊拉克次日向以色列发射了 8 颗飞毛腿导弹。盟军的首要目标是摧毁伊拉克的空军和防空设施。这个任务很快就完成了,在此后的战争期间盟军空军几乎畅通无阻。虽然伊拉克的防空能力比预期的要好,但在战争第一天,盟军只损失了一架飞机。在这段时间里,隐形战机被多次用来消灭伊拉克的地对空导弹和其他防空武器。这些武器被消灭后,盟军其他飞机的行动就安全得多了。大多数飞机是从沙特阿拉伯和盟军在波斯湾的六艘航空母舰上起飞的。

盟军的下一个目标是指挥中心和通信设施。萨达姆在两伊战争中对他的军队的指挥非常详细,小部队自己的主动性几乎全部丧失。盟军战略家希望伊拉克的指挥和控制系统被摧毁后,它的抵抗力能大为削减。战争的第一个星期中伊拉克进行了几次攻击,但其效果甚小,38 架伊拉克米格机被盟军飞机击落,此后伊拉克空军开始逃往伊朗。

空战的第三个和最大的一个目标是打击伊拉克和科威特的军事目标。约 1/3 的盟军空袭是为了消灭伊拉克的飞毛腿导弹。此外,军民双用的设施也被袭击:发电厂、通信设施、港口、炼油厂、铁路和桥梁。两座核电站也被攻击,这违反了联合国 45/52 号禁止进攻核反应堆的决议。伊拉克全国各地的电站都遭到破坏。战后伊拉克的发电力只有战前的 4%。所有大坝和大多数重要的泵水站和许多污水处理站被炸毁。在大多数情况下盟军试图不攻击只被民用的设施。

11 天后,多国部队已完全掌握制空权。进入第三周后,空中行动的重点转入科威特战区。至 2 月 23 日,多国部队共出动飞机近 10 万架次,投弹 9 万吨,发射 288 枚战斧巡航导弹和 35 枚空射巡航导弹,并使用一系列最新式飞机和各种精确制导武器,对选定目标实施多方向、多波次、高强度的持续空袭,极大削弱了伊军的 C^3I(指挥、控制、通信和情报)能力、战争潜力和战略反击能力,使科威特战场的伊军前沿部队损失近 50%,后方部队损失约 25%,为发起地面进攻创造了条件。

在此期间,伊军实施消极防御,以藏于地下、隐真示假、疏散国外等措施躲避空袭,保存实力;同时不断以飞毛腿导弹袭击以色列、沙特、巴林境内的目标,迫使多国部队延长空中战役时间并出动大量飞机寻歼伊军飞毛腿导弹。伊海、空军则对多国部队实施有限反击,多次以飞机和导弹艇出击,但均告失败,发射的飞毛腿导弹多数偏离预定目标或被美爱国者防空导弹击落。在多国部队空中力量的连续猛烈攻击下,伊拉克军队由于武器装备处于劣势,反空袭作战难以得手,于是企图通过地面主动进攻来干扰多国部队继续空袭的决心,尽早把多国部队拖入战斗,以便在阵地战中取胜。1991 年 1 月 29 日—2 月 2 日,伊拉克军队对沙特东北部沿海的海夫吉小镇实施了进攻性袭击,但未能奏效。此外,伊军曾试图以向海湾倾泻石油、点燃科威特油井和威胁使用化学武器手段阻滞和遏止多国部队的军事行动,均未达目的。1 月 29 日,伊拉克用坦克和步兵占领沙特阿拉伯城市卡夫吉。但两天后伊拉克军队被在强大的空军掩护下的美国海军陆战队和沙特阿拉伯军队逐出。

2.地面战役阶段(1991 年 2 月 24 日—28 日)

2 月 24 日,美军开始了被称为"沙漠军刀"的陆战行动。多国部队于当地时间 4 时发起地面进攻,在沙科、沙伊边约 500 千米正面上由东向西展开五个进攻集团:阿拉伯国家东线联合部队,沿海岸向北进攻,占领科威特市;美第一陆战远征部队从沙科边界"肘部"向北进攻,夺取穆特拉山口,切断科威特市通往科东北部的道路,将伊军主力吸引到科威特;阿拉伯国家北线联合部队从沙科边界西段向阿里塞米姆机场方向进攻,协同友邻部队消灭科威特境内伊军并占领科威特市;美第七军实施主要突击,从巴廷干河以西向北推进,直插伊拉克纵深,尔后挥师东进,与其左邻第十八空降军协同作战,将伊拉克共和国卫队(约 8 个师)围歼在巴士拉以南地区;美第十八空降军实施辅助突击,从沙伊边境突入伊境至幼发拉底河岸,控制塞马沃以东通往巴格达的 8 号公路,孤立科威特境内伊军部队,协同美第七军歼灭伊军共和国卫队。

地面战役首先由美第一陆战远征部队发起进攻,尔后阿拉伯国家东线联合部队在波斯湾多国部队海军和两栖部队配合下发起进攻,吸引伊国注意力,为西部主攻部队发展进攻创造条件。美第七军于 24 日午后发起攻击。美第七军和美第十八空降军利用空中机动和装甲突击力强等优势,在海空军支援下实施"左勾拳"计划,将伊拉克共和国卫队合围于巴士拉以南地区。伊军遭受 38 天空袭后,损失惨重,指挥中断,补给告罄,战场情况不明,对多国部队主攻方向判断失误,防御体系迅速瓦解。在此期间,伊军继续向沙特、以色列和巴林发射导弹,使美军伤亡百余人;在海湾布设水雷 1167 枚,炸伤美海军两艘军舰,但未能扭转败局。1991 年 2 月 26 日,萨达姆宣布接受停火,伊军迅即崩溃。28 日晨 8 时,多国部队宣布停止进攻,历时 100 小时的地面战役至此结束,联军歼灭和重创了伊军 43 个师,摧毁和缴获伊军坦克 2000 辆,装甲车 1200 辆,火炮 740 门,伊军有 8.6 万人被俘,数万人伤亡。而伊拉克军队甚至没能给联军造成值得一提的损失。

海湾战争的地面战是美军在 20 世纪进行的最后一次大规模地面战,也可能是美军最后一次按照传统的战线模式进行的地面作战。

3.战争结束

暂时停火以后,伊拉克表示接受美国提出的停火条件和愿意履行联合国安理会历次通过的有关各项决议。在此基础上,联合国安理会于 1991 年 4 月 3 日以 12 票赞成、1 票反对、2 票弃权通过了海湾正式停火决议,即 678 号决议,海湾战争至此宣告结束。1991 年 3 月 10 日,"告别沙漠"行动开始,美军从波斯湾撤离 54 万军队。

该次战争是美军自越南战争后主导参加的第一场大规模局部战争。在战争中,美军首次将大量高科技武器投入实战,展示了压倒性的制空、制电磁优势。通过海湾战争,美国进一步加强了与波斯湾地区国家的军事、政治合作,强化了美军在该地区的军事存在,同时为 2003 年的伊拉克战争埋下了伏笔。

(三)战争特点

海湾战争是第二次世界大战结束后现代化程度最高的战争,广泛使用了 20 世纪 90 年代初最先进的高技术武器装备。在 100 个小时的战斗中,以美军为首的多国部队干净利落地突破了伊拉克苦心经营半年之久的"萨达姆防线",50 多万伊军几乎全军覆没。双方不成比例的伤亡数字与伊军惊人的崩溃速度,不仅成就了一段高技术武器的神话,也推动了世界再一次掀起新军事革命的浪潮。

海湾战争从改变战争最本质的特征,促进作战样式的发展和进步方面来看,最突出的特点有:

1.空中作战

在海湾战争中,空中作战已经作为一种独立的作战样式而出现。在历时 43 天的空中作战中,以美军为首的多国部队出动了各种用途的飞机,分别执行空袭、侦察、电子战、护航、加油、运输、观察等任务,对伊军的指挥中心、防空体系、重兵集团等进行了全方位、全天候的空袭,完成了战略空袭、夺取战区制空权、削弱伊军地面部队和支援地面作战等四个阶段的任务,对战争进程起到了决定性作用。

2.机动作战

在海湾战争中,以美军为首的多国部队首先从地面和空中对敌实施双重包围,通过地面部队的高速推进和空中兵力投送,在敌后方形成积极活动的正面,直接攻击敌主力部队。这种以机动作战为主的战法,目标明确,行动坚决,更快地推动了战役进程的发展。

3.远程火力战

以美军为首的多国部队,充分发挥高技术兵器远距离精确打击的性能,主要进行远距离火力战。例如,"阿帕奇"武装直升机通常都是在伊军地面防空火力有效射程之外发射反坦克导弹,摧毁伊军坦克装甲车;M-IA坦克也是在敌方火力射程之外开火,摧毁伊军坦克和阵地设施。远程火力战使技术装备优势一方能够先敌发现、先敌开火,同时也大大减少了己方人员的伤亡。

4.电子战

预警、指挥、控制、通信和情报是现代战争赖以进行的重要手段。在海湾战争中,电子战由于可剥夺敌军在此方面的能力,夺取战场制电磁权,而成为实施"硬杀伤"所不可缺少的一种作战方式。在战争开始前,美军即使用电子作战飞机对伊军电子设备实施强烈干扰,压制伊军的通信和预警雷达系统,保证了空袭行动的突然性。在战争全过程中,美军又针对伊军的指挥、控制、通信和情报系统实施强大的电子战,对伊军电子设备、防空雷达和通信网络等进行"软压制"。结果使伊军指挥失灵,通信中断,空中搜索与反击能力丧失,处于被动挨打的地位。

5.夜战

在这次战争中,美军飞机、坦克、步兵战斗车乃至单兵武器都装备有红外夜视装置、激光夜视仪和红外热成像设备等夜视夜瞄器材,这使美军的武器装备在夜间可以发挥同在白天一样的作战效能,使美军能昼夜不停地连续作战,更有效地打击伊军,更快地推进战役战斗的进程。

（四）战争影响

海湾战争是"冷战"结束后第一次大规模战争,是世界多种矛盾进一步发展的结果,对国际形势的发展具有深远影响。

1.使世界向多极化发展

海湾战争在一定程度上提高了美国的国际地位,表现出其处理国际事务的"领袖"作用。海湾战争后,美国制定了"同时打赢两场局部战争"的新的地区防务战略,克林顿上台后更加快了独霸全球的步伐。海湾战争加速了苏联的解体和两极格局的终结,客观上有利于多极化趋势的发展。苏联在海湾危机和战争中的表现说明,它作为两极格局中的一极名存实亡;昔日的超级大国只能听任事态的发展。从一定程度上讲,美国在海湾战争中既是打伊拉克,也是在打苏联。海湾战争后,苏联最终解体,为两极格局画上了句号。美国在海湾战争中大获全胜,成为冷战后唯一的超级大国,但这并没有改变世界基本力量的对比,相反,世界加速向多极化发展。

2.极端伊斯兰主义复活

海湾战争的一个关键结果是极端伊斯兰主义的复活。萨达姆政府改向伊斯兰教方向并未能给它带来多少支持者,但沙特阿拉伯依靠美国的支持,以及沙特阿拉伯被看作与以色列站在一个战线上,使得其政府的合法性大大降低。伊斯兰主义者反对沙特阿拉伯政府的活动大大加强。为了赢得伊斯兰主义者的支持,沙特政府花巨资支持可能会支持自己的组织。在新建立的中亚国家中,沙特阿拉伯政府向极端组织分发上百万古兰经,建造了上百座清真寺。在阿富汗内战中,沙特阿拉伯成为塔利班最大的资助者。

3.环境影响

1990 年底爆发的海湾战争历时 43 天,其间油井大火昼夜燃烧,是迄今历史上最大的石油火灾及海洋石油污染事故,也是人类历史上最严重的一次环境污染,其污染程度超过切尔诺贝利核电站发生的核泄漏事故。这次战争所造成的环境污染是灾难性的,已给世界带来了影响。

战后的状态造成更多伊拉克人死亡,比如在炸弹中含有共 300 吨贫铀,战后伊拉克儿童的癌症率提高了四倍。战后对伊拉克的制裁可能也导致约 200 万人死亡,其中半数是儿童。

此外,海湾战争最终导致 2003 年的美伊战争。

二、科索沃战争

科索沃战争指 1999 年 3 月 24 日至 6 月 10 日,以美国为首的北约打着维护"人权""人道"的幌子,以"民族问题"为由,绕开联合国,对主权国家南联盟发动的一场历时 78 天的空袭行动。这场战争是世界上第一场信息化战争,是从机械化战争形态向信息化战争转变过程中的第一个实战战例,是海湾战争结束以来全球范围内规模最大、现代化程度最高的一次军事行动。战争双方的地面部队从未进行面对面的直接交火,是一次以远程和高空打击为主的"非接触性战争"。科索沃战争被称为世纪末之战,其牵动面之广、世人之关注、战事发展之难测,都超过了冷战结束后的历次军事冲突。

(一)战争背景

科索沃面积 10887 平方千米,与阿尔巴尼亚、马其顿相邻,人口 200 余万,其中 90%以上是阿尔巴尼亚族(以下简称"阿族")。在南斯拉夫联邦时期,科索沃是塞尔维亚共和国内的自治省,但这个地区始终存在着要求更高程度民族自治的潮流。1980 年铁托逝世后,以独立为目标的科索沃民族主义运动逐步兴起,并得到阿尔巴尼亚的支持。在这一背景下,阿族与塞族的矛盾日益尖锐,冲突时有发生。面对阿族人的反抗,米洛舍维奇为首的南联盟和塞尔维亚当局采取强硬镇压措施,派遣大批塞族军队和警察部队进驻科索沃,试图消灭"科索沃解放军"。这样,在波黑战火逐渐熄灭的同时,科索沃的战火却越燃越旺,1997 年以后不断发生武装冲突事件,伤亡人员日趋增多,约 30 万人流离失所,沦为难民。从 1998 年底起,以美国为首的北约开始介入科索沃危机,北约与南联盟的矛盾逐渐成为主要矛盾。

1999 年 2 月 6 日,在美国和北约的压力下,塞尔维亚和科索沃阿族代表在巴黎附近的朗布依埃举行和平谈判,谈判的基础是美国特使希尔草拟的方案。该方案的主要内容是:尊重南联盟的领土完整,科索沃享有高度自治,南联盟军队撤出科索沃,"科索沃解放军"解除武装,按当地居民人口比例组成新的警察部队维持治安,北约向科索沃派遣多国部队保障协议实施。这个方案对双方来说都难以接受,阿族坚持要最终走向独立,并且不愿解除武装,南联盟则不同意科索沃获得自治共和国的地位,亦反对北约部队进驻科索沃。但是,主持谈判的美国和北约表示,这个方案的80%内容不许改变,必须接受,否则拒绝的一方将受到惩罚,其中对南联盟而言将遭到北约的军事打击。在谈判陷入僵局后曾一度休会,3月15日复会,阿族代表于18日签署了协议,但塞尔维亚方面仍然拒绝签字。3月19日,北约向南联盟发出最后通牒,3月24日,北约发动了对南联盟的空中打击,科索沃战争爆发。

（二）战争过程

1999年3月24日19时50分,第一枚巡航导弹从亚德里亚海上的美军驱逐舰上发射,揭开了战争的序幕,代号为"联盟力量"的科索沃战争从此爆发,到6月10日结束,共持续了78天。科索沃战争中空袭与反空袭作战大致分为四个阶段。

1.第一阶段:争夺战区制空权（3月24—26日）

北约对南联盟实施了第一轮至第三轮空袭行动,打击的重点目标是南联盟防空系统,包括机场、雷达、导弹发射阵地、通信等设施。主要目的是通过空袭夺取南联盟地区的制空权。

在此阶段的空袭中,北约共出动各型作战飞机600余架次,动用了F-16、F-18、EA-6B等先进战机和B-52战略轰炸机、B-2隐身战略轰炸机,部署在亚得里亚海上的战舰发射了"战斧"巡航导弹。南联盟军队面对北约的大规模空袭,进行了顽强抗击。

2.第二阶段:瘫痪南军指挥（3月27—31日）

北约对南联盟实施了第四轮至第七轮空袭行动,打击的重点目标是南联盟指挥中心、基地等核心军事目标,以使南联盟军事运作机制瘫痪,瓦解其战斗力。同时,对南联盟全国各地的防空设施和重要军事目标继续进行轰炸。在此阶段的空袭中,北约共出动各型作战飞机1000余架次,平均每轮250架次左右。从第六轮空袭开始,北约将前几轮对南联盟实施的间隙式空袭改为24小时不间断空袭。南联盟军民机智顽强,英勇作战,取得了较大战果。3月27日,在贝尔格莱德西北,南联盟导弹部队击落了一架美军的F-117"夜鹰"隐身战斗轰炸机,这是该型机自1989年投入实战以来首次被击落,极大地振奋了南联盟的民心士气。

3.第三阶段:削弱南军潜力（4月1—29日）

北约对南联盟实施了第八轮至第三十七轮空袭行动,打击的重点目标主要有以下五类:一是机场、雷达阵地、导弹阵地等防空设施和指挥控制系统;二是通信站、铁路、公路、重要桥梁、油库、炼油厂、热电厂等重要基础设施;三是军营、特种警察部队、装甲车辆等目标;四是包括内务部、国防部、空军司令部、防空司令部直至总统府在内的重要政府和军事指挥机构;五是电台、电视台、电视转播塔等宣传设施。

在此阶段的空袭中,北约共出动各型战机近1万架次,平均每轮340多架次。南联盟由于作战力量过于弱小,损失较大,加之弹药、燃料匮乏,交通中断,处境日趋艰难,但仍坚持作战。

4.第四阶段:空袭力度激增(4月30日—6月10日)

从第三十八轮空袭开始,直至战争结束。4月23—25日,在华盛顿举行了北约首脑会议。会议发表声明,强调要把对南联盟的战争进行到底。这一阶段空袭的特点是空袭力度空前加大,按照北约的说法,就是要对南联盟进行一周7天、一天24小时不停顿的轰炸。

从4月30日开始,每天出动的飞机都超过600架次,其中5月28日达到792架次。南联盟基本处于被动挨打的局面。

5.战争结束

在北约空袭的巨大压力下,为保存实力,在俄总统特使切尔诺梅尔金的斡旋下,南联盟表示同意接受八国集团就政治解决科索沃危机达成的协议框架。6月9日,南联盟与北约军事代表团经过多次谈判终于达成协议,答应在11天内撤出军队,6月10日南联盟开始撤军,北约正式宣布暂停对南联盟的空袭。同一天,联合国安理会以14票赞成、1票(中国)弃权通过了关于政治解决科索沃问题的决议。历时两个半月的科索沃战争至此落下帷幕。

(三)战争结果

1999年末,北约组织飞行员、武器装备专家和情报人员成立调查组实地调查,宣布了科索沃战争的空袭战果:摧毁坦克与自行火炮93辆,受损率26%;装甲运兵车153辆,受损率35%;火炮389门,受损率52%;其他车辆339辆。打死打伤南联盟军5000人,自身损失飞机2架,无人机15架,人员无一伤亡。据南联盟公布的战果:南军共击落北约飞机61架,无人机30架,直升机7架,拦截巡航导弹238枚。自身损失了3%的坦克,1.5%的装甲车,5%的火炮,2%的防空兵器,3%的车辆,共有534名官兵死亡。惨剧还包括中国驻南斯拉夫使馆被炸。

(四)战争特点

从此次北约军事行动可以看出,较之工业时代的战争,空袭战有以下几个特点:

一是以精确打击武器为核心的现代高新空中兵器具备了精确点杀伤能力,可对目标实施命中精度达10米级甚至更高米级精确打击,一定程度上可以取代地面近距炮火的作用。在此次对南军事打击行动中,美军高新技术兵器的应用则更加广泛,作用也更加突出。南斯拉夫成了各种高新技术武器装备的试验场,美军动用了其已正式列装的全部高新技术兵器。从所使用的高技术装备和现代武器技术发展趋向来看,未来高新技术武器装备的主要发展方向将更加精确化、远程化、智能化和系统化。高技术武器装备的巨大作用昭示着它将成为21世纪各国军队竞相争夺的制高点。

二是打击范围广,不受传统意义上的前沿和后方限制,直接对敌各种战略重心发动致命性的攻击,使其发动战争的能力瘫痪。

三是具有全天候、全天时、快节奏、机动灵活的优势,作战速度之快,远程攻击与近程打击手段运用之灵活,是地面部队难以比拟的。

四是具有多维作战能力,可充分利用空、地、海、天四维空间优势,对敌发动多维同时攻击。

这些特点,势必会成为未来世界各主要军事强国力争获取的优势,也必将成为其军队未来优先发展的重点。

面对强敌如此巨大的空中"非对称力量优势",强大的反空袭能力就应成为防御方发展的目标,核心是制空权的争夺。此次军事冲突中,南联盟军队的一些成功战法,就为各国军队提供了很好的借鉴。面对装备和技术绝对优于自己的敌人,南军采取了化整为零、分散隐蔽、深挖洞穴、保存自己,隐真示假、灵活出击等战术,极为有效地保存了力量。特别是南防空部队采取的灵活机动战术,使北约打了两个多月后仍未掌握绝对制空权,空袭飞机只能在高空投弹,始终不敢压低高度,极大限制了其对南军地面部队和目标的打击能力。然而,迫于能力与装备限制,南军采取的战术基本上还是被动的,只能拖延北约的作战时间,尚未形成打防结合的完备作战体系,也不能主动置敌于死地。因此,要掌握制空权和战争主动权,就必须有主动克敌或使敌不敢轻易言打的"非对称"手段。这将成为未来世界各国在防空甚至整个军队建设中的又一重点目标。

(五)战争影响

科索沃战争是1999年最引人注目的事件,也是对世界格局产生重要影响的事件。

首先,这是美国第一次以"消除人道灾难"的名义,打着"人权高于主权"的旗号,对一个主权国家进行的侵略战争,从而开创了以"人权""民族"问题为借口,使国内问题国际化的危险先例。

其次,这是以美国为首的北约第一次在其成员国范围之外对一个既未对外采取军事行动,又无侵略意图的国家发动的战争,从而使北约正式由防御组织变成了进攻性和干预性的军事集团。

再次,这是北约绕过联合国,不经安理会授权的一场战争。舆论普遍认为,这场战争加强了美国的霸权地位,挤压了俄罗斯的战略空间,暴露了欧洲防务的弱点,恶化了广大发展中国家的国际环境。

三、第二次阿富汗战争

第二次阿富汗战争是以美国为首的联军在2001年10月7日起对阿富汗基地组织和塔利班进行的一场战争,是美国对"9·11事件"的报复,同时也标志着反恐战争的开始。联军官方指出这场战争的目的是逮捕本·拉登等基地成员并惩罚塔利班对恐怖分子的支援。与阿富汗作战的国家主要有美国以及英国、德国、波兰、捷克、斯洛伐克等北约国家,哈萨克斯坦、日本、韩国、菲律宾等国为美军提供了后勤支援并在战后派遣军队驻扎阿富汗(驻阿韩军在2007年发生韩国人质被绑架事件后撤离阿富汗)。

(一)战争背景

冷战结束后,中亚地区以其重要的战略位置和丰富的战略资源重新引起世界的广泛关注,沉寂多年的中亚地区再次成为各种力量的"角斗场"。其中,美俄两国无疑是这场角逐的两大主角。为了抢占有利的战略地位、谋取中亚的地缘战略利益及丰富的战略资源、实现控制全球的战略目标,美国从军事、政治、经济和文化等领域加紧对该地区的渗透。在遭受"9·11事件"之后,美国遇到了前所未有的战略机遇,借打击阿富汗恐怖势力之机加紧营造有利于美国的军事部署。

由于位于阿富汗北部的苏联中亚国家为美军提供协助,一度惹来其他伊斯兰教国家如黎巴嫩及苏丹等的敌视。美国在冷战期间就企图进入中亚,以"反恐"的名义在中亚和周围建立军事基地,部署军队。苏联侵入阿富汗时,美国就扶持塔利班。美国谋求中亚军事存在永久化,尽管冷战对峙的年代已然过去,但出于各自对战略利益的考虑,美俄两国对阿富汗的争夺却从未停止过。2001年,"9·11事件"发生以后美国军队以打击庇护恐怖分子的阿富汗塔利班政权的名义,租用了比什凯克最大机场——玛纳斯机场,后来又将其扩建为功能齐全的军事基地。

在战争爆发之前大约一周,美国总统乔治·布什向塔利班政府发出最后通牒,要求他们:把基地组织高层成员交给美国;释放所有被监禁的外国人;保护在阿富汗的外国记者、外交人员、支援人员;让美国人员检查所有训练营,证实它们全部被关闭。塔利班政府则拒绝与美国对话,但他们也通过在巴基斯坦的大使馆要求美国提供证据让他们自行在伊斯兰法庭起诉拉登。后来他们提出把拉登移送到中立国,但乔治·布什拒绝这些条款。

联合国安理会在2000年12月19日要求塔利班移送拉登到美国或第三国就1998年的爆炸案接受起诉,以及关闭所有武装训练营,否则将会制裁阿富汗。

(二)战争经过

1.首轮攻击

2001年10月7日,美英组成联军进入阿富汗境内与当地的北方联盟接触。双方其后达成协议,合作推翻塔利班政权,并在当天晚上进行空袭,攻击塔利班和基地组织多个据点。美国指攻击塔利班是要报复塔利班没有答应美国要求交出拉登,而当天塔利班随即抨击美国的举动是向伊斯兰世界宣战。

从10月8日开始,美军运用空袭手段重点摧毁塔利班的防空力量以掌握制空权。因为只有使塔利班失去其全部或大部分防空力量,才可以保证美军战机安全自由地飞行。同时,美军还攻击了塔利班的指挥设施和基地组织的训练设施。美国在首轮空袭中采用了不同种类的武器,据美国军方公布,共动用了50枚导弹、15架战机和25枚炸弹。同时美国还在空袭时投下大量救援物资,据美国称,这是为了赈济空袭中受伤的平民。其间一段拉登的录音片段公开,片中拉登指责了美国的这次袭击。

阿拉伯的卫星频道半岛电视台指称该台于攻击事件不久前就收到了这卷录音带。在录音带中,拉登宣称美国将会在阿富汗之战失利,并且像苏联一样崩解。同时,拉登号召伊斯兰世界发起反抗非伊斯兰世界之战。

2.塔利班的撤退

经过一段时间的轰炸,阿富汗塔利班的防空能力遭到很大削弱,美军开始投入特种部队发动地面围剿作战。美军深入敌区,依靠强硬的空中打击、细致的地面侦察、特种部队的搜捕和直升飞机近距离高效率的袭击,直接打击本·拉登组织和塔利班政权,并继续"活捉拉登"。

(1)马扎里沙里夫的地面攻势。美国的军事打击,使阿富汗内战双方的力量对比发生了有利于反塔利班联盟的变化。2001年11月9日,马扎里沙里夫战役开始。马扎里沙里夫在阿富汗北方是一个大型城市。塔利班在马扎里沙里夫有较强的群众基础。美国轰炸机地毯式轰炸塔利班部队的阵地。下午2时,北方联盟部队攻下了城市的南部和西部,并且控制了城市的主要军事基地和机场。战斗在4个小时后结束。到日落时分,塔利班残余部队向南部和东部撤退。战斗结束后,大批塔利班支持者被处决,马扎里沙里夫开始出现抢劫。马扎里沙里夫战役后,北方联盟迅速拿下了北方地区的5个省份。塔利班在北方地区的势力开始瓦解。

(2)攻占喀布尔。11月12日晚,塔利班部队在夜色的掩护下逃离喀布尔市,11月13日,北方联盟部队抵达喀布尔市。市区只有炸弹坑和焚烧过的树叶。一组大约20人的强硬阿拉伯武装分子被发现藏身于市内的公园,随后被消灭。喀布尔的陷落标志着塔利班在阿富汗全国的瓦解。在24小时内,所有的阿富汗沿伊朗边境各省,包括关键的城市赫拉特,都被北方联盟攻下。当地普什图族指挥官和军阀接管整个阿富汗东北部,包括关键的城市贾拉拉巴德。近1000名塔利班的巴基斯坦志愿者部队死守北方战线。到11月16日,塔利班在阿富汗北部最后一个据点被北方联盟围困。此时,塔利班主力已被迫撤回到阿富汗东南部坎大哈周围地区。10月底,美军地面部队全面进入阿富汗,此后,与北方联盟部队一鼓作气,直捣坎大哈。12月7日,塔利班交出坎大哈并向临时政府投降。

3.战争结局

正当国际社会准备为美军的胜利喝彩时,战争出现了拐点。躲进山区和乡村的塔利班没有被彻底消灭,连美国人竭力想抓获的本·拉登也神龙见首不见尾,安然指挥着对多国的恐怖袭击。直到2011年5月1日,美国才在巴基斯坦将本·拉登击毙。战争就这样年复一年地迟迟没有了结,美国和北约依然深陷"泥潭"无法自拔。在战争进行了整8年之后,新就任的美国总统巴拉克·奥巴马为打破僵局,及早脱身,宣布在6个月内向阿富汗增兵3万,对塔利班进行更大规模的军事行动,并于2011年7月开始逐步从阿富汗战场撤出,于2014年12月31日前完全撤出。

(三)战争特点

从2001年10月7日美国向阿富汗塔利班宣战到12月7日塔利班放弃坎大哈并决定向阿临时政府投降,共计61天。从纯军事角度分析,这是一场难度大但结局利落的战争。

美国人是凭借什么打赢这场战争的呢?从阿富汗战争全程分析,毫无疑问,还是高技术条件下的制海权和制空权。但这已不是"二战"意义上的制海权和制空权,而是建立在外层空间卫星侦测技术条件下的制海权和制空权。

兵舰未到，卫星先行，这是美国在这次阿富汗军事行动中的最重要特点。2001 年 10 月 5 日，就在向阿富汗塔利班宣战前两天，美国国家侦察局从加利福尼亚州的范登堡空军基地用"大力神-4B"运载火箭秘密发射了一颗任务高度机密的 KH-11 侦察卫星。这颗侦察卫星用以收集地面资料和电子信号。该卫星载有一台数码相机，可以拍到地面小至 10 厘米的物体。接着，美国派出 U-2 侦察机和全球鹰无人侦察机。U-2 侦察机可以在 21000 米的高空飞行，既拍摄地面照片，也窃听通信；全球鹰大型无人驾驶飞机在阿富汗战区首次飞行。它长 13 米，能在 19500 米的高空飞行，视力可穿透云层，并传回照片。据报道，美国在对塔利班作战中，使用了四大侦察定位技术：一是先进的 KH-11、KH-12 "锁眼"系列照相侦察卫星。美将多颗"锁眼"卫星调集到中亚地区上空，其地面分辨率达 0.1 米，能自动将照片传送到地面接收站及指挥中心。二是无人侦察机。美已向邻近阿富汗的基地派驻多种无人侦察机，可在空中完成情报处理。三是激光光标定位仪。此装置安装在武装直升机机鼻上，它包括一个热成像瞄准器，与飞行员头盔同步移动。四是全球卫星定位导航系统（GPS）。能使美军士兵不依赖气象条件在地球表面任何一点确定自己的坐标和精确时间，并获得相关导航信息。这些高科技信息技术犹如一张大网，昼夜监视阿富汗全境。

其次，美国利用强大的制海权迅速调动其他地区作战力量直奔阿拉伯海。开战前已有大批驱逐舰、巡洋舰、航空母舰云集阿拉伯海。截至 12 月下旬，美国已经从世界各地调动了两万以上的兵力，集中于中东地区的卡塔尔和科威特。

10 月 7 日，美国对阿富汗塔利班宣战，同时从阿拉伯海上和阿富汗北方联盟的基地对阿富汗境内的目标实施持续空袭。攻击目标主要是塔利班的防空导弹、燃油补给站、机场及通信系统。轰炸中，美军使用了威力巨大的 GBU-28 激光制导炸弹。这种钻地炸弹长 5.85 米，带弹翼直径 4.47 米，投掷距离 5000 米，可穿透 30 米厚的土层、6 米厚的加固混凝土层。第二轮打击过后，塔利班政权的大部分通信、交通、空防炮基地、雷达设施基本被摧毁，塔利班当局已无法统一指挥各地军队，其高射炮及少数的导弹无法准确攻击英美战机。美国总统布什和国防部长拉姆斯菲尔德 10 月 10 日均表示，美军已摧毁了 85% 的攻击目标，基本上已掌握制空权，美军飞机可自由飞入阿富汗上空。

美国在掌握阿富汗制空权并使阿境内塔利班军事组织系统的内部联系彻底瘫痪后，塔利班庞大的和准备用于"人民战争"的军事躯体，又被美国的导弹进一步切割为失去能动反应力而只能任人宰割的"肉块"。从 10 月 7 日开战到 12 月 7 日，塔利班军队投降，战争持续时间仅 61 天。

仅从纯军事而非纯政治的角度看，阿富汗战争实质上就是一场高技术条件下的信息战。由于美国人掌握了建立在外层空间卫星技术基础上的制海权和制空权，优先采用卫星技术，对塔利班军事部署了如指掌。掌握了塔利班的情报，又掌握了制海权和制空权，美国就可以用强大火力切断塔利班作战系统之间的通信联系，将庞大的军事作战系统点击切割成互不关联，从而各部分没有能动反应力的"板块"。此后，美国再派为数不多的地面部队进入阿富汗将这些被动的"板块"围而歼之。1991 年的海湾战争中,萨达姆是这样被打败的;1999 年的科索沃战场上,南联盟也是这样被打败的;这次美国人又用同样的方式赢得了阿富汗战争。由此可以推论:在 21 世纪的战争日历上,克劳塞维茨式的大部队"主力决战"的作战方式到此寿终正寝;如果入侵者不对入侵国实行长期军事占领政策,传统的"诱敌深入"的战法在相当程度上也面临新挑战。

21 世纪初发生的第二次阿富汗战争连同此前不久发生的海湾战争和科索沃战争及其后果则告诉我们,建立在卫星监控技术之上的远程导弹精确打击和准确拦截技术,已成了未来保卫国家主权安全的关键。在未来战场上,谁掌握在外层空间卫星引导下的监控技术、预警技术和精确制导技术,谁就掌握了低层空间的制空权和制海权,从而也就掌握了战争的主动权;而不能利用高科技手段掌握战争主动权的国家,不管从进攻还是从防御的角度看,其安全是绝对得不到保障的。

（四）战争启示

第二次阿富汗战争的一方是军力超强、得道多助的美国;另一方是坚信自己的极端主义是人类摆脱一切苦难走向幸福天堂唯一正确道路、失道寡助的塔利班政权,其结果如泰山压顶一样毫无悬念。正当人们普遍认为美军将风卷残云地迅速完成清剿恐怖势力的任务,拉登等恐怖组织的头子将被一一抓获,像"二战"战犯那样接受正义的审判时,现实的变化总是超出人们的想象。驻阿联军面对的塔利班化整为零,转移主力,采取地雷战、洞穴战,与驻阿美军玩猫捉老鼠游戏,令美军防不胜防。

持续十余年的第二次阿富汗战争表明,高科技并没有从根本上改变战争的传统方式。当远距离打击时,高科技可以尽显神威;但近距离作战,双方的胜负就另当别论了。阿富汗战争阶段的转变使战争告别了科幻方式,向传统方式回归。为彻底铲除恐怖势力,仅仅远距离打击是根本不够的,还必须派遣地面部队进入阿富汗,一个城市、一个村庄地清剿恐怖分子,这就决定了在远距离打击阶段完成后,美军必须迅速转入近距离清剿塔利班的阶段。

其次,阿富汗问题并非单纯军事行动所能解决,联合阿富汗各派和平政治力量,组建阿富汗新政府,使之彻底摆脱恐怖势力,是彻底解决问题的关键。

四、伊拉克战争

伊拉克战争,又称美伊战争,是以美英军队为主的联合部队在 2003 年 3 月 20 日对伊拉克发动的军事行动,美国以伊拉克藏有大规模杀伤性武器并暗中支持恐怖分子为由,绕开联合国安理会,单方面对伊拉克实施军事打击。到 2010 年 8 月美国战斗部队撤出伊拉克为止,历时 7 年多,美方最终没有找到所谓的大规模杀伤性武器,反而找到萨达姆政权早已将其销毁的文件和人证。2011 年 12 月 18 日,美国国防部长帕内塔签署官方文件,正式结束伊拉克战争。

（一）战争背景

美国"9·11 事件"发生后,时任美国总统的乔治·布什宣布向美国政府认为的"恐怖主义"宣战,并将伊拉克等多个国家列入"邪恶轴心国(Axis of Evil)"。2002 年,联合国通过 1441 号决议,联合国武器检查团重返伊拉克检查伊拉克拥有的大规模杀伤性武器。2003 年 3 月 18 日,美国总统布什发表电视讲话,要求并没有在伊拉克境内发现任何大规模杀伤性武器的武检团立即撤离伊拉克。

2003 年 3 月 20 日,美国指出伊拉克隐藏有大规模杀伤性武器并暗中支持恐怖分子,绕开联合国安理会,单方面决定对伊拉克实施大规模军事打击。

美国等国家对伊拉克开战的主要理由是萨达姆政权隐藏有大规模杀伤性武器、暗中支持恐怖分子以及伊拉克政府践踏人权的行径。根据前美国国防部长拉姆斯菲尔德的说法,美国在这场战争中最终要达到的目的包括:

(1)铲除萨达姆政权,帮助伊拉克人民建立一个自治的政府;

(2)搜寻并销毁藏匿在伊拉克境内的大规模杀伤性武器以及恐怖分子;

(3)结束制裁,并提供人道主义援助;

(4)保护伊拉克的石油以及其他天然资源。

但大部分国家认为其开战理由与美国掠夺伊拉克石油有关。如根据伊斯兰共和报等媒体的看法,美国已经被犹太集团所操纵,占领伊拉克仅仅只是犹太集团庞大侵略计划的序曲。美军攻下伊拉克后,将以伊朗有大规模杀伤性武器为借口出兵伊朗,最后则轮到叙利亚。其最终目的是通过控制伊拉克、伊朗,侵吞伊斯兰民族的经济命脉——石油,从而瓦解巴勒斯坦的抵抗,支配整个中东。

美国前联邦储备局局长格林斯潘在其回忆录中称,基于政治原因,他不方便承认众所周知的事实,即进攻伊拉克是为了石油资源。2011 年 2 月 15 日,当年向美国及德国透露伊拉克藏有大规模杀伤性武器的情报人员首次承认一切均为谎言。

战前,美国、英国等国家指责萨达姆政权拥有大规模杀伤性武器,并以此作为开战的重要理由。然而一直到战争结束,他们也没有找到确凿可信的证据,却找到萨达姆政权早已经把大规模杀伤性武器销毁的一些文件和人证。

(二)战争过程

2003 年 3 月 20 日,以美国和英国为主的联合部队正式宣布对伊拉克开战。联军的部队有 248000 名美国士兵、45000 名英军士兵、2000 名澳大利亚士兵和波兰 GROM 特种部队的 194 名士兵由科威特前往伊拉克。联军力量也包括伊拉克库尔德武装部队,估计数量有 70000 人。军事行动是在美国总统乔治·W.布什对伊拉克总统萨达姆·侯赛因所发出的要求他和他的儿子在 48 小时内离开伊拉克的最后通牒到期后开始的。

1.军事行动

第一阶段是 3 月 20 日至 22 日名为"斩首攻击"的行动。美国首先动用人力和高技术等各种侦察情报手段,对伊拉克领导人的藏身地点和行踪进行全方位的实时监控。在获得情报后,首次攻击就投掷了 40 多枚巡航导弹。尽管"斩首攻击"没有达到预期效果,但美军的整个作战体系仍呈现出以信息化技术为主导进行精确打击的联合作战行动的特点。

布什在战争打响后向全国发表电视讲话,宣布推翻萨达姆政权的战争开始,强调战争将"速战速决"。在这一阶段,美英联军先后向巴格达、巴士拉、纳杰夫、摩苏尔、基尔库克、乌姆盖斯尔等十余座城市和港口投掷了各类精确制导炸弹 2000 多枚,其中战斧巡航导弹 500 枚。

这一阶段进攻的目标是:铲除萨达姆政权,消灭可能被发现的大规模杀伤性武器,消灭可能会发现的伊斯兰武装分子,取得更多网络情报,人道援助伊拉克平民,保护伊拉克的石油基础设施,协助建立一个民主政府,并作为其他中东国家的模型。

与此同时,萨达姆也向全国发表讲话,号召伊人民抗击美国侵略,击败美英联军。

从 3 月 22 日起,战争进入名为"震慑"的第二阶段。美军在这一阶段更多地使用了精确制导弹药对伊进行打击,出动作战飞机每天少则约 1000 架次,多则 2000 多架次。与此同时,还出动地面重型装甲部队多路进击,快速推进。在天、电(磁)力量的支持下,这里有海空一体化、空地一体化,还有多种形式的心理战、情报战相配合。伊拉克采取了一些非常规的作战方式对美军进行反击,当伊拉克面对联军部队时主动将领土让出,然后在联军后方,战士穿着平民衣物发起小规模的攻击。这暂时取得了一些成功,创造了联军难以预料的挑战,尤其是美军。"震慑"行动初期美军的进展不顺利。但经过调整后,美军很快恢复了进攻势头。伊拉克军队面对美军很快就不知所措,只能用恐吓加强伊拉克军队的决心和防止反叛的平民。

4 月 8 日,美军从北部和南部两个方向推进到巴格达,并夺取了巴格达东南的拉希德军用机场。4 月 9 日,美国坦克开进巴格达,途中并没有遇到任何顽强抵抗。伊拉克官员则突然消失,去向不明,大批伊拉克军队向美军投降,结束了萨达姆 24 年来的统治。之后巴格达和巴斯拉等伊拉克城市纷纷陷入无政府状态,巴格达市内发生频繁的抢掠事件,城市秩序陷入混乱之中,巴格达博物馆遭到洗劫,上万件珍贵文物失踪,各地的大量古遗迹在战争中遭到破坏,有伊拉克民众批评美军并没有努力维持巴格达的市内安全。

在这一阶段,美军作战行动虽以地面进攻为主,但整个作战体系中陆、海、空、天、电(磁)联为一体,信息与火力紧密结合,作战样式体系化的特点非常明显。

从 4 月 9 日美军占领巴格达起,作战行动进入第三阶段,即"扩大战果和清剿"阶段。在这一阶段,美军原来准备从土耳其进入的第 4 机械化步兵师从科威特进入了伊拉克。作为美军第一支完全数字化的部队,该师的各种作战平台,从单兵装备到坦克、装甲车、火炮、直升机等,均实现了数字化信息共享和通联。而且通过数字化指挥系统,该师还能与海、空、天等美军其他作战系统实现实时信息共享,作战样式体系化的能力更加突出。

4 月 15 日,美军宣布伊拉克战争的主要军事行动已结束,联军"已控制了伊拉克全境"。据美国官方公布,在伊拉克战争中死亡的美军人数为 128 人,其中 110 人阵亡,18 人死于事故;英军士兵死亡 31 人;战争消耗了美国大约 200 亿美元。

2.成立过渡政府

联军胜利后,建立了联盟驻伊拉克临时管理当局(Coalition Provisional Authority,

CPA),此机构的总部设在绿区,并作为伊拉克建立民主政府之前的过渡政府。根据联合国安理会 1483 号决议,2003 年 4 月 21 日,伊拉克临时管理当局享有对伊拉克政府期限的行政管理权、立法权、司法权,直到 2004 年 6 月 28 日。

伊拉克临时管理当局负责人原本是美国前军官杰伊·加纳,但他只持续到 2003 年 5 月 11 日,之后美国总统布什任命保罗·布雷默为负责人,直到 2004 年 7 月将权力移交给伊拉克临时政府。

在联军入侵不久后,伊拉克调查小组的 1400 名成员进入伊拉克寻找伊拉克的大规模杀伤性武器计划。2004 年,ISG's 的迪尔费尔报告说,伊拉克没有大规模杀伤性武器的计划。

3.遭遇抵抗运动

2003 年 5 月 1 日,布什总统参访亚伯拉罕·林肯号航空母舰,在加州圣地亚哥以西几英里。这次访问,布什向全国以及飞行甲板上的水兵和飞行员发表了"任务完成"这篇演讲。布什宣布美军胜利。但是,萨达姆仍然在持续抵抗。在布什总统的演讲后,联军在各地区发现了其部队的攻击,而且在逐渐增加,尤其是在"逊尼派三角"地区。

最初,伊拉克抵抗运动(联军称呼为"伊拉克叛军")主要源于敢死队对萨达姆和复兴党的忠诚,但很快宗教极端分子也对叛乱作出了贡献。发生攻击次数最多的三个省份是巴格达省、安巴尔省和萨拉赫丁省。武装分子发动了游击战以及破坏石油设施和平民基础设施的叛乱。

联军部队向周围的底格里斯河半岛和逊尼派三角采取了行动。2003 年底,武装分子袭击的强度和速度开始增加。为了对付这种进攻,联军在宣布战争结束以后首次使用空中力量和炮兵向疑似有埋伏地点或叛军的迫击炮阵地开火,加强监控主要路线,以及巡逻和搜查可疑分子。此外,有两个村庄被铁丝网包围,其中包括萨达姆的出生地 al-Auja 和小镇 Abu Hishma,联军也仔细地观察了这两个村庄。

4.抓捕萨达姆

2003 年夏天,联军专注于捕获剩余的伊拉克前政府领导人。7 月 22 日,第 101 空降师和第 20 特遣队的士兵发动袭击,萨达姆的儿子(乌代和库赛)在袭击中丧生。300 多名前政府高层领导人被打死或被俘,许多工作人员和军事人员也被俘。

2003 年 12 月 13 日晚 8 点 30 分,美国陆军第四步兵师和第 121 特遣队的成员发动了红色黎明行动,在提克里特附近一个农场成功抓捕萨达姆。

萨达姆被捕后不久,联盟驻伊拉克临时管理当局之外的各派开始推动选举和伊拉克临时政府的形成。其中最突出的是什叶派牧师大长老西斯塔尼。但联盟驻伊拉克临时管理当局反对这个时候进行选举。此时叛军分子加强了他们的活动。两个最为动荡的中心是费卢杰周围地区,以及从巴格达萨德尔区到南部城市巴士拉的什叶派贫民区。

5.重建计划

战后美国不断草拟计划重建伊拉克,包括把大量重建计划交给美国各财团,同时委任当地人任临时政府官员。但由于当地不少派别的政治组织并不支持美国，故针对联军的军事占领而进行的伊拉克游击战风起云涌，而伊拉克经济则久久未恢复，不但当地石油设施受到破坏，影响全球石油供应，且失业人口庞大，居民生命安全和日常生活得不到有效保障。故不少国家的反战分子再度公开举行反战示威，指责布什乃世界头号恐怖分子。

6.撤军与战争结束

2008 年，美伊两国签署驻军地位协定，美军定于 2011 年底前完成撤军。

美国在单方面宣布战争正式结束后，截至 2011 年 10 月仍然在伊拉克保留 3.4 万人以上的军队，负责保护美军基地和训练亲美伊拉克政府的安全部队。袭击美军的事件也不断发生，每月至少有一名美军在袭击中丧生。

美军与伊政府谈判 2012 年延长驻军合约时，希望保留 3000 人以上驻军并希望未来美国驻军不受伊拉克法律管辖，未获伊政府同意。因此美国总统奥巴马于 10 月 22 日宣布，美在伊拉克的驻军将于 2011 年底前全部从伊拉克撤除。

2011 年 12 月 13 日，美国总统奥巴马在接见来访伊拉克总理马利基时宣布，"在近 9 年后，我们在伊拉克战事本月落幕"，并宣称美国是伊拉克"强大和永久的伙伴"。

2011 年 12 月 15 日，驻伊美军部队在巴格达举行降旗仪式，美国国防部长帕内塔出席仪式，这标志着历时 9 年的伊拉克战争正式全面结束，剩余的数千名美军士兵将陆续撤离回国。

奥巴马指出美军为这场战争付出了沉重代价。在近 9 年的伊战中，有超过 150 万美国人在伊拉克服役，其中超过 3 万美国人受伤，近 4500 名美国人牺牲。

2011 年 12 月 18 日，美国国防部长帕内塔签署官方文件，最后一批美军撤出伊拉克，伊拉克战争正式结束。

（三）战争特点

与 1991 年海湾战争、1999 年科索沃战争以及 2001 年阿富汗战争相比，美国发动的这场战争技术含量更高、信息化特征更为明显，反映了世界新军事变革加速发展的趋势。

第一，伊拉克战争进一步反映了武器装备智能化的发展趋势。主要标志是精确制导武器得到更多应用、军事航天力量在战争中发挥更大作用以及导弹防御系统有新的发展。在 1991 年 42 天的海湾战争期间，美军共发射 288 枚"战斧"式巡航导弹。而在此次伊拉克战争中，美军共发射巡航导弹约 800 枚，总投弹量 2 万多枚，其中精确制导弹药约占总弹药量的 70%，这一比例远远超过前三场局部战争。在这场战争中，美军除大量使用"战斧"式巡航导弹、"联合直接攻击弹药"（JDAM）外，还使用了"高能微波炸弹"（HPM）和"联合防区外武器"（JSOW）等精确制导武器。

与以往几场高技术局部战争相比，在这场战争中，美军动用了更多军用卫星，多达 90 多颗，为作战提供了不间断的情报保障，在指挥作战特别是精确打击中发挥了至关重要的作用。此外，在战争初期，伊军向科威特发射了 10 多枚短程弹道导弹，其中 7

枚被美军的"爱国者"导弹系统拦截。这反映了海湾战争以后美国重视导弹防御技术的研发,且在导弹防御系统方面有了新的发展。

第二,伊拉克战争进一步反映了军队编制体制精干化的发展趋势。与海湾战争空袭38天后美军才发动地面战明显不同,这次美军在开战两天后就马上投入了大量的地面部队,并根据战场情况,采取了"南线长驱直入,北线空中机动"的方式,迅速向巴格达推进。在南线,以美军第3机械化步兵师和海军陆战队第一远征部队等部为主,长驱直入;在北线,由于未能得到土耳其的过境许可,只好采取空投方式投送了第173空降旅,开辟"北方战线";美军还在伊西部先期夺取的两个空军基地投送了第101空中突击师的部分兵力,加上由伊东南部北上的英军部队,对巴格达形成合围态势。而无论是南面的长驱直入,还是北面的空中机动,都反映了美军经过这十多年的编制体制调整,使部队更趋精干化、轻型化,具备了更强的机动能力。

第三,伊拉克战争进一步反映了作战样式体系化的发展趋势。美英联军在这场战争中,按"先发制人"军事战略和"震慑"作战理论的要求,更加突出地体现了陆、海、空、天、电(磁)五维一体的联合作战思想,力求在战场上形成各军兵种全方位、全时程的统一行动,达成"快速主宰"的优势,其行动包括空中打击、地面进攻、海上发射、卫星保障和信息对抗等诸多方面。

总之,伊拉克战争是美军新军事变革成果的一次广泛的检验。通过这场战争可以看出,武器装备智能化的发展带来了更加精确的打击效果、更加精干的编制体制,使部队机动能力大大提高,作战行动在陆、海、空、天、电(磁)等多维空间的展开使作战样式呈现体系化的特点。

(四)战争影响

伊拉克战争的硝烟渐渐散去,"倒萨控伊"的目标似乎已经达到,但这是一场引发争议,遭到世界大多数国家和民众质疑和反对的战争。这场战争在整个世界引起了强烈的震动,产生了广泛而深远的影响,也带给我们多方面的启示和思考,包括政治、军事、经济、外交和文化等许多方面。研究这场战争,不仅可以扩大我们看待当今世界的视角,而且,也会使我们更深刻地领悟现实的人类社会所面临的战争威胁,这对我们解决纷纭复杂的各种问题和谋求发展不无意义。

1.伊拉克战争引发了全球普遍的反战情绪

美国政府宣称有49个国家支持该军事行动。但真正参战的国家只有美国、英国、澳大利亚和波兰四国,丹麦政府宣布对伊拉克宣战,并派遣了两艘军舰支援美军。日本等多个国家提供后勤支援。

这场战争遭到俄罗斯、法国、德国、中国、阿拉伯联盟、不结盟运动等多个国家政府和国际组织的批评与谴责。奥地利等多个国家宣称,对伊拉克的军事行动由于没有得到联合国安理会的授权,已经违反了国际法。埃及籍的联合国前秘书长布特罗斯·加利谴责该军事行动,认为违反了联合国宪章。奥地利、瑞士和伊朗禁止联军战机飞越其领空,沙特阿拉伯禁止美军导弹通过其领空袭击伊拉克。

2013 年 3 月 18 日,美国民调机构盖洛普发布的民调数据显示,在伊拉克战争开始 10 周年之际,有民调表明,大约53%受访者认为美国发动伊拉克战争是个错误。

伊拉克战争是一场非法的战争,美国打着萨达姆拥有大规模杀伤性武器的借口,在联合国没有授权的情况下,悍然攻打了一个主权国家。因为是非法的战争,所以受到美国国内和国际的共同谴责。事实已经证明:伊拉克战争,美国不是反恐,而是在制造恐怖,是美国为了控制伊拉克石油而发动的一场侵略战争,是美国为了控制整个中东而发动的第一场战争。

2.伊拉克战争将深刻影响中东局势

伊拉克战争是美国武力改造中东的序幕。伴随着伊拉克战争,美国推出了"邪恶轴心国"、文明冲突论和大中东计划。美的的战略意图非常明显,即通过攻打伊拉克,推翻萨达姆,在中东杀鸡儆猴,让中东国家知道,如果不自动服从美国控制,就会得到如萨达姆一样的下场。同时,推出邪恶轴心国,明确以伊朗和朝鲜为邪恶轴心国,即对朝鲜和伊朗发出警告,萨达姆就是他们的下场。为了安抚世界舆论和其他温和的阿拉伯国家,美国推出文明冲突论和大中东计划,把美国霸权殖民中东的目的说成是改造文明、和平、自由、民主的中东,把美国与伊拉克、伊朗人民的冲突说成是文明的冲突,以获得最大的西方世界人民的支持。

3.伊拉克战争对世界格局的战略影响

当今世界,是一超多强的世界。美国处于一超地位,这是事实。但是,一超并非可以一霸,世界向多极化趋势发展,这也是一个不可否认的事实。随着多极化趋势的逐步发展,我们可以预料到美国的一超优势将随着美国单边主义政策和穷兵黩武的政策而逐渐消失。伊拉克战争就是美国国力到达顶点的标志,也是美国由鼎盛走向衰弱的标志。伊拉克战争给世界各国一个重要启示:一个国家,如果要强大,必须走和谐和平发展道路。美国在伊拉克战争中,为什么先胜后输? 胜利的是军事,失败的是政治形象和政治吸引力,这就是所谓的软实力。以暴制暴,只能得到更多的暴力。

伊拉克战争告诉我们:世界需要和平,世界需要和谐。

【思考与练习】

1.战争的本质与分类有哪些?

2.新军事变革的含义及影响是什么?

3.信息化战争的含义及特征是什么?

4.简述军事高科技、信息化对战争的推动作用。

5.信息化战争的发展趋势是什么?

6.简述我国信息化战争的建设与发展。

第五章　信息化装备

暴力的胜利是以武器的生产为基础的。

——恩格斯

20世纪末21世纪初,第三次技术革命浪潮,科技革命的发展推动着人类社会进入了高速发展的信息时代。新技术来势之迅猛、作用之巨大、争夺之激烈、影响之深远、波及面之广阔,都是以往历次技术革命所不能比拟的。这一时期爆发的海湾战争、科索沃战争、阿富汗战争、伊拉克战争等几场局部战争,让世界清楚地看到:军事高技术、信息化技术在战争中的实践运用,改变了以往战争的形态,打破了以往战争的规律,信息化战争开始作为一种全新的战争形态登上了历史舞台,逐步取代工业时代的机械化战争,成为新的战争基本形态。

信息化战争作为一种新的战争形态,在信息化装备、信息化作战平台、信息化杀伤武器等方面,出现了一系列新突破、新成果。随着大量电子信息技术的应用,以信息化武器装备为基础,以夺取信息优势为战略指导,以一体化指挥自动化系统为统一指挥协同为纽带的新的战争形态,信息战、网络中心战、电子战、舆论战、心理战、精确战、特种战和太空战等成为信息化战争的主要作战样式。

第一节　信息化装备概述

信息化装备是指信息技术含量高,具有单一或多种信息功能的武器装备。信息技术对武器装备性能的提高及对其使用、操纵、指挥起主导作用,具有信息探测、传输、处理、控制、制导、对抗等功能的作战装备和保障装备。它主要有信息化武器装备、信息化作战平台、军用智能机器人、单兵数字化以及军队的 C^4ISR 系统,如精确制导武器、综合电子信息系统及加装数据链和相关信息系统的飞机、舰船等,是采用现代信息技术、信息时代的产物,是信息化战争的物质基础,发展信息化武器装备是新军事革命的基本内容,是建设信息化军队的物质和技术基础。

一、信息化装备的概念

信息化武器装备是指利用信息技术和计算机技术，使武器装备在预警探测、情报侦察、精确制导、火力打击、指挥控制、通信联络、战场管理等方面实现信息采集、融合、处理、传输、显示的网络化、自动化和实时化。武器装备信息化，直接导致武器系统的智能化和作战系统的一体化。根据信息化武器装备的功能可分为：信息化作战平台、信息化弹药、信息系统、信息战武器装备四大类；根据信息化武器装备在信息化战争中的作用（杀伤效应）来划分，可分为"硬杀伤"类信息化武器装备和"软杀伤"类信息化武器装备，杀伤性信息化武器装备和非杀伤性信息化武器装备等。

二、信息化装备的构成

根据信息化武器装备的功能，分为信息化作战平台、信息化弹药、信息系统、信息战武器装备四大类。

1.信息化作战平台

信息化作战平台是指安装有大量电子信息设备，如一体化传感器电子计算机、高性能弹药、自动导航定位设备等，集成了光电技术、新材料技术、能源技术等众多高新技术，可通过 C^4ISR 系统联结，具有高智能化水平和综合作战能力的武器载体。主要包括坦克和装甲车等陆上平台、水面舰艇和潜艇海上平台、作战飞机和直升机及卫星等空中和天空平台、智能机器人等无人作战平台。

20 世纪 70 以来，美国等西方军事大国就开始将信息技术广泛应用于新型高性能武器装备的研制，信息化作战平台安装有多种信息传感设备和通信器材，与 C^4ISR 系统联网，具有较强的探测、识别、打击、机动、定位和突防等综合能力。信息化作战平台凸显出了四个特性：

（1）高度信息化。未来的信息化作战平台将配有多种通信设备和探测设备，足够的计算机联网能力，能够与上级和友邻互通作战信息，为精确火力打击提供目标信息，为作战行动及时而有效地提供辅助信息。

（2）隐身化。未来几乎所有作战平台都将或多或少地采用隐身技术。

（3）轻型化和小型化。在信息化战场上，"发现即摧毁"正在成为现实，传统大型或超大型作战平台面临着巨大威胁，现在更加重视作战平台的机动能力，实现作战平台的轻型化和小型化是一个重要发展趋势。

（4）智能化。随着智能机器人为代表的无人作战平台系统在战场上发挥越来越重要的作用，无人战争时代正在加速成为现实。

2.信息化弹药

信息化弹药，即精确制导弹药，是指依靠自身动力装置推进，能够获取和利用目标所提供的位置信息，并由制导系统控制飞行路线和弹道，命中精度很高的弹药。目前，信息化弹药已经发展成为家族成员众多的大家庭，包括制导炸弹、制导炮弹、制导子母弹、制导地雷、巡航导弹、末制导导弹、反辐射导弹等。

信息化弹药的出现,是军事技术发展史上的一次革命,它使弹药从原来的不可控,发展到部分可控或完全可控。为适应迅猛发展的世界新军事变革,特别是未来信息化战争中实施精确打击的现实需要,世界各主要国家都在大力发展信息化弹药。

在科学技术的助力下,未来的信息化弹药将凸显以下特点:

(1)精度高。采用新型制导技术的信息化弹药,其命中精度将比现有信息化弹药提高一个数量级,打击效果也将同步提高。

(2)射程远。各种防区外发射的信息化弹药将成为发展重点,一些信息化弹药甚至可能具备洲际作战的能力。

(3)隐身化。信息化弹药除采用高速飞行、改变弹道飞行轨迹、实现导弹末端弹道机动等措施提高突防能力外,还将广泛采用隐身技术,实现弹药攻击的隐身化。

(4)智能化。广泛利用人工智能技术,使之真正具备自主搜索、自主选择、自主攻击的能力,成为有部分人工智能的智能化弹药。

3.信息系统——综合电子信息系统

综合电子信息系统,即指挥、控制、通信、计算机、情报、监视与侦察系统(C^4ISR),又称指挥自动化系统,是所有信息化武器和整个军队的"神经中枢",是战斗力的"倍增器"。综合电子信息系统和精确打击武器一起构成的探测——打击系统是信息化战争的核心,依靠这种系统可以实现"发现即摧毁"的目标。

随着技术的进步和需求的变化,综合电子信息系统始终处于不断发展和完善之中,其内涵逐步扩展,功能不断增强,系统名称也在不断变化。美国是世界上最早开发和使用综合电子信息系统的国家。海湾战争后,综合电子信息系统进一步增加了监视与侦察功能,演变为 C^4ISR 系统。经过 50 多年的发展,美国的综合电子信息系统已由最初个别指挥机构分别建立的综合电子信息系统和在各军兵种内部的综合电子信息系统,发展成为三军一体的综合电子信息系统。

4.信息战武器装备(单兵数字化装备)

单兵数字化装备,又称"单兵一体化防护系统",是士兵从事信息化战争,在数字化战场上使用的攻击、防护、观察、通信、定位高度集成化、"人机一体化"的多功能装备。从结构和功能上看,美国、俄罗斯、英国等所研制的单兵数字化装备主要由以下五个分系统组成:(1)一体化头盔分系统;(2)单兵通信系统,亦称"单兵 C^3I 分系统";(3)武器分系统;(4)先进军服分系统;(5)微气候空调分系统。例如,世界上久负盛名的是美国陆军正在试验的"奈特勇士"系统,该系统中"一体化头盔分系统",内装有一体化的红外夜视仪、高分辨率平板显示器和微电子系统。士兵戴上它,可以接收指挥所传送的各种信息,并能把侦察到的各种情况实时地报告给指挥所;"单兵通信装置"包括对讲机和具有全球定位功能的超微型计算机,用于无线电联络、方向定位和战斗识别。单兵武器包括激光枪、电子—电磁武器、高灵敏度反单兵雷达等,它们装有红外探测器、高效瞄准具,集观察、瞄准、射击于一体,能完成昼夜监视、跟踪、精确射击等任务;"军服分系统"包括护身甲、背负装备、制式服装和微型空调器,不仅可以使士兵防核、生、化沾染和弹片侵袭,还可抵御严寒和酷暑,保持良好战斗状态。

三、信息化装备的分类

20世纪初以来,随着信息技术的发展及其在军事领域的应用,各种信息探测装备(雷达、夜视器材、声呐等),信息传输和处理设备(通信器材、电子计算机等)信息制导和遥感武器(导弹、鱼雷、制导炸弹和遥感炮弹等)逐渐大量装备军队多种传统的常规武器平台(如飞机、舰艇、坦克等)也用信息武器装备"武装"了起来,军事信息系统逐建成为军队作战的"力量倍增器"。

按照信息化武器装备在信息化战争中的作用(杀伤效应)来划分,可分为"非杀伤性信息武器装备""杀伤性信息武器装备"。其中,杀伤性信息武器装备又可分为"硬杀伤"类信息化武器装备和"软杀伤"类信息化武器装备等。

(一)非杀伤性信息武器装备

非杀伤性信息武器装备是指对敌方目标不具有直接杀伤、摧毁、破坏和干扰作用,但可支援、保障己方作战。非杀伤性信息武器装备,按其在信息流通过程中的作用可分为探测类信息化武器装备和控制类信息化武器装备。

1.探测类信息化武器装备

探测类信息化武器装备实际上就是用于情报侦察的技术装置。按其所要达到的侦察目的,可分为战略侦察和战术侦察;按其所在的空间位置,可分为地面探测、水面(和水下)探测、空中探测、太空探测装置等;按其获取信息的途径,可分为电磁波探测装置和声波探测装置等。

电磁波领域的信息探测装置主要有军用雷达、可见光遥感装置、红外线遥感装置、微光夜视器材、多光谱遥感装置、微光探测装置和电子侦察设备等。军用雷达是通过发射无线电波,并利用物体对电波反射的特性,来发现目标并测定目标位置(距离高度和方位角)及运动速度的军用电子装备。由于它具有探测距离远、测定目标坐标速度快、定位精度高、受天时和天候影响小等特点,所以在军事上被广泛用于侦察、警戒、引导武器控制、航行保障、气象观测、敌我识别军用雷达等方面。

声波探测装置主要有声呐、炮兵声测备、窃听器、地面传感器等。声呐是利用水声传播原理对水中目标进行传感探测的信息技术装备,主要用于对水中目标的搜索测定、识别和跟踪,也可用于进行水声对抗、水下战术通信、导航和水下武器(如鱼雷、水雷)的制导等。声呐设备是海军舰艇探测水中目标的主要侦察装备,按其工作方式可分为被动式声呐和主动式声呐。

2.控制类信息化武器装备

在信息化战争中,目标的探测、跟踪、识别,各种信息的加工处理,辅助决策作战命令的下达,武器的发射以及各种作战平台的控制,都要通过信息传输、处理和控制设备来实现。传输处理、控制类信息化武器装备主要包括通信技术装备、电子计算机装备军事专家系统、信息显示设备、模拟仿真设施数据库系统及武器控制系统等。

控制类信息化武器装备是沟通情报探测系统、武器系统、各种作战平台和后勤支援系统的信息渠道,并能实时准确、可靠、安全地交换各种有关信息。情报的综合处理是作战指挥和作战管理的基础,其主要任务是对全部雷达情报及卫星、预警飞机所获得的技术侦察情报、部队侦察情报、远方情报(含上级及友邻通报)进行综合处理产生总态势图,进行目标识别和威胁判断。其信息处理的核心设备是电子计算机。

从信息化战争的发展趋势来看,在现代的信息化武器装备中有许多国家都在尝试信息的探测。传输、处理和控制功能结合在同一个武器装备系统之中,有的甚至是将非杀伤性信息武器与杀伤性信息武器共同组成一个综合性的信息化武器装备。

(二)杀伤性信息武器装备

杀伤性信息武器装备是指对敌方的目标及其功能具有直接杀伤、摧毁、破坏和干扰作用的信息武器装备。杀伤性信息武器装备依据武器作用可分为硬杀伤性信息武器和软杀伤性信息武器。

1.硬杀伤性信息武器

硬杀伤性信息武器是指对敌方目标本身具有直接杀伤、摧毁、破坏作用的信息武器。硬杀伤性信息武器的作战目标既包括敌方的信息性目标,也包括非信息性目标及人员。在硬杀伤性信息武器中,最主要和使用最多的是制导武器和遥感武器。

(1)制导武器。包括导弹、制导炸弹、制导炮弹、制导鱼雷等。制导武器与非制导武器的根本区别,在于它是否具有以信息技术为核心的制导系统。制导系统根据捕捉到的或已存入的目标信息,引导武器准确地飞向、驶向并命中目标。制导武器如果没有以信息技术为核心的制导系统,它只是一枚普通的炸弹、炮弹、鱼雷、地雷或水雷,使制导武器具有十倍、百倍乃至千倍于非制导武器攻击效能的,正是其中的信息制导系统。

(2)遥感武器。在信息遥感装置的支持下,能有效地捕捉到目标来临的信息,引爆弹药或将遥感武器的战斗部引导向目标,从而杀伤目标。遥感性杀伤武器,可以是非接触性地捕捉目标的声、光、电磁、气味等物理、化学信息,引爆弹药以杀伤目标的武器。目前主要的遥感武器主要有遥感地雷、遥感水雷、遥感引信、遥感炮弹等。大部分遥感性杀伤武器只能被动地接收目标的信息,待目标进入杀伤范围之后才引爆弹药伤目标。也有部分遥感性杀伤武器能够主动地发射电磁波和声波,依靠反射回波的信息捕捉和跟踪目标。还有部分遥感性杀伤武器具有制导装置,能够将武器或武器战斗部导向目标,对其进行杀伤,但一般制导距离较小。遥感性杀伤武器的核心是它的信息传感、识别与控制装置,它比一般触发性的杀伤武器具有更大的攻击范围,攻击效果和杀伤率也更好。

2.软杀伤性信息武器

软杀伤性信息武器对目标并不具有直接的杀伤摧毁、破坏作用,仅对其功能具有破坏、干扰、压制和弱化作用。从作战的目标来看,软杀伤性信息式器的目标主要是敌方的各种信息武器装备及系统。软杀伤性信息武器的作战效果，不是破坏敌方信息武器装备及系统的硬件，而是破坏其功能，使其难以正常工作，陷于瘫痪，经过有效软杀伤后的敌方信息武器装备及系统，虽然从设备的表面上看还是完好地进行有效的作战行动和正常工作。从作战效果来看，软杀伤有时比硬杀伤更有针对性，杀伤面更大，效果更佳。在信息战争中，信息武器装备系统是作战力量的核心。在信息武器装备中，信息装置又是整件信息武器装备的核心。由于软杀伤性信息武器装备的杀伤对象就是敌方武器装备及系统乃至整个作战力量的"大脑""眼睛""耳朵"和"传导神经"，对其实施软杀伤，往往比杀伤有生力量或摧毁具体某一件武器装备具有更大的决定性意义。

软杀伤性信息武器装备包括：电子干扰武器（有源性电子干扰武器、无源性电子干扰武器、专用电子干扰武器）、光电子干扰武器（红外线干扰武器、激光干扰武器）、水声干扰武器（有源性水声干扰武器、无源性水声干扰器）。

第二节　信息化作战平台

信息化作战平台是指装有大量电子信息设备，以信息和信息技术为核心的坦克、火炮、飞机、舰艇等武器载体，是 C^4ISR 系统所依托的平台。这些作战平台是自动化指挥系统的关节点，是自动化指挥系统发挥打击威力的重要物质基础。

一、信息化作战平台概述

第二次世界大战以来，作战平台本身的性能已经接近物理极限，随着信息技术的发展和信息时代的到来，人们发现在武器平台上加装信息设备，可以成倍提高平台的作战能力，由此引发武器装备的信息革命。信息化武器装备的出现，是信息技术、计算机技术、空间技术及新材料技术等高新技术作用于传统武器平台的必然结果。

信息化作战平台是指采用信息技术研制或改造的、装配有大量 C^4I 设备并联网的各类武器系统。信息化作战平台具有五大优势：一是科技含量高，其高科技含量占50%以上。二是作用机理有重大突破，采用了计算机技术、隐身技术，具有非常规机动能力。三是在使用观念上，由以平台为中心转向以网络为中心，注重系统对抗，以发挥平台最大的作战效能。四是性能优越，如高机动性、高防护性、高隐身性等。五是信息化程度高，有较强的信息获取、信息处理和信息协同能力。

信息化作战平台依据作战空间，可分为陆上信息化作战平台、海上信息化作战平台、空中信息化作战平台和太空作战平台。在这些平台中，主要由"软""硬"两个部分组成："软"组成部分是信息化武器装备的主要标志，即具有感知、获取并传递各种目标信息的器材和装置，如指挥、控制、通信和情报系统等。"硬"组成部分则是指传统意义上的机械化武器装备，即具有运载功能并能作为火器依托的载体部分，如坦克、步战车、舰艇、飞行器等。

（一）信息化陆战平台

信息化陆战平台是指大量采用信息技术的各类坦克、装甲车和自行火炮等陆上信息化作战平台具有机动力、打击力、防护力、夜战和快反能力强、通风条件便利、乘员体力消耗小等特点。现代陆军已经发展成为由机械化步兵、炮兵、装甲兵、陆军航空兵等多兵种合成的作战力量。陆战武器装备的种类也越来越复杂，主要包括轻武器、火炮、坦克装甲车、武装直升机等。世界上先进的坦克主要有：美国的 M1A2 主战坦克、俄罗斯的 T-90 主战坦克、德国的豹-2 主战坦克、中国的 99A 主战坦克等。现役典型直升机有美国的 S-70/UH-60"黑鹰"、AH-64"阿帕奇"，俄罗斯的米-28、卡-52，法国的 SA-365"海豚"，意大利 A-129"猫鼬"等。

（二）信息化海战平台

信息化海战平台是指大量采用信息技术的各类舰艇和潜艇等新一代海上信息作战平台，具有动力系统先进、航速高、续航力好，外形和结构设计科学合理，具有良好的机动灵活性、通航性、不沉性、抗毁性、隐身性和三防能力，装载制导武器多、舰载机数量多、机种全、作战能力强等特点。目前，海上信息化作战平台多使用新型核动力装置，装备大量自动与智能化的动力装置等系统，减少舰员，平台上的电子设备也在日益增多，部分平台还将弹药舱、机库等表面设施安置到舰体内部，而且内部舱室采取多个舱室，装载与不沉能力越来越强。比较先进的海战平台代表有美国尼米兹级航空母舰、"伯克"级驱逐舰，俄罗斯的"北风之神"战略核潜艇，中国 052D 型驱逐舰等。

（三）信息化空战平台

信息化空战平台是指大量采用信息技术的各类作战飞机和直升机。现代空中信息化作战平台广泛应用以计算机为主的各种信息技术和一体化信息系统，形成以计算机为中心的共用机载雷达和多种信息测量传感器，能综合控制航炮与导弹等各种武器的现代机载火力控制系统。信息技术在作战飞机上的使用，是现代作战飞机发展的一个重要阶段，标志着作战飞机开始成为一种对信息极为依赖、作战能力又极强的信息化作战平台。如美国的 F-15、F-16、F-35 战斗机，F-117A 隐身战斗轰炸机，B-2A 隐身战略轰炸机，AH-64 系列"阿帕奇"武装直升机；俄罗斯的米格-29、苏-37 战斗机，图-160 战略轰炸机，卡-50"黑鲨"武装直升机；法国的"幻影"2000，"阵风"战斗机；中国的歼-20 战机等。

（四）信息化太空平台

信息化太空平台是指对敌方卫星以及空中、海上、陆地目标实施太空作战的各类太空信息支援、指挥和攻击的各类太空平台。太空作战平台是未来信息化战争中夺取制天权和制信息权的基础，也是世界主要国家军队竞相抢占的重点。太空信息化作战平台主要包括三大类：一是军用卫星系统，如侦察卫星、预警卫星、导航卫星、通信卫星等；二是尚处在研究和发展中可用于装载攻击对方航天器武器的反卫星系统，可实施对地、空攻击的支援卫星等；三是各类载人航天器，如航天飞机、空间站、宇宙飞船等。

以上各种信息化作战平台均装有多种传感器、通信和干扰设备,可与 C⁴I 系统联网,为实施战场精确打击提供准确目标信息,协调作战行动提供辅助支持。目前,美、俄等军事强国对作战平台的信息化已趋于成熟,能满足 21 世纪的作战需要。

二、信息化作战平台的发展趋势

(一)信息化陆战平台的发展趋势

未来陆战平台发展趋势主要有以下几方面:①机动能力:动力传动技术注重创新发展,新材料推动平台轻量化技术进步。②打击能力:常规发射技术与新技术研发并行,可调战斗部技术发展活跃。③生存能力:平台主动防护技术是发展重点,材料技术助力生存能力提升,反微/小型无机技术蓬勃发展。④信息能力:网络与电子战攻防技术并举,雷达与通信技术兼顾精度与可靠性,信息融合技术提高指控系统灵活性。⑤自主能力:积极开展仿生机器人技术研究,加快发展无人系统编队技术,无人车辆发展注重机动能力和救援能力。⑥人效增强:士兵系统更强调轻量化和网络化,单兵装备的发展重点是智能化。

(二)信息化海战平台的发展趋势

随着高新技术的迅猛发展及其在海战武器装备中的广泛应用,未来相当长时间内,海战武器装备将继续保持强劲势头。突出表现为:网络化程度和联合作战能力将空前提高;对地精确打击和常规威慑能力不断增强;自动化、智能化和无人化水平进一步提高;隐身化和高防护能力更加突出。同时,未来海军装备还将努力提高近海水域的反潜、反水雷能力以及抗饱和攻击和弹道导弹防御能力,以全面增强防护能力。美国海军的每艘主要舰艇上将装备"远程猎雷系统",具备建制内反水雷能力。

(三)信息化空战平台的发展趋势

未来空战武器装备发展将不断增大信息技术含量,提高战术技术性能;形成以现役武器装备改进型为主体、以一定量的新型装备为骨干进行合理搭配的格局;主战装备、电子信息装备和支援保障装备协调发展,形成装备体系;依托先进技术,重点研制新一代隐身化、高机动、多功能、智能化、无人化和综合化的作战平台。无人机由于具有风险小、运用方式灵活、不危及驾驶员生命、续航时间长等优点,在军事领域已得到了广泛的应用。近年来,随着电子技术、发动机技术、人工智能技术和材料技术等的快速发展,无人机正由传统的以侦察为主的单用途无人机向以集侦察、通信、攻击和空战为一体的多用途无人机发展成为空战平台的未来发展的重要选择。

三、部分信息化作战平台简介

(一)陆军信息化作战平台实例

1.美国 M1A2 主战坦克

M1A2 主战坦克是美国陆军装备的主战坦克(图 5.1)。1993 年开始装备部队,至今共有 4796 辆服役美国陆军。该坦克车辆配备了先进的车际信息系统和战场管理系统,装有全新的防护装甲和电子设备,配备二代热成像系统、车长独立热成像仪、真彩平面显示仪、数字化地形图、热控制系统和最新的数字化指挥、控制、通信装备,是美军 21 世纪军力计划陆军数位战场的核心,是美军现役最先进的数字化坦克。

图 5.1　美国 M1A2 主战坦克

　　M1A2 主战坦克的火力系统:装备德国莱茵金属公司的 120 毫米 44 倍径 M256 滑膛炮,该火炮堪称当代最成功的坦克炮之一。M1A2 主战坦克的装弹量减至 40 发,可发射 M829 尾翼稳定脱壳穿甲弹和 M830 系列高爆穿甲弹(HEAT)。

　　M1A2 主战坦克的防护系统:装备了衰变铀复合装甲,复合装甲比过去的钢制均质装甲对成型装药与尾翼稳定脱壳穿甲弹均有优异的表现。炮塔正面与车首上装甲防御 APFSDS 的能力约 400500 毫米 RHA,抗 HEAT 能力约 80090 毫米 RHA。

　　2.德国豹-2 主战坦克

　　豹-2 主战坦克是德国 20 世纪 70 年代研制的主战坦克(图 5.2)。坦克战斗全重 55.15 吨,最大公路速度 72 千米/小时,最大行程 550 千米。武器有 120 毫米滑膛炮 1门,配有尾翼稳定脱壳穿甲弹和多用途弹,弹药基数 42 发。火控系统包括大炮双向稳定、数字式计算机、激光测距、热成像夜瞄装置等。车体和炮塔采用间隙式复合装甲,配有集体式三防装置和自动灭火装置。

图 5.2　德国豹-2 主战坦克

　　豹-2 主战坦克火力系统:装备有莱茵金属公司研制的 120 毫米滑膛炮,炮管长 5.3 米,炮管重 1315 千克,装有热护套和抽气装置,炮管寿命为 650 发(标准动能弹),配有尾翼稳定脱壳穿甲弹和多用途弹,弹药基数 42 发,火控系统包括大炮双向稳定、数字式计算机、激光测距、热成像夜瞄装置等。

　　豹-2 主战坦克防护系统:车体和炮塔采用间隙式复合装甲,车体前端呈尖角状,增加了厚的侧裙板,车体两侧前部有 3 个可起裙板作用的工具箱,提高了正面弧形区的防护能力。配有集体式三防装置和自动灭火装置,炮塔两侧后部各装 1 组烟幕弹发射器,每组有 8 具发射器。

　　3.俄罗斯 T-90 主战坦克

　　T-90 主战坦克是 20 世纪 90 年代初期苏联/俄罗斯研制的一型第三代主战坦克(图 5.3)。1994 年开始小批量生产。坦克车体以 T-72 主战坦克为基础改进,坦克战斗全重 46.5 吨,乘员 3 人,装备有自动填弹机,装备一门 125 毫米自动装弹滑膛炮、能发射普通炮弹和炮射导弹,坦克战斗全重 46.5 吨。

图 5.3　俄罗斯 T-90 主战坦克

T-90 主战坦克火力系统：装备一门 125 毫米自动装弹滑膛炮、能发射普通炮弹和炮射导弹能发射新一代 125 毫米穿甲弹，包括采用贫铀弹芯的 3BM4648。它在 2000 米距离上穿甲厚度为 875 毫米，现役普遍装备的 3BM-42M 脱壳穿甲弹 2000 米穿甲厚度为 630 毫米。T-90 主战坦克炮射导弹采用"映射"控制系统，可引导导弹 6000 米距离上的命中精度达 95%。

T-90 主战坦克防护系统：采用五层复合装甲，最外面两层为钢装甲，中间两层为非金属材料，车体里面一层为钢装甲。T-90 主战坦克外部装甲的防护能力，经过测试，与同等重量的整块式装甲板相比，防护有效性提高了 40%，再加上炮塔内的装甲腔室作为最后一层防护，大大提高了乘员在正面交战中的安全性。T-90 主战坦克还加了装爆炸反应式装甲和电子干扰"窗帘"-1 系统。

4.中国 99A 主战坦克

99A 主战坦克是中国人民解放军陆军的新一代主战坦克（图 5.4）。它由中国兵器工业集团第 201 研究所研制，中国北方工业公司生产，具备优异的防护外形，大量采用复合装甲，融合新时代信息化作战技术，是中国陆军装甲师和机步师的主要突击力量。99A 主战坦克是我军最先进且完全信息化的主战坦克，实现了火力、机动力、防护力和信息力的有效融合，体现了陆战装备的新水平。99A 主战坦克装备有 125 毫米火炮，主要用于压制、消灭反坦克武器，摧毁野战和坚固防御工事，歼灭敌有生力量。坦克战斗全重 51~58 吨。99A 主战坦克奠定了我国第一代陆军装备信息采集、传输、处理、显示与综合的基础，实现了战场态势共享、协同攻防、状态监测、系统重构等功能，而且软件、元器件全部自主可控，是我国真正意义上的首台信息化坦克。

图 5.4　中国 99A 主战坦克

99A 主战坦克的射控系统，整合由双轴稳定系统、车长瞄准仪、炮手瞄准仪（含红外线热像仪与激光测距仪）、炮耳轴倾斜感测器、炮塔水平角速率感测器、横风感测器、数位射控电脑、操纵界面以及相关电路控制盒所组成。可采用半可燃药筒的（使用新型太根发射药）钨/铀合金尾翼稳定脱壳穿甲弹、尾翼稳定破甲弹和尾翼稳定多功能杀伤爆破榴弹，弹药基数为 41 发（初速为 1780 米/秒），可在 2000 米距离击穿 850 毫米厚的均质装甲。

（二）海军信息化作战平台

1.美国福特级超级航空母舰

福特级航空母舰全名为杰拉尔德·R.福特级航空母舰,第一艘"福特"号正式定名之前,本级航空母舰原本被称为 CVN 21 未来航母计划,于 2005 年 8 月 11 日开工建造,2013 年 11 月 9 日正式下水,2017 年 7 月 22 日服役,是美国乃至全世界最大的航空母舰(图 5.5)。"福特"号航空母舰造价大约 130 亿美元,是美国海军有史以来造价最高的一艘舰船。该舰采用了诸多高新技术,主要包括综合电力推进、电磁弹射技术更先进的 C^4ISR 系统,能更全面地支持美军网络中心战的开展,是未来美国海空网络战的一个中心节点,该航母集合有航母本身及编队整个系列的新技术和武器装备,而且还将与空、天、陆军的其他新技术、武器装备实现有机"链接",进而打造更强的战略预警体系和作战网络体系,广泛采用电脑显示器和掌上电脑等替代人员操作,从而使各种雷达设施、通信系统、指挥控制系统、武器装备之间的信息传输更快捷,作战程序更简便,打击威力更强劲的"福特"号航母成为 21 世纪美军海上打击的中坚力量。

图 5.5　美国福特级超级航空母舰

2.俄罗斯"北风之神"战略核潜艇

"北风之神"战略核潜艇是由俄罗斯"红宝石"中央设计局设计,1996 年开始建造,2012 年 12 月 30 日正式服役(图 5.6)。长 170 米,高 10.5 米,宽 13.5 米,定员 107人,下潜深度为 450 米,水面满载排水量 1.7 万吨,水下排水量 24 万吨。有 16 个导弹发射筒,12 枚洲际弹道导弹(射程约 1.5 万公里)和潜对空导弹鱼雷等。最高速度 26 节,下潜深度超过450 米。该舰具有超强隐身性,在其体表面贴敷了厚度超过 150 毫米的消声瓦,并在消除红外特征、磁性特征、尾流特征等方面,采取了一些独到的隐形保护。在火力方面,第一艘"北风之神"上装有 16个导弹发射筒、12 枚洲际导弹,射程 10000 千米,命中精度为 300~500 米。还装备有大量的自卫武器:46 具鱼雷发射管,可携带 18 ~ 40 枚鱼雷和反潜导

图 5.6　俄罗斯"北风之神"
战略核潜艇

弹,增强了自卫能力。俄海军还正在考虑将来在新的"北风之神"上装备速度达 200 节的高速火箭鱼雷。这种鱼雷不仅能有效地反潜,而且也能反鱼雷。在电子系统方面,"北风之神"上安装一套"公共马车"型自动作战控制系统和套 Skat 型声呐系统,该系统包括艇首、舷侧和拖曳阵声呐。

3.中国 052D 型驱逐舰

中国 052D 型驱逐舰(北约代号:旅洋 III 级驱逐舰)是中国人民解放军海军装备的一型装配有相控阵雷达与垂直发射区域防空导弹系统的现代化导弹驱逐舰,首艘 052D 型驱逐舰昆明号于 2012 年 8 月 28 日下水,2014 年 3 月 21 日正式加入中国人民解放军海军战斗序列,现已服役 11 艘(图 5.7)。该舰舰长 157 米,舷宽 19 米,排水量 6000～7000,航速 30 节。装备有 64 单元新型导弹垂直发射系统、70 倍口径 130 毫米新型单管隐身舰炮,能使用与 AK-130 相似的榴弹、防空高爆弹;新型综合指挥作战系统、新型红旗-9 反导防空导弹系统、对陆攻击巡航导弹、多配反潜直升机,适配新型鱼雷、新型远程反舰导弹和新型主动相控阵雷达系统[346A 型 3D 多功能相控阵雷达系统(4×固定式阵列天线),71H A 波段 2D 长程对空监视雷达,64 型(SR-64)X 频 2D 对空/对海搜索雷达]。近程防御武器系统方面,在舰桥前机库上方的近防导弹方设有一座 730 型 30 毫米近迫武器系统,24 联装 HQ-10 短程防空导弹发射器,舰桥前方配置四组八连装垂直发射系统(装填防空导弹、巡航导弹与火箭助飞鱼雷)。

图 5.7　中国 052D 型驱逐舰昆明舰

（三）空军信息化作战平台

1.美国 F-35 战斗机

F-35 战斗机是美国一型单座单发战斗机/联合攻击机,在世代上属于第五代战斗机,是世界上最大的单发单座舰载战斗机和世界上唯一一型已服役的舰载第五代战斗机(图 5.8)。F-35 战斗机具备较高的隐身设计、先进的电子系统以及一定的超音速巡航能力,主要用于前线支援、目标轰炸、防空截击等多种任务,目前有 3 种主要的衍生版本,包括采用传统跑道起降的 F-35A 型、短距离起降垂直起降的 F-35B 型,与作为航母舰载机的 F-35C 型。

F-35 战斗机由美国洛克希德·马丁(Lockheed Martin)公司研制,将会成为美国及其同盟国未来最主要的第五代战斗机之一。2015 年 2 月 9 日,F-35 战斗机在英国皇家空军中编列服役;2015 年 6 月 28 日,日本第一架 F-35 战斗机开始生产;2018 年 6

图 5.8 美国 F-35 战斗机

月 11 日,美国洛克希德·马丁公司生产的第 300 架 F-35 战斗机交付用户。

F-35 战斗机的参数:长度:15.47 米;翼展:10.7 米;高度:4.57 米;空重:13154 千克;最大起飞重量:31800 千克;最大飞行速度:16 马赫(1930 千米小时);实用升限:1828 米;航程:2220 千米;作战半径:1160 千米。F-35 战斗机主要武器:AM-120 "AMRAAM"先进中程空对空导弹、AIM9X"超级响尾蛇"、AIM132"ASRAAM"先进近距离空对空导弹、欧洲"流星"导弹、"JASSM"联合空对地远距攻击导弹及小直径炸弹。

2.美国 F-117A 隐形战斗轰炸机

F-117A 隐形战斗轰炸机是美国一型单座双发飞翼亚音速喷气式多功能隐身攻击机,是世界上第一款完全以隐形技术设计的飞机(图 5.9)。F-117A 隐形战斗轰炸机凭其隐形性能突破敌火力网,压制敌防空系统,摧毁严密防守的指挥所、战略要地、工业目标,可执行侦察任务。F-117A 隐形战斗轰炸机由美国洛克希德公司于 20 世纪 70 年代中期开始研制,1981 年首飞定型,1983 年服役。

图 5.9 美国 F-117A 隐形战斗轰炸机

F-117A 隐形战斗轰炸机的参数:长度:20.08 米;翼展:13.2 米;高度:3.78 米;最大起飞重量:23815 千克;最大平飞速度:111 千米小时;作战半径(无空中加油,带 2268 千克武器):1056 千米;实用升限:13716 米;航程:1720 米。

F-117A 隐形战斗轰炸机主要武器:AGM-65"小牛"空对地导弹、AGM-88"哈姆"反射导弹、GBU-10 炸弹、GBU-27 激光制导炸弹、BLU-109B 激光制导炸弹、B61 自由落体核炸弹。

3.中国歼-20 战机

歼-20 战机(北约代号:火焰獠牙)是中航工业成都飞机工业集团公司研制的一款

具备高隐身性、高态势感知、高机动性等能力的隐形第五代制空战斗机(图 5.10)。2018 年 2 月 9 日,开始列装空军作战部队。歼-20 战机作为中国首款第五代战斗机,融合了全球多种已经在使用的优秀战斗机的特点,具备很强的隐形性能、机动性能。

图 5.10　中国歼-20 战机

歼-20 战机采用了单座双发、全动双垂尾、屏幕化、触摸化、声控操纵等设计,机身以高亮银灰色涂装,先进的雷达光电设计,配备 AESA 有源相控阵雷达,雷达探测距离达 200 千米,且同时跟踪 30 个目标,并可攻击其中 4~6 个目标。侧弹舱创新结构,可将导弹发射挂架预先封闭于弹仓外侧,同时配备新型的 PL-15 和 PL-21 空空导弹。歼-20 战机全重 25 吨,机长 20.3 米,机高 4.45 米,机宽 3.94 米,最大飞行高度 2 万米,最大携弹量 11 吨,作战半径 1500~2200 千米。

4.俄罗斯图-160 轰炸机

图-160 轰炸机是苏联/俄罗斯一型超音速变后掠翼远程战略轰炸机,由苏联图波列夫设计局(现俄罗斯联合航空制造集团)研制,1987 年 5 月开始服役,1988 年形成初始作战能力,其优雅的外形和俄罗斯空车的白色涂装使其被赋予"白天鹅"的称号(图 5.11)。其作战方式以高空亚音速巡航、低空亚音速或高空超音速突袭为主,在高空时可发射长程巡航导弹在敌人防空网外进行攻击,担任防空压制任务时,可以射短距离导弹,此外还可以低空突袭,用带核弹头的炸弹或是发射导弹攻击重要目标。它是世界上最大的轰炸机,同时也装备着世界上推力最强劲的军用航空发动机。最大起

图 5.11　俄罗斯图-160 轰炸机

飞重量:275 吨;最大飞行速度:2.05 马赫,实用升限 21000 米;航程:1600 千米;作战半径:7300 千米。它有两个武器舱,均可容纳一个能发射 6 枚 AS.15"撑竿"亚音速空射巡航导弹的旋转发射架,也可携带巡航导弹、短距攻击导弹、核弹、常规炸弹和鱼雷等多种武器。此外,也可以更换挂架携带常规炸弹。

5.美国 AH-64 系列"阿帕奇"武装直升机

AH-64 系列"阿帕奇"武装直升机是美国波音公司研制,发展自美国陆军 20 世纪70 年代初的先进武装直升机,是美国陆军主力武装直升机(图 5.12)。AH-64 以其卓越的性能、优异的实战表现,自诞生之日起,一直是世界武装直升机综合排行榜第一名。AH-64 武装直升机现已被世界上 13 个国家和地区使用。1984 年起正式服役,1986 年 7 月达成初始作战能力。

图 5.12　美国 AH-64 系列
"阿帕奇"武装直升机

AH-64 武装直升机的参数:乘员:2 人(飞行员、武器操作员);最大起飞重量:10433 公斤;最大飞行速度:365 公里/小时;实用升限:6400 米;航程:1900 公里;作战半径:480 公里。主要武器:4 个外挂点,每个外挂点可挂载一具 M-261 型 19 联装 275 英寸、海蛇怪-70 火箭发射器(或 M-260 型七联装 70 毫米火箭发射器)、一组挂载 AGM-114 地狱火(Hellfire)反坦克导弹的四联装 M29 导弹发射架,最多能挂载 16 枚 AGM114"地狱火"反坦克导弹。

(四)信息化太空作战平台

信息化太空作战平台主要包括三大类:一是军用卫星系统;二是尚处在研究和发展中可用于装载攻击对方航天器武器的反卫星系统;三是各类载人航天器,如航天飞机、空间站、宇宙飞船等。

军用卫星指的是用于各种军事目的的人造地球卫星。军用卫星按用途一般可分为侦察卫星、军用气象卫星、军用导航卫星、军用测地卫星、军用通信卫星和拦击卫星。

通信卫星是通过转发无线电信号,实现卫星通信地球站之间或地球站与航天器之间的无线电通信。通信卫星可以传输电话、电报、传真、数据和电视等信息。通信卫星是世界上应用最早、应用最广的卫星之一,美国、苏联/俄罗斯和中国等众多国家都发射了通信卫星。

1991 年海湾战争中,多国部队共动用了 14 颗通信卫星。多国部队前线总指挥传送给五角大楼的战况有 90%是经卫星传输的,多国部队以美国全球军事指挥控制系统(WWMCCS)为核心,进行战略任务的组织协调工作,以国防数据网(DDN)为主要战略通信手段,用三军联合战术通信系统(TRI-TAC)来协同陆、海、空的战术通信,构成完整的陆、海、空一体化通信网。

军用导航卫星是通过发射无线电信号,为地面、海洋和空中军事用户导航定位的人造地球卫星。军用导航卫星原先主要为核潜艇提供在各种气象条件下的全球定位服务,现在也能为地面战车、空中飞机、水面舰艇、地面部队及单兵提供精确的所处位置、时间的信息。

卫星导航系统,也称为全球导航卫星系统,是能在地球表面或近地空间的任何地点为用户提供全天候的三维坐标和速度以及时间信息的空基无线电导航定位系统。常见系统有美国 GPS 卫星导航系统、中国北斗卫星导航系统(COMPASS)、俄罗斯格洛纳斯卫星导航系统(GLONASS)和欧洲伽利略卫星导航系统(GALILEO)四大卫星导航系统。最早出现的是美国的 GPS,现阶段技术最完善的也是 GPS 系统。

1.美国全球定位系统(GPS)

世界上第一颗导航卫星是美国海军的"子午仪"-7A 号卫星,1959 年 9 月 17 日发射升空,它是试验性卫星,第一颗实用导航卫星是 1960 年 4 月 13 日发射的"子午仪"-B 号。美国共发射了约 30 颗"子午仪"卫星,于 1964 年 7 月组成导航卫星网正式投入使用。它可使全球任何地点的用户平均每隔 1.5 小时利用卫星定位一次,导航定位精度为 20~50 米。

美国国防部队从 1978 年 2 月开始发射"导航星"系列导航卫星,部署"导航星"新一代全球定位系统(GPS)。卫星网由 18 颗"导航星"组成,可使任何地点或近地空间的用户在任何时候都能接收到至少 4 颗卫星的信号,以保证全球覆盖、三维定位和连续导航。其定位精度为 16 米,测速精度优于 0.1 米/秒,授时精度优于 1 微秒,是目前最先进的卫星导航系统。在海湾战争中,美国的飞机,巡航导弹、舰艇、地面部队和执行其他任务的军用卫星都曾利用"导航星"系统进行了精确的导航定位。

美国全球定位系统是当代导航定位类信息系统的代表,它是由美国陆、海、空三军共同使用的卫星空间无线电导航定位系统,向美国和盟国军队提供陆上、海上和空中的准确、连续、全天候、通用坐标、三维空间的全球定位和导航信息以及时间基准信息。可用于目标精确定位、航线计划和武器发射,对飞机、火炮舰艇、坦克和其他机动平台及武器发射系统都适用全球定位。

2.中国北斗卫星导航系统

北斗卫星导航系统是中国自行研制的全球卫星定位与通信系统,系统由空间端、地面端和用户端组成,可在全球范围内全天候、全天时为各类用户提供高精度、高可靠定位、导航、授时服务,并具有短报文通信能力,已经初步具备区域导航、定位和授时能力,定位精度优于 20 米。2018 年 12 月 27 日,中国北斗卫星导航系统正式向全球提供服务。

我国自行研发的北斗导航系统主要用于国家经济建设,为中国的交通运输、气象、石油、海洋、森林防火、灾害预报、通信、公安以及其他特殊行业提供高效的导航定位服务。同时北斗卫星导航系统必将承担我军作战指挥的使命。

中国北斗导航系统空间端,计划由 5 颗静止轨道卫星和 30 颗非静止轨道卫星组成,从 2000 年发射第一颗卫星,至今共发射 46 颗,组成了可提供服务的系统。提供两种服务方式,即开放服务和授权服务。北斗卫星将逐步扩展为全球卫星导航系统。北斗导航卫星系统是世界上第一个区域性卫星导航系统,可全天候、全天时提供卫星导航信息。中国将陆续发射系列北斗导航卫星,逐步扩展为全球卫星导航系统。

第三节 信息化杀伤武器

信息化杀伤武器,是指充分运用计算机技术、信息技术、微电子技术等现代高技术,具备探测、传输、处理、控制、制导、对抗等功能的武器。信息化杀伤武器,从狭义上则是指专门用于干扰、破坏敌电子信息系统和计算机网络系统的软件和技术装备。它主要包括电磁干扰与反干扰装备、计算机网络攻防技术和装备以及电磁脉冲武器、定向能武器、反辐射武器、计算机病毒武器、人工智能和思维控制武器等。信息化杀伤武器,包括精确制导武器和新概念武器。

一、精确制导武器

精确制导武器,是综合运用了高级的物理光学技术、声波技术、信息技术、人工智能技术、驱动技术等精确制导技术,采用高精度制导系统,由控制与引导武器系统指挥按照特定飞行路线对目标进行攻击,直接命中概率(50%以上)很高的导弹、制导炮弹和制导炸弹等武器的统称。通常采用非核弹头,用于打击坦克、装甲车、飞机、舰艇、雷达、指挥控制通信中心、桥梁和武器库等点目标。

精确制导技术是在复杂的战场环境中,利用目标的特征信号,发现、识别和跟踪目标,并将武器直接引导至目标实施有效打击的技术。精确制导武器,可分为导弹和精确制导弹药两大类。导弹与精确制导弹药的主要区别在于前者依靠自身的动力系统和导引控制系统飞向目标,后者自身无动力装置,需借助火炮、飞机投据,也没有全程制导装置,仅有在飞行末段起作用的寻的装置或传感器。

(一)导弹

导弹是一种携带战斗部,依靠自身动力装置推进,由制导系统导引控制飞行航迹,导向目标并摧毁目标的飞行器。导弹通常由战斗部、控制系统、发动机装置和弹体等组成。导弹摧毁目标的有效载荷是战斗部(或弹头),可为核装药、常规装药、化学战剂、生物战剂,或者使用电磁脉冲战斗部。其中,装普通装药的称常规导弹;装核装药的称核导弹。导弹武器突出的性能特点是射程远、精度高、威力大、突防能力强。

按发射点与目标位置可分为:潜舰导弹、空舰导弹、空空导弹、地空导弹、舰空导弹、地地导弹、舰地导弹、空地导弹、潜地导弹、岸舰导弹、舰舰导弹、空舰导弹等。

按攻击目标分为:反舰导弹、反飞机导弹、反卫星导弹、反潜导弹、反雷达导弹、反弹道导弹、反坦克导弹。

按射程分为:近程导弹(射程在1000千米以内)、中程导弹(射程在1000~3000千米)、远程导弹(射程在3000~8000千米)和洲际导弹(射程在8000千米以上)。中国的划分标准一般为中程导弹射程为 1000~3000 千米,远程导弹射程为 3000~8000 千米,洲际导弹射程在 8000 千米以上。

按作战使用分为:进攻性战略导弹、防御性战略导弹(反弹道导弹)(图 5.13)。

图 5.13 中国东风 21D 导弹

(二)精确制导弹药

精确制导弹药是采用精确制导技术,直接命中概率较高的弹药,分为末制导弹药和末敏弹药两类。末制导弹药主要有制导炮弹、制导炸(航)弹、制导地雷等;末敏弹药主要是反装甲子弹药。精确制导弹药多数自身无动力装置,通常由火炮发射或由飞机投掷。

1.末制导弹药

末制导弹药有寻的器和控制系统,在其弹道末段能根据目标和弹药本身的位置自行修正或改变弹道,直至命中目标。主要有制导炮弹、制导炸弹、制导雷等。

制导炮弹是用地面火炮发射,弹丸带有制导装置的炮弹的总称。它能够在火炮的最大射程内以很高的单发命中概率攻击目标,主要有激光制导炮弹、毫米波制导炮弹和红外寻的制导炮弹等。

制导炸弹也叫灵巧炸弹,是指有制导装置和空气动力操纵面的航空炸弹,主要有激光制导炸弹和电视制导炸弹。制导炸弹是航空炸弹的新发展,通常是在制式航空炸弹上加装制导装置和空气动力装置,靠飞机投弹时给予的初速滑翔飞行,其制导系统同一般空对地导弹的导引头相似,有的甚至就是直接移植而来的。精确制导技术使航空弹药"长了大脑",一定程度上已具有"发射后不用管""同时攻击多个目标""指哪打哪"和能在数十、数百乃至上千米之外全天候攻击任何目标的能力。精确制导的航空炸弹误差为 0~3 米。命中概率是第二次世界大战时普通航弹的 25~50 倍,弹药的消耗量降低到原来的 1/10~1/50,效费比提高 25~50 倍。

2.末敏弹药

末敏弹药是新型的子弹药技术。末敏弹药不能自动跟踪目标,也不能改变飞行弹道,只能在被撒布的范围内利用其自身的探测器(寻的器)探测和攻击目标。末敏弹药的母弹可以是炮弹,可以是火箭。母弹是按常规方式发射,飞至其目标上空时母弹开仓抛出子弹药,子弹药出仓后是旋转的,在下落过程中用减速伞和其他方法控制其转速和下降速度。

末敏弹药通常由一些子弹药组成。子弹药被抛撒后,立即用其自身携带的探测器开始在小范围内探测目标,发现目标后,即可沿探测器瞄准的方向发射弹丸,对目标进行攻击,既有较大的毁伤面积,又有较高的命中精度。它是子母弹技术、爆炸成型弹丸技术和先进的传感器技术相结合的产物。末敏弹药探测范围较窄,一般仅为末制导弹药探测范围的1/10左右。已研制成功的有美国"萨达姆"和"斯基特"末敏弹药、德国的"阿泽德",俄国与中国也掌握了该技术。

二、新概念武器

新概念武器是指在原理、结构、功能和杀伤破坏机理上与传统武器不同的新型武器,如激光武器、高功率微波武器、粒子束武器、计算机"病毒"和计算机"黑客"等。其中高能激光武器技术的发展尤为引人注目。

新概念武器通常指在工作基本原理、结构、功能、杀伤破坏机理以及作战方式上与传统武器有重大区别的新型武器或技术。已知的是它可以利用光、电、声、电磁、生化等技术杀伤破坏目标。

新概念武器的划分有多种,有专家将其分为能量武器、生化武器、信息武器、环境武器四类。能量武器(图5.14、图5.15)包括定向能武器、动能武器、核武器、声波武器;生化武器包括基因武器、化学武器;信息武器包括计算机网络技术武器、纳米技术武器等;环境武器包括气象武器、地震武器。此外,现代军事还从上述武器中定义出另一种武器——非致命武器。

图5.14　美国能量武器

图5.15　动能反卫星武器

(一)定向能武器

定向能武器又叫能束武器,通过产生和发射束能集中的电磁能或原子、亚原子、粒子等能束,以不同功率对目标的结构或材料以及电子设备等进行不同程度的破坏。已知的定向能武器主要包括高能激光武器、高功率微波武器和粒子束武器等。

(二)动能武器

动能武器是指利用所发射的超高速弹头的动能对要攻击的目标实施摧毁破坏的武器。目前世界上采用新概念技术的动能武器主要有利用高速火箭推进的以及靠电磁能推进的电磁发射武器(电磁炮)。

(三)声波武器

声波武器是指利用发射声波与人体的某些器官产生共振,从而造成人体器官的损伤的武器。

(四)基因武器

基因武器也称 DNA 武器。它运用先进的遗传工程技术,通过基因重组,在一些致病细菌或病毒中接入能对抗普通疫苗或药物的基因,或者在一些本来不会致病的微生物体内接入致病基因而制造成生物武器,利用人种生化特征上的差异,使这种致病菌只对特定遗传特征的人们产生致病作用,从而有选择地消灭敌方有生力量。此外,还有毒素基因武器:通过生物技术制成自然界所没有的、毒性更强的种族基因武器,又称"人种炸弹",是针对某一特定民族或种族群体的基因武器;转基因食品:利用基因技术对食物进行处理,制成强化或弱化基因的食品,诱发特定或多种疾病,降低对方的战斗力或增强己方士兵的作战能力;克隆武器:利用基因技术产生极具攻击性和杀伤力的、凶猛的动物新物种。

(五)非致命武器

非致命武器是指利用声、光、电、电磁和化学制剂等非致命技术手段,致使敌方人员和作战设备暂时或永久性地丧失正常机能,而不造成人员死亡的武器。如破坏输变电线路、雷达的碳纤维炸弹;使人眼失明的激光枪、激光榴弹;伤害人体器官和神经的次声枪弹;可击倒人员的冲击波涡流枪;使人员和光学仪器致盲的强闪光炸弹;金属脆化剂、超强腐蚀剂、黏性泡沫剂等。

(六)微型核武器

一般是由威力较低的核弹头和射程较短的投射工具组成的武器系统,用于支援陆、海、空战场作战,打击敌方战役、战术纵深为重要目标的核武器。核武器的小当量与高精度的载具配合,特别适用于对特定的目标发动外科手术式打击,同时又可以把附带的伤害降到最低。

(七)纳米武器

纳米武器是指根据纳米(1 纳米 $= 10^{-9}$ 米)级物质(包括分子、原子、电子)在纳米空间内的运动规律、内在运动特点,并利用这些特性制造的武器,尺寸很小。纳米武器实现了武器系统高智能化,使武器装备控制系统信息获取速度大大加快,侦察监视精度大大提高;纳米武器实现了武器系统集成化生产,使武器装备成本降低、可靠性提高,同时使武器装备研制、生产的周期缩短。

(八)计算机网络技术武器

计算机网络技术武器是以夺取与保持信息优势为目的、攻击敌人信息系统并同时保障自己信息系统与信息安全的非致命武器。通常以施放计算机病毒为手段,传播途径有:电磁波、计算机网络的配套设备、有线线路。

【思考与练习】

1.信息化装备的概念是什么?

2.信息化装备的分类与构成是什么?

3.信息化作战平台的构成与发展趋势是什么?

第六章　非战争军事行动

新时代,世界多极化、经济全球化、文化多样化和社会信息化。粮食安全、资源短缺、气候变化、网络攻击、人口爆炸、环境污染、疾病流行、跨国犯罪等全球非传统安全问题层出不穷,对国际秩序和人类生存都构成了严峻挑战。随着国家利益拓展的需要和非传统安全威胁的加剧,非战争军事行动日益为世界各国军队的一项重要任务。加强非战争军事行动的学习、研究,对于全面做好军事斗争准备,提高军队应对各种安全威胁能力,圆满完成各项非战争军事行动任务,具有十分重要的现实意义。

第一节　非战争军事行动概述

是故百战百胜,非善之善者也;不战而屈人之兵,善之善者也。

——孙武

20世纪90年代中期以来,当世界的主题由战争转向和平与发展之后,军事力量(军队)常常被用于执行一些非战争行动,如联合军演、反恐怖行动、维持和平、抢险救灾等的非战争运用已成为各国军队的普遍做法。非战争军事行动就成为战争能量通过和平途径释放的重要方式,而且这种方式既能够达成政治目的,又可以免于巨大破坏。非战争军事行动开始受到世界各国的普遍重视。美军在1993年版《作战纲要》(FM100-5号野战条令)中首次提出"非战争军事行动"的概念,日本、俄罗斯、法国、意大利等国也均把非战争行动写入作战条令,把遂行非战争行动开始作为军队的一项重要职能。中国人民解放军作为保卫国家的主要力量,担负着巩固国防、抵抗侵略、保卫祖国、保卫人民的和平劳动以及参加国家建设的任务。在国家相对和平时期,非战争军事行动理应成为我军的经常性使命任务。目前,我军已将遂行非战争行动纳入军队职能范围以及相对和平时期军事斗争准备的范畴,2001年颁布的《军事训练和考核大纲》将非战争军事行动列为部队的必训科目。

一、非战争军事行动的概念

非战争军事行动是指在相对和平环境下,国家、民族、阶级或政治集团为一定政治、经济、军事目的,维护国家利益,保障社会稳定,抵御自然灾害,保卫人民和平劳动和生命财产安全等,动用军事力量有组织、有计划地采取战争以外的军事手段,遂行制乱平暴、打击恐怖主义、抢险救灾、维护和平和国家利益,参与国际维和等应急性任务,以促进和平,维护国家安全,社会稳定和减免灾害为目的的特殊军事行动。非战争军事行动是对传统战争行动的一种超越,是人类反对战争、追求和平的精神体现;非战争军事行动属于军事力量的运用范畴,通常具有明确的目标指向,且一般应达到相应的规模。

非战争军事行动主要包括国家援助、安全援助、人道主义援助、抢险救灾、反恐怖、缉毒、武装护送、情报的收集与分享、联合演习、显示武力、攻击与突袭、撤离非战斗人员、强制实现和平、支持或镇压暴乱以及支援国内地方政府等。"非战争军事行动"原本是一个特定称谓。美军在 1993 年版《作战纲要》(FM100-5 号野战条令)中认为,在冷战结束后的新国际环境下,和平与战争的界限已变得模糊不清,军事力量在技术上的灵活性与多样性以及国际关系的革命性变化,已使得一个国家可以运用军事手段去实现许多政治目的而无须进行战争。这就要求美军准备以战争手段解决问题的同时,也寻求通过非战争军事行动来维护和实现美国国家利益。在和平时期,显示武力、通过军事威慑来体现政治意图,则是最常见的非战争军事行动方式。随着战略威慑理论的日益成熟,非战争军事行动更将成为许多国家经常采用的一种现代军事策略。

二、非战争军事行动的沿革

非战争军事行动虽然自古就存在于军队的行动之中,但直到最近十几年来才逐渐引起人们的重视。

早在殷商末年周武王讨伐商纣之前的战略预演——孟津观兵,其实就是一次非常重要的非战争军事行动。正是由于在这次行动中,八百诸侯不期而会,周武王才定下武力伐纣的最后决心并建立了强大的周王朝。古罗马时期,恺撒在高卢行省为休整军队和防止高卢人反叛时所实行的冬令营制度,可以看作是西方早期的非战争军事行动。当然,由于特定的时代背景和所限的社会条件,历史上的这些非战争军事行动无论从规模还是程度上讲,都不可与今天同日而语。

20 世纪 90 年代初,随着冷战的结束,原来掩盖在两极格局下的民族矛盾、宗教纠纷、粮食短缺、资源匮乏、环境恶化以及在世界多极化进程中出现的难民潮和非法移民潮、恐怖主义、传染性疾病、有组织犯罪、大规模杀伤性武器扩散、经济危机等危及人类安全的问题不断浮出水面。特别是"9·11 事件""卡特里娜飓风"和"非典"疫情、2008 年汶川抗震救灾等突发事件的发生,这些超越传统、超越国家的安全威胁,既非战争行动所能解决,也非单纯依赖军队以外的国家强力部门所能消弭。但它们对一个国家、民族乃至整个国际社会造成的危害,并不亚于甚至在某些方面还超过了传统的战争行为。在此情况下,为最大限度地消除其危害,势必要求军队以适度的方式参与进来,以最大限度地减少或制止危害。自 20 世纪末,为应对日渐凸显的非传统安全威胁,以军队为主展开的非战争军事行动的方式开始凸显。中国人民解放军自成立之日起,就担负着战斗队、工作队和生产队三大任务。改革开放以来,特别是进入转型期以来,中国社会发生了深刻的变化,维护社会政治稳定和反恐怖活动的压力开始增大。同时,冷战结束后全球化趋势的凸显,国内外分裂势力的猖獗,使维护国家安全和统一的压力也开始增大。为了适应新的形势,我军非战争军事行动逐步朝着多样化方向发展,内涵日益丰富。

进入新世纪新阶段,国内国际形势发生了新的深刻变化,随着国家利益的拓展和非传统安全威胁的上升,我国发展面临的风险和挑战交织叠加,非战争军事行动任务日趋繁重。党中央、中央军委赋予人民军队新世纪新阶段历史使命,非战争军事行动成为和平年代国家军事力量运用的重要方式。2001年颁布的《军事训练和考核大纲》第一次引入了"非战争军事行动"这个名词,2002年9月颁布的《军事训练条例》对"非战争军事行动"训练内容作了初步的规定。2006年《中国的国防》白皮书向世界公开提出了赋予中国人民解放军应对多种安全威胁、完成多样化军事任务的职能。我国的"非战争军事行动"开始成为我军在和平时期的又一项重要职能。中央军委在大力加强打赢信息化条件下局部战争核心军事能力建设的同时,积极推进非战争军事行动能力建设,对加强非战争军事行动能力建设作出一系列决策部署,出台了《军队非战争军事行动能力建设规划》,为军队完成多样化军事任务提供了基本遵循。全军按照"应急指挥体系顺畅高效,专业力量规模适度,装备器材适用管用,针对性训练扎实有效,综合保障基本配套,法规制度初步健全,能够满足遂行非战争军事任务需要"的目标,加快非战争军事行动能力建设。

(一)战争手段运用受到制约,拓展了非战争军事行动的空间

当今时代,和平与发展的时代主题,影响或制约了战争手段的运用。全球经济一体化的发展,使国家间的关系更多地表现为合作与发展,国家间的矛盾更多的是通过对话与谈判来解决,各国之间联系出于本国发展的需要变得更为紧密,国家间的利益交融程度日益增强。进而是企图通过战争手段解决问题的方式逐渐淡出了人们的视野,战争一定程度上成为迫不得已的情况下才采取的手段。此外,随着人类文明的进步,战争道德的深入人心,战争手段也受到人类自觉的制约,如联合国、国际公约、国际安全机制、国际新闻舆论等,都会对战争产生不同程度的制约作用。贸然发动战争,必然遭到包括本国在内的世界各国人民的反对。在战争手段受到限制的情况下,选择政治、外交等非军事领域的方式以及通过非战争军事行动来解决国与国之间的矛盾和冲突,就成为国际军事斗争领域的新趋势。

信息化条件下,战争意味着高投入、高成本、高消耗、高风险,也使战争手段运用成为谨慎的选择。以20世纪美国先后发动的海湾战争、科索沃战争,21世纪的阿富汗战争、伊拉克战争等几场局部战争为例,海湾战争只打了42天,以美国为首的多国部队耗资却达611亿美元,伊拉克战争损失高达近9000亿美元。现代战争的巨大消耗,使各国不敢轻启战端,更不能使战争旷日持久地拖延或随心所欲地扩大或升级,战争手段的运用成为审慎的选择。

(二)非战争军事行动的特有优势使其地位进一步凸显

非战争军事行动提高了达成战略目的的效费比。战争虽然也是达成战略目的的有效手段,但战争成本使战争手段的选择受到限制,高昂的军费开支必然妨碍经济增长,长期的、消耗巨大的战争甚至可能将国家拖向衰亡。与战争相比,非战争军事行动样式多、强度低、成本低,消耗与破坏都比较少。在不用战争手段就可以达成战略目的的情况下,非战争军事行动是推进和保护本国利益的最佳途径。非战争军事行动能够防止战争爆发,并为战争创造有利态势。

非战争军事行动具有两大功能:遏制战争和准备战争。一方面,能否遏制战争取决于战争准备的程度,战争准备越充分,作战对手就越不敢轻易发动战争。军队通过反恐、维稳、抢险救灾等非战争军事行动,可以使国家安定、社会和谐、军民关系融洽、国家经济发展,国防实力也得以增强,无形中对潜在对手构成威慑,从而起到遏制战争的作用。另一方面,非战争军事手段的有效运用本身就可以起到遏制战争的作用,如通过国际维和、人道主义救援等有效的国际交流与合作,可以消除彼此之间的误解,塑造军队良好的形象,避免军事危机或战争的发生。相对于和平时期,战争发生频率减少,军队在训练和准备应战之余可以从事一些非战争军事行动,如进行军备控制等,为未来可能发生的战争作好准备或创造有利的战略态势,或通过军事交流、联合军事演习等,增强相互了解,促进军事互信与合作,消除隔阂与误解。同时,还可以采取一些不具有斗争性质的行动,如参与抢险救灾等。这些行动虽与战争无关,却可以使国家更加强大与稳定,有利于提高综合国力,间接地起到遏制战争的作用。

(三)遂行非战争军事行动是履行我军新使命的内在要求

新时代,中国人民解放军遂行非战争军事行动是我国《宪法》赋予人民军队的神圣使命,顺应了时代发展与军事斗争形态演变对我军历史使命的新要求。我国《宪法》明确规定:中华人民共和国的武装力量属于人民,其任务是巩固国防、抵抗侵略、保卫祖国、保卫人民的和平劳动,参加国家建设事业,努力为人民服务。这表明,遂行非战争军事行动是人民军队义不容辞的责任与义务。在信息化战争条件下,传统大规模战争的冲突形式越来越多地被各种低强度的军事行动和民事行动所替代,影响国家安全的非传统威胁增多,打击恐怖主义、维护和平行动、人道主义救援、抢险救灾等非战争军事行动被纳入军队的职能范畴。新时代,以习近平同志为核心的新一届党中央科学判断国家安全形势和国防与军队建设所处的历史方位,顺应时代发展趋势,明确了党和人民实现强军梦战略任务和根本要求。使命要求我军不仅能够应对战争冲突等传统性安全威胁,而且要能够应对恐怖主义、社会动乱、自然灾害、突发事件等非传统安全威胁;不仅能够维护领土、领海和领空的安全,而且能够维护海洋权益和太空、电磁空间的安全;不仅能够维护国家生存和发展利益,而且能够维护世界和平,确保军队能够有效地应对危机、维护和平、遏制战争、打赢战争。

三、非战争军事行动的主要表现形式及特征

非战争军事行动作为解决国家或集团之间利益矛盾的强力工具,其战略价值是不

可替代的,军事力量的非战争运用,虽然具有一定的局限性,但其负面作用相对较小。根据党中央、中央军委赋予人民军队新世纪新阶段的历史使命,非战争军事行动成为和平年代国家军事力量运用的重要方式。2008年出台的《军队非战争军事行动能力建设规划》中指出,我军主要担负反恐怖行动、维护社会稳定、抢险救灾、维护权益、安保警戒、国际维和、国际救援六类非战争军事行动任务,并确定了非战争军事行动能力建设的指导原则和目标等内容。

（一）主要表现形式

1.反恐怖行动

反恐怖行动指军队与国家有关部门或外国军队联合打击恐怖主义活动。主要有防卫行动,包括对重要目标、重要区域、重大活动的保卫等。

2.维护社会稳定

维护社会稳定指维持、保护一定社会形态中的人民生产和生活的稳固和安定。维护社会稳定行动具有多种手段,当以军事手段为主实施稳定行动时,就是武装力量在人民群众的支援配合下,综合运用政治和军事手段打击各种危及国家安全、破坏社会稳定的违法犯罪活动,在一定方向或区域共同组织并协调进行的特殊行动。

3.抢险救灾

抢险救灾指参与排除或控制危重险情、保护重要目标安全、拯救生命和财产的行动,包括核生化泄漏、危险品仓库或工厂爆炸、井喷等险情控制和救助。

4.维护权益

广义上指国家利益,是国家生存和发展的权益,从内容上包括国家的安全利益、政治利益、经济利益以及国家的荣誉和尊严等。特指维护国家核心利益,即国家主权、国家安全、领土完整、国家统一。

5.国际维和行动

国际维和行动指参加联合国恢复和保持世界冲突地区和平的行动。主要任务有:监督停战、停火、休战和撤军,观察并报告冲突地区局势,隔离冲突各方,运送和保护人道主义援助,监督大选或公决,向受灾国提供紧急救援任务等。

6.国际救援

国际救援指对别国运载工具和人员提供人道主义援助的行动,主要是对别国发生的矿难、空难、海难、特大铁路交通事故以及重大自然灾害实施救援。

7.军事危机与冲突处理

在战争与和平之间,存在着一个重要环节,那就是危机。能否对危机进行正确的处理和调控,决定着危机是走向战争还是走向和平。和平时期危机的处理越来越重要。军事冲突不同于局部战争,军事冲突的规模较小,程度有限,持续时间较短,冲突双方通常并不是有准备的,大多是各种原因导致矛盾激化而发生的突发性事件。

8.国际联合军演

国际联合军演指由两个或者多个国家为了一个共同的公开目的或者隐性威慑,联合进行的军事演习。其内容包括搜救演习、反恐演习、登陆演习等,旨在通过联合演习展示其国力、军力,扩大自己的影响力,增强自身的安全系数。

（二）主要特征

非战争军事行动是一种特殊的军事实践活动,与战争条件下的军事行动相比,在达成目的、行动方式、斗争对象、指挥体制和行动环境等方面具有明显的区别。其主要特征归纳起来为:行动时效性强,组织指挥复杂,行动方式多样,行动手段有限,行动保障艰巨等。

第二节　反恐怖行动

当今世界上两大祸害:一是霸权主义,二是恐怖主义。长期以来,恐怖主义以其血腥的暴力活动为显著标志,在世界许多地区制造混乱,造成社会的动荡不安。近年来,世界恐怖势力已经由昔日的滋扰演变为对人类和国家的最大危险之一,甚至有可能演变成为一定规模的局部战争。2001年发生的"9·11事件"更是使这种活动达到一个前所未有的高度,它以空前的破坏力、冲击力和影响力,给世界政治、经济、军事以及国际关系、国际秩序带来深刻的变化;它也迫使世界各国再度聚焦恐怖主义,重新评估恐怖主义危害,并把反恐纳入国家安全的战略层面。但恐怖主义威胁并没有在国际反恐怖斗争的严厉打击下日趋减小,仍不断发生一系列恶性恐怖事件,恐怖主义威胁依然猖獗。2013年5月30日,美国国务院发布《2012年度国家反恐报告》,显示2012年全年,全球共有85个国家发生6771起恐怖袭击,造成逾11098人死亡,21652人受伤。与2011年相比,2012年发生恐怖袭击的国家从70个猛增至85个。世界各国面临恐怖活动的威胁日趋严重,恐怖势力活动已经逐渐成为人类和国家的最大危险之一。然而,对这一问题的遏制和解决,完全依靠法律宣传和道德明显力度不够。运用一定的军事力量打击恐怖主义势力,已经成为世界各国的普遍做法,成为许多国家和地区反恐怖斗争的重要组成部分和不可或缺的有效手段。

在全球恐怖主义猖獗的大背景和国际国内形势变化的情况下,中国已然成为主要受害者之一。在中国,最近5年大陆境内发生的恐怖袭击事件,平均每年发生2~3起。2000—2012年,中国已成为东亚地区遭遇恐怖袭击最多的国家。长期蛰伏在国内的"三股恶势力(暴力恐怖势力、民族分裂势力、宗教极端势力)"和"东突(东突厥斯坦独立运动)"分子造成的恐怖威胁呈现出发生频率更高、作案手段多样化、危害性持续增加的趋势,暴力恐怖袭击开始向国内其他地区蔓延,出现祸水外溢的趋势,对维护和平稳定和改革开放的大局造成实实在在的重大威胁,我国反恐怖行动的压力日益增大。当前,我国已经将反恐怖行动明确作为军队的重要职能。

一、反恐怖行动的概念

反恐怖行动是以负有反恐怖任务的相关武装力量为主体,以恐怖势力为对手,旨在防范和打击恐怖主义活动的非战争特种军事行动,主要包括打击恐怖分子、救援救护、防卫重要目标等军事行动。其中,负有反恐怖任务的相关武装力量包括专业化的反恐怖特种部队、其他常规部队以及准军事力量。恐怖势力除国家公认的一些恐怖组织外,在我国特指包括"三股恶势力"和"东突"分子在内的各种形式的恐怖分子、极端分子、恐怖组织。

二、反恐怖行动的特征

20世纪90年代以来,恐怖主义已经开始发展为一种有着明确的政治目的、思想体系和严密组织的国际或地区恐怖势力,恐怖主义活动范围日趋全球化,恐怖主义活动对象日趋民众化,恐怖主义活动样式日趋多样化,恐怖主义手段日趋高技术化,除具有"残暴性、预谋性、隐秘性和政治行动"的基本特征外,通常由于对手特殊,与其他军事行动相比较,受政策、环境、对象和力量等因素的影响较大,主要具有以下突出特点。

(一)政治上的敏感性

恐怖活动往往是与境外敌对势力勾结,或受到敌对势力的支持。军队参加的反恐怖行动关乎国家政权的稳固和社会的安定,在政治上非常敏感。因此,反恐怖行动是政治性很强的一种非战争军事行动,从一定意义上讲,政治意义大于军事意义。

(二)行动上的突然性

恐怖活动往往是突发的,时间、地点、方式都具有不确定性,难以预测和防范。因此,反恐怖行动一般情况紧急,预警时间短或很少有预警时间,准备时间仓促,战机稍纵即逝,必须快速行动,把握战机,迅速控制事态发展。

(三)指挥上的复杂性

由于反恐怖行动往往在军队、武警、民兵与地方党政机关、公安部门的相互配合下进行,有时还可能开展国际间合作。因此,需要各种力量协调一致地完成任务,指挥关系复杂,协调任务重,协同难度大。

(四)处置上的专业性

随着恐怖活动的高科技化,传统的绑架、暗杀逐渐被爆炸、核生化袭击等替代,破坏性更强,专业技术程度更高。因此,反恐怖行动需要派出专业力量或特种部队,并配备先进的装备器材,方能有效完成搜爆、排爆和核生化救援任务。

(五)手段上的特殊性

反恐怖行动与一般常规作战不同,正规武装力量与非正规武装人员交战,传统的军事原则不再适用,有时还会引发法律问题。因此,必须依法运用超常规、非对称、多样化的手段,实施快速准确的防卫、打击和救援。

三、反恐怖行动的样式

基于我国面临的反恐怖威胁及部队可能担负的反恐怖任务,反恐怖行动可能采取的样式主要包括封控、平息武装暴乱、重要目标防卫、围剿和救援五种。

(一)封控

封控是对恐怖分子活动的区域,以及已经或可能发生恐怖活动区域实施封锁控制的行动,是反恐怖行动的主要样式,并贯穿于反恐怖行动的全过程。其目的在于,在恐怖分子活动的区域以及已经发生或可能发生恐怖活动区域的外围建立对内、对外封锁线,从地理上断绝该地区与外界的联系。

(二)平息武装暴乱

武装暴乱是指境内外势力相互勾结,以危害国家安全为目的,有预谋、有组织地使用暴力手段,公开与政府对抗,造成重大财产损失、人员伤亡和社会混乱的严重恐怖事件。平息武装暴乱是反恐怖行动的主要样式之一。平息武装暴乱的目的是彻底歼灭恐怖分子,制止恐怖组织破坏社会秩序,危害国家利益和人民生命财产安全,恢复社会秩序,维护社会安全与稳定。从我国面临的恐怖主义威胁来看,武装暴乱大多发生在边境地区的中小城市和山区村镇,由于这些地区大多较为偏僻,交通不便,信息闭塞,既利于恐怖分子秘密串联,建立组织和进行恐怖活动等,也便于恐怖组织得到境外恐怖势力的支持。

(三)重要目标防卫

重要目标防卫是通过对重要目标的可靠防护部署、全力警戒和反袭击等手段,确保重要目标安全和重大活动的顺利实施而进行的防守、保卫等行动。陆军和武警部队在遂行重要目标防卫时,除了通过防护部署达到遏制恐怖活动外,反袭击是重要目标防卫经常采用的行动样式,其目的是通过防护、出击、反击等行动粉碎恐怖分子实施袭击破坏的企图,是一种积极的防护性反恐怖行动。

(四)围剿

围剿是指通过对恐怖分子的巢穴进行围剿歼灭,彻底根除恐怖活动源头的反恐怖行动。围剿行动大致可分为封控、对恐怖分子盘踞地歼击、搜剿和追歼四个阶段。封控阶段行动采取的样式与一般作战中的对区域进行控制封锁、追击作战的样式相类似。对恐怖分子盘踞地歼击,是攻击恐怖分子驻地、据点的军事行动,是反恐怖行动中最积极、主动的行动样式。搜剿是对恐怖分子可能藏匿地区进行搜索打击的行动,是彻底剿灭恐怖分子的重要行动,既可在进攻恐怖分子盘踞地的同时进行,也可在夺占恐怖分子盘踞地后实施。

(五)救援

救援是为迅速消除恐怖活动造成的人员伤亡、设施破坏而进行的紧急抢救、抢修行动。实施救援行动的目的在于发生恐怖事件后,依据恐怖袭击所造成的人员伤亡、设施破坏或核生化污染、火灾等后果,组织专业部队紧急救治被伤害的人员,恢复和抢修被毁坏的设施,将恐怖危害减少到最低程度,协助地方政府和人民群众做好善后工作。

第三节　维护社会稳定行动

社会稳定是社会发展进步的重要前提,是任何统治阶级和执政党维护其统治的基本条件。它不仅关系到人民群众的安居乐业,而且关系到国家的长治久安。社会稳定是指社会生活的安定、协调、和谐有序,是通过人们的自觉干预、控制和调节而达到的社会生活的动态平衡,包括政治局势稳定、经济形势稳定、思想文化稳定和社会秩序稳定,正如习近平总书记所说:"没有稳定的社会政治环境,一切改革发展都无从谈起。"

当前,我国经济发展、政治稳定、民族团结、社会进步,总体形势良好,但仍面临着错综复杂的国内外环境,影响社会稳定、引发社会动乱的因素依然存在,并且呈现出多元化趋势。其中,既有西方敌对势力的渗透遏制,也有"三股恶势力"的分裂破坏;既有社会转型期出现的人民内部矛盾和问题,也有周边国家复杂形势的波及影响。面对这些不确定因素,哪一方面防范不力、处置不当,都有可能威胁和冲击我国安定团结的大好局面。维护社会稳定,对于充分利用好 21 世纪头 20 年的重要战略机遇期,实现全面建成小康社会的奋斗目标,具有十分重要的意义。

一、维护社会稳定行动的概念

维护社会稳定是指维持、保护一定社会形态中的人民生产和生活的稳固和安定。维护社会稳定行动具有多种手段,当以军事手段为主实施稳定行动时,就是武装力量在人民群众的支援配合下,综合运用政治和军事手段打击各种危及国家安全、破坏社会稳定的违法犯罪活动,在一定方向或区域共同组织并协调进行的特殊行动。维护社会稳定行动是非战争军事行动的重要组成部分。军队是国家安全和维护社会稳定的坚强柱石,执行维护社会稳定任务,是我军在和平时期为维护国家安全、促进民族团结、巩固党的执政地位、保护社会主义建设成就和人民群众的生命财产,确保国家政治、经济和社会生活秩序良好运行而展开的军事行动,是人民军队义不容辞的使命和职责。

二、维护社会稳定行动的特征

维护社会稳定行动是指国家依法运用武装力量,对聚众破坏公共财产和扰乱社会秩序的严重违法行为所采取的制止、平息措施与行动。主要包括驱散非法游行示威或者骚(动)乱人群,控制骚乱、动乱区域,制止各种破坏活动,防卫重要目标,解救被围困人员和搜捕暴徒等行动。骚乱、动乱、暴乱等突发事件具有政治性强、事发突然、蔓延迅速、起因复杂、敌我难辨等特点,这些特点决定了维护社会稳定行动具有以下特点。

(一)政治的敏感性

骚乱、动乱事件多具有很强的政治目的和极大的社会影响力,直接涉及政治、经济、外交、民族、宗教等一系列敏感问题。能否正确处理这些问题直接关系到社会安定和民族团结以及我国在国际社会中的地位和声誉。而且,维稳行动受新闻媒体关注程度高,稍有不慎就容易造成政治上的被动。因此,维护社会稳定行动不单纯是一种军事行动,更是一场关乎国家政权稳固和社会稳定的政治行动,受到国际国内社会的密切关注,关系到国家和军队的声誉与形象。

(二)维稳行动的应急性

骚乱、动乱事件爆发突然,预警时间短。一旦事发,将直接危及重要目标安全,破坏社会正常秩序,因而要求部队必须快速反应、简化程序、果断处置、争取主动。

(三)斗争方式的多样性

由于骚乱、动乱事件的规模、性质通常随着事态的发展而变化,这就使军队遂行维稳任务的方式呈现出多样性。譬如,当局部地区发生小规模恐怖骚乱事件时,通常可采取政治攻势和军事威慑,力争以和平的斗争方式解决问题;当事态扩大,发展到动乱,并有明显的暴乱、叛乱迹象时,则需使用军事威慑和有重点的局部武力打击并举的方式,力争将事件遏制在萌芽状态;当事态继续恶化,问题性质发生质变形成恐怖暴乱、动乱时,主要实施强有力的武力打击,坚决、迅速、果断地予以平息。行动时,军队要针对不同的情况,采取不同的斗争方式,准确把握事件性质的界限,做到随机应变,力争主动。

(四)行动手段的有限性

骚乱、动乱事件往往是民族与宗教、宗教与政治、敌情与社情、不法分子与受蒙蔽群众交织共融,情况错综复杂,处置比较困难,使军队维稳行动的手段非常受限制。为此,在维稳行动中必须从政治角度考虑军事行动,严格区分两类不同性质的矛盾,准确把握行动中的政策界限,依法依令行事,最低程度地使用武力,最大程度地保护人民群众,维护民族团结,防止授人以柄和发生不良后果。

(五)环境的复杂性

维稳行动环境的复杂性主要表现在三个方面:一是自然条件复杂。例如,我国西北边境地区地形复杂,气候变化快,生存条件差,有"生命禁区"之称,恶劣的自然条件和特殊的生存环境对部队执行维稳任务提出了挑战。二是社会环境复杂。各种骚乱、动乱一般都是在易引起国内国际媒体舆论和政治舆论关注的敏感地点,如党政机关场所等,这些活动的影响后果广泛而复杂。三是敌我辨别难度大。维稳行动所打击的对象往往是隐藏在人民内部煽动和制造骚乱、动乱、暴乱的敌对势力,暴徒与群众往往很难辨认。

三、维护社会稳定行动的样式

根据社会稳定的状态及当前影响我国社会稳定的主要因素,维护社会稳定行动的主要样式包括:制止暴乱、骚乱、动乱、非法集会游行示威事件,大规模械斗事件,公共场所严重闹事事件,聚众冲击、破坏交通运输事件,劫持交通工具、人质事件,暴狱、劫狱、劫法场事件等。一般来说,中小规模的维稳行动是以武警部队和公安力量为主体,地方政府和有关力量参与的联合行动。并不是所有的维稳行动都需要军队参与,只有当影响社会稳定的事件升级,波及范围较广,引发了一系列连锁反应,已经发生了社会秩序的全面混乱或破坏活动有越演越烈之势,单凭武警和公安的力量已无力控制事态时,才需要动用军队维护社会稳定。就此而言,军队维护社会稳定的主要样式一般包括制止暴乱和骚乱、动乱两种。

暴乱事件是指非法组织为了达到某种目的,有预谋、有组织地煽动和纠集人员使用暴力手段,严重破坏社会秩序、危害人民生命财产、破坏国家安全和统一的反革命活动。

骚乱、动乱是指非法聚众,使用暴力手段,严重破坏社会秩序、危害国家利益和人民生命财产安全,企图推翻中国共产党的领导和社会主义制度,分裂国家和颠覆政府的反革命活动。通常由少数极端组织的骨干分子策划,以某种借口为由,煽动、裹胁不明真相的群众挑起事端,采取冲击政府机关、实施打砸抢等方式和手段,意在扰乱社会秩序,迫使政府出面,提出某种要求,达到扩大政治影响的目的。其主要特点是:爆发突然,规模较大,伴有暴力、恐怖行为,影响和危害较大,情况复杂,因性质难以确定,处置行动政策性强。政治性恐怖骚乱、动乱易发展成暴乱。通常,由小规模的骚乱、动乱引起局部地区动乱,如处理不及时,极易发展成大规模的暴乱和叛乱。处置暴乱和骚乱、动乱事件,必须坚决服从上级和地方党委、政府的集中统一领导指挥,贯彻教育疏导和武力打击相结合的原则,采取强有力的方法和手段,坚决制止各种违法行为,迅速平息事态,维护社会稳定。

2013 年 10 月 28 日,"东突"分子制造的北京天安门金水桥恐怖袭击事件,造成 5 人死亡,38 人受伤。2014 年 3 月 1 日,"东突"分子制造的昆明火车站"301"暴力恐怖袭击,造成 29 人死亡、143 人受伤。这些重大事件的发生,绝不是偶然的,迹象表明"东突"的恐怖活动已经出现了向西南地区蔓延的趋势。党的十八大以来,党中央始终高度重视社会维稳工作,针对发生在我国境内的多起暴力恐怖事件,多次强调维护稳定工作在党和国家工作全局中具有特殊重要的战略地位。2014 年,党中央作出重要指示:"坚决把暴力恐怖分子的嚣张气焰打下去,以震慑敌人、鼓舞人民";"反恐怖斗争事关国家安全,事关人民群众切身利益,事关改革发展稳定全局,是一场维护祖国统一、社会安定、人民幸福的斗争";"要深入开展各种形式的群防群治活动,着力打好反恐怖人民战争,筑起铜墙铁壁,使暴力恐怖分子成为'过街老鼠,人人喊打',通过打击极少数教育团结大多数"。经中央批准、国家反恐怖工作领导小组决定,2014 年以新疆为主战场,其他省区市积极配合,开展为期一年的严厉打击暴力恐怖活动专项行动,有效应对当前严峻复杂的反恐怖斗争形势,全力维护社会大局稳定,确保国家长治久安。

【思考与练习】

1.非战争军事行动的特点是什么?

2.反恐怖行动的特点是什么?

3.反恐怖行动的主要样式有哪些?

4.维护稳定行动的特点是什么?

5.维护稳定行动的主要样式有哪些?

下　篇

军事技能篇

第七章 中国人民解放军条令 教育与训练

中国人民解放军的共同条令,以法规的形式规定了军队日常活动,包括:建立正规的战备、训练、工作、生活秩序等最基本的行为规范。其具体由《中国人民解放军内务条令》(以下简称《内务条令》)、《中国人民解放军纪律条令》(以下简称《纪律条令》)、《中国人民解放军队列条令》(以下简称《队列条令》)组成,人们习惯把它们称为三大条令,也被统称为"共同条令"。

第一节 共同条令的颁布及意义

一、人民解放军共同条令的颁布

中国人民解放军共同条令是中央军委以简明条文的形式发布的全军的命令,是人民军队战斗、训练、工作、生活的法规和准则;是全体军人必须执行的命令和共同遵守的法规;也是作为人民解放军后备力量的当代大学生必须学习的重要内容。

"共同条令"这个称谓是从 1951 年开始的,当时为适应我军建设从比较低级的阶段进入到高级阶段,人民革命军事委员会提出要"制定共同条令,统一全军的纪律和制度"。在毛泽东、周恩来、刘伯承等老一辈革命家的领导和主持下,各项军事法规的制定工作全面展开,从此,《内务条令》《纪律条令》《队列条令》三部条令并在一起颁布,合称为共同条令。共同条令是从领率机关到基层部队,从高级将领到普通士兵都必须共同遵守的基本法规。

共同条令,就是用法规形式,把统一的、行之有效的管理制度和方法固定下来,作为军队的行为准则。其主要规定军人的基本职责、权力、相互关系、生活制度、活动方式、队列行动、执勤方法、奖惩和纪律等,适用全军。共同条令是我军在各个时期,建立和维护良好的内外关系和正规内务制度,进行管理教育,维护纪律,实施奖惩的基本准则,是部队实施队列训练,培养良好的军姿、严整的军容、协调一致的动作、严格的组织纪律性的基本依据;是技术、战术训练和增强战斗力的需要;是军人训练、生活、勤务活动的行动准则;是建立正规生活,巩固纪律,培养优良作风,保证部队完成训练和作战等各项任务的根本法典。治军先治典,新修订施行的共同条令是适应新时期我军革命化、现代化、正规化建设和军事斗争准备需要的重要措施。

　　中华人民共和国成立后，为推进中国人民解放军的革命化、正规化、现代化建设，在社会主义建设、改革和进入新时代各个重要时期，基于1951年颁布的共同条令基础上，结合发展需要先后多次进行适时的修改完善。现行的共同条令是2018年4月中央军委主席习近平签署命令，发布新修订的《中国人民解放军内务条令（试行）》《中国人民解放军纪律条令（试行）》《中国人民解放军队列条令（试行）》。此次修订共同条令，是深入贯彻党的十九大精神，对我军在新的历史起点上坚定不移走中国特色强军之路，全面推进国防和军队现代化，实现党在新时代的强军目标、全面建成世界一流军队，巩固和提高部队战斗力，确保部队高度集中统一和安全稳定，具有十分重要的战略意义。

二、人民解放军共同条令修订出台的现实意义

　　我军从创建之日起就十分重视条令建设。为了继承、发扬我军的光荣传统和精神，在革命和建设的不同时期，基本保持了其内容的一致性，并在实践中不断地充实和完善，为人民军队的建设打下了坚实的基础。作为军队建设重要依据的共同条令，在新的历史时期，用条令规范军队的一切行动，使之适应军队建设新形势的要求显得更加重要。治军先治典，共同条令的修改施行是适应新时期我军革命化、现代化、正规化建设和军事斗争准备需要的重要措施。只有全面认真地贯彻执行条令，才能维护良好的上下级关系、军内外关系和正规的内务制度；才能严格履行职责搞好行政管理；才能培养优良的作风；对增强纪律性，巩固和提高战斗力都将起到非常重要的作用，有着十分重要的现实意义。

　　新修订的"共同条令"，深入贯彻毛泽东军事思想，邓小平、江泽民、胡锦涛关于国防和军队建设重要论述和习近平新时代强军思想，着眼在国防和军队建设中的重要指导方针地位，紧贴新时代我军使命任务，坚持依法治军、从严治军，坚持以人为本，加强科学管理，继承和发扬我军优良传统，反映了信息化条件下和社会主义市场经济环境中建军治军的新特点规律，吸纳了部队近年来总结的成功经验，创新发展了我军内务建设、纪律建设和队列生活的若干制度规定，增强了时代性、科学性和规范性，是深入学习实践科学发展观活动取得的重要成果，是新的历史条件下军队建设的基本法规和全体军人的共同准则。新修订的自2018年5月1日起施行的共同条令，全面贯彻习近平强军思想，坚持党对人民军队的绝对领导，全面深入贯彻军委主席负责制，贯彻新形势下军事战略方针，坚持"五个更加注重"战略指导，适应军委管总、战区主战、军种主建新格局，把全面从严治军要求体现在条令的各个方面，增强了时代性、科学性、精准性和操作性，是新时代军队正规化建设的基本法规和全体军人共同遵守的行为准则。新修订的共同条令颁布施行，对在新的历史起点上坚定不移走中国特色强军之路，全面推进国防和军队现代化，实现党在新时代的强军目标、把人民军队全面建成世界一流军队具有重要意义。

（一）共同条令是从严治军、依法治军的法规

共同条令是全军必须遵照执行的法规。人民解放军担负着巩固国防、抵抗侵略、保卫祖国、保卫人民和平劳动、参加国家建设事业的神圣使命。为落实江泽民同志"政治合格、军事过硬、作风优良、纪律严明、保障有力"的总要求，提高部队战斗力，全军必须以共同条令为基本的行为准则。只有认真贯彻共同条令，令行禁止，步调一致，才能提高部队的战斗力，维护良好的军人形象，保持人民军队的本色，保证军队经受住各种困难和复杂局面的考验，充分发挥人民民主坚强柱石的作用，完成我军的神圣使命，成为名副其实的钢铁长城。

共同条令是对全体军人行为的规范。它要求军队中的每一个成员，不论职位高低都要无条件地接受条令的约束。各军兵种部队针对自身的特点制定的条例、规章制度，是条令的细化，不准与条令相抵触。

（二）共同条令能有效地维护军队高度稳定和集中统一

保持高度稳定和集中统一，是人民解放军履行根本职能的客观要求。和平时期，军队的运行机制受它赖以生存的社会环境的影响，受社会发展规律的支配。国际、国内的矛盾斗争和军队的自身建设，要求必须大力加强条令建设，严格依法治军，以保证实现江泽民同志五句话的要求。新的共同条令是为适应这些要求而颁布的，实现这一要求是贯彻落实共同条令的基本任务，共同条令规定的各项内容具有很强的规范性，是统一全军意志和行动的准则。共同条令规定的维护军队运转的各种手段具有极大的强制性，只有按照共同条令的规定，对严守纪律、认真履行职责的表现给予奖励，对违抗命令、破坏纪律的现象坚决查处，才能维护军队的高度稳定和集中统一。

（三）共同条令具有科学性、现实针对性和权威性

在总结人民解放军建设历史经验和研究新情况、新问题的基础上，2018年4月新颁发的共同条令保留了对部队建设有现实指导意义、行之有效的内容，吸收了新时期部队建设和改革的成果，系统严谨，符合我国人民解放军实际，具有我国人民解放军特色，是人民解放军"三化"建设的需要，因而具有高度的科学性。条令中的各项规定和要求都十分具体、准确，不仅规定了什么应该做、什么不能做，而且明确了应该怎么做，不该怎么做。各级管理者可以按照这些规定和要求进行管理，被管理者则用这些规定和要求自觉约束自己。要求各级领导和机关必须严格按条令的标准管理部队，通过艰苦扎实的工作，把条令的要求变成全体官兵的自觉行动，因而具有很强的现实针对性。

共同条令按我军建设的需要规定了条令的立法目的、依据、适用对象和范围的量和度，以及解释权限。条令设置的章、节、条、文有序组合，形成有机的整体，经中央军委审定批准颁发，具有极大的权威性。这就要求全军必须增强条令意识，坚决贯彻执行，坚决维护条令的权威性，充分发挥其重要作用。

第二节　《内务条令》与教育

一、《内务条令》

《内务条令》是规范中国人民解放军的内务制度,加强内务建设,根据有关法律和军队建设的实际而制定的。《内务条令》是中国人民解放军内务建设的基本依据,是军队内部关系和日常生活制度的法规,是军队生活的准则、行政管理的依据,是关于军人职责及其相互关系、军容礼节生活制度和管理规则的法规。制定《内务条令》的目的在于建立和维护部队良好的内部关系、正规的生活秩序,培养严整的军容、优良的作风、自觉而严格的组织纪律,巩固和提高部队战斗力。适用于中国人民解放军现役军人和单位,以及参训的预备役人员。

我军历来重视内务制度的建设。早在土地革命战争时期,各根据地部队就都曾编制过内务条令或内务规则,但未形成统一的共同的条令。1936 年 8 月,我军为了统一思想制度,颁布了第一部内务条令,即《中国工农红军暂行内务条例草案》,从而标志着我军内务条令的正式产生。随着我军的发展,尤其是中华人民共和国成立后我军进入了相对和平建设时期,为适应现代化军队建设的客观需要,对《内务条令》先后进行了 11 次修订,使其不断完善。现行《内务条令》是 2018 年 4 月中央军委主席习近平签署命令发布新修订,自 2018 年 5 月起施行。

二、《内务条令》的基本知识

（一）内务的概念、性质

内务,从一般词义上讲,泛指内部事务,或集体生活室内的日常事务。军队内务,是指军队内部日常生活的一切事务。

《内务条令》根据我军新时期的总任务和战争特点,从加速我军现代化建设出发,突出了加强教育训练的重点,增加了坚持四项基本原则和社会主义精神文明建设的内容。《内务条令》是我军进行管理教育、培养优良作风、建立和维护良好的内外关系和正规的内务制度及生活制度,指导各类人员认真履行职责的依据和行动准则;是中国人民解放军内务建设的基本依据,适用于中国人民解放军现役军人和单位,以及参训的预备役人员。

（二）《内务条令》的主要内容

现行《中国人民解放军内务条令(试行)》经 2018 年 3 月 22 日中央军委常务会议通过,中华人民共和国中央军事委员会主席习近平签署命令并颁布,自 2018 年 5 月 1 日起施行。新修订的《内务条令(试行)》,由原来的 21 章 420 条,调整为 15 章 325

条,明确了内务建设的指导思想和原则,坚持政治建军、改革强军、科技兴军、依法治军,聚焦备战打仗,着眼新体制新要求,调整规范军队单位称谓和军人职责,充实日常战备、实战化军事训练管理内容要求;着眼从严管理科学管理,修改移动电话和互联网使用管理、公车使用、军容风纪、军旗使用管理、人员管理等方面规定,新增军人网络购物、新媒体使用等行为规范;着眼保障官兵权益,调整休假安排、人员外出比例和留营住宿等规定,新增训练伤防护、军人疗养、心理咨询等方面要求。

内容包括:总则,军人誓词,军人职责,内部关系,礼节,着装,军容风纪,对军外人员的交往,作息,日常制度,日常战备,军事训练和野营管理,国旗、军旗、军徽的使用和国歌、军歌的奏唱,附则等,共15章325条。

其主要内容可归纳为五个方面:

1.条令总则

总则是条令基本精神和原则的高度概括,是条令的总纲,其内容有很重的分量和深刻的含义。《内务条令》总则除规定《条令》的目的和依据外,主要规定了四个方面的内容:

(1)规定了我军的性质和任务。

(2)规定了内务建设的指导思想。

(3)规定了内务建设的地位作用及基本任务。

(4)规定了内务建设的五条基本原则。

①必须坚持人民军队的性质。

②必须坚持以提高战斗力为根本标准。

③必须坚持政治工作生命线地位。

④必须坚持依法治军、从严治军。

⑤必须坚持继承和发扬我军优良传统,在管理教育中做到:服从命令,听从指挥;官兵一致,尊干爱兵;发扬民主,依靠群众;严格要求,赏罚严明;说服教育,启发自觉;公道正派,不分亲疏;艰苦朴素,廉洁奉公;干部带头,以身作则;团结紧张,严肃活泼;拥政爱民,军民团结。

2.军人宣誓

军人宣誓是军人对自己肩负的神圣职责和光荣使命的承诺和保证。《内务条令》规定公民入伍后,必须进行军人宣誓。

(1)条令规范了军人誓词。服从中国共产党的领导,全心全意为人民服务,服从命令,严守纪律,英勇战斗,不怕牺牲,忠于职守,努力工作,苦练杀敌本领,坚决完成任务,在任何情况下,绝不背叛祖国,绝不叛离军队。

(2)规范了军人宣誓的基本要求和军人宣誓大会的程序。

(3)要求按照条令规定的程序开好军人宣誓大会。

3.军人职责

军人职责是军人在各自岗位上行使的职权和应当承担的责任与义务。《内务条令》共有6章52条涉及并规范了军人职责。条令对军人职责的规定分为四类:一是士兵、军官;二是首长职责;三是主管人员职责;四是值班、值日、值勤人员职责。

4.军队内部关系

主要是军人相互关系、官兵关系、机关相互关系、部队(分队)相互关系。

5.军人的行为举止和日常管理制度

《内务条令》对军人在日常生活中的言行举止,如礼节、军容风纪、对外交往,作了明确的规定。

三、《内务条令》的作用

(一)规范军队内务建设,体现人民军队性质

《内务条令》的总则,明确了我国人民解放军的性质、宗旨、任务、职能和新时期建军的方针,规定了我军内务建设遵循的原则:坚持政治工作生命线的地位;坚持党对军队的绝对领导,保证我军在政治上永远合格;坚持把提高战斗力作为检查各项工作的根本标准,作为内务建设的出发点和着眼点,努力提高军队适应现代化战争的作战能力;坚持从严治军,依法治军,实行严格、科学的行政管理,保持军队的高度稳定和集中统一,继承和发扬我军优良传统,努力完成各项任务。在行政管理的方法方面,条令规定要把严格管理和耐心说服结合起来,实行按级管理,各负其责,教养一致,训管结合,干部带头,以身作则。严格遵循这些原则,我军的行政管理就能始终保持正确的方向,就能实施严格科学的管理,就能不断地提高战斗力。

(二)规范军人职责,明确工作标准

《内务条令》对军人职责的规定分为四类:一是士兵职责,二是军官职责,三是首长职责,四是主管人员职责。该内务条令进一步完善了士兵、军官、首长的一般职责,将主管人员职责的范围由连、排扩大到团,规定了团长、团政委及团级司、政、后机关和营、连各类主管人员的职责。在军人职责中,把服从命令,听从指挥,坚决完成任务,贯彻执行党的路线、方针、政策,牢固树立战斗思想,积极学习军事、政治,努力提高军政素质,熟练掌握手中武器和技术装备等作为重要内容。从而使每个军人明确党、国家和人民对自己的要求,了解自己肩负的重任,知道自己应该做什么,不应该做什么,具有科学的标准性。

(三)规范军队关系,奠定了团结基础

《内务条令》规定要继承和发扬我军官兵一致、政治平等的优良传统:部属、下级必须服从首长、上级,首长有权对部属下达命令,部属必须坚决执行命令;规定机关之间要分工合作,互相尊重,相互团结,遇事协商。特别是在战时要及时通报情况,积极配合,密切协同。贯彻这些原则,正确处理军队内部的关系,就能增强官兵团结,密切上下级关系,提高部队的凝聚力和战斗力。

(四)规范军人举止,树立军人形象

《内务条令》对军人在日常生活中的言行举止作了明确具体的规定。一是关于军队内部的礼节以及军人和分队对军外人员的礼节的规定,明确了各种时机和场合应行

的礼节；二是关于军容风纪的规定，进一步完善了有关的着装规定；三是关于称呼和举止的规定，新条令还对一些不适用的称谓作了调整；四是关于军容风纪检查的规定，明确了军容风纪的检查制度等。认真按照这些规定去做，就能保持良好的军容风纪，树立起标准的军人形象。

（五）规范日常管理，保证正规秩序

《内务条令》着眼于培养部队优良作风，提高部队的战斗力，对战备、训练、执勤及日常活动的各个方面、各个环节的秩序都作了严格、明确、具体的规定。这主要包括三个方面：一是关于日常生活秩序方面的制度，如对军营一日时间分配，连队及机关的一日生活，会议、汇报和请销假制度，查铺、查哨、交接、接待、点验、保密制度等的规定；二是关于管理和安全方面的制度，如对装备管理，伙食，农副业生产和财务管理，卫生、营区、营产管理和连队内务设置，野营管理和安全检查工作等的规定；三是关于战备秩序方面的制度，如值班、警卫、紧急战斗准备和紧急集合等制度和规定。认真坚持这些制度，就能够保证部队建立起正规的战备、训练、工作和生活秩序，提高部队正规化建设水平。

第三节　《纪律条令》与教育

一、《纪律条令》

《纪律条令》是我军规定纪律、维护纪律的法规，是军队实施奖惩、统一纪律的依据，是军人遵守纪律的标准。制定纪律条令的目的在于培养军人高度的组织性和纪律性，执行命令，服从指挥，令行禁止，协调一致，巩固和提高部队战斗力。

《纪律条令》继承了我军维护和巩固纪律的优良传统，"中国人民解放军的纪律，是建立在政治自觉基础上的严格的纪律，是军队战斗力的重要因素，是坚持人民军队性质、宗旨、本色，团结自己、战胜敌人和完成一切任务的保证。军队在任何情况下，都必须严格遵守和自觉维护纪律"。条令通篇贯穿了依法治军的思想，规定了中国人民解放军的纪律的基本内容和要求，反映了人民军队的本质。

我军历来重视纪律建设。在我军创建初期，就制定了《三大纪律六项注意》，后发展为《三大纪律八项注意》，成为我军最早的纪律规定。1930年10月，我军制定和颁布了第一部纪律条令，即《中国工农红军纪律条令草案》，标志着我军纪律条令的产生。随着军队的发展，自1933年至2010年，我军对纪律条令先后进行了15次修订，使我军纪律条令不断完善，保证了我军建设的发展需要。我军现行《中国人民解放军内务条令（试行）》是2018年4月中央军委主席习近平签署命令发布新修订，自2018年5月1日起施行。新修订的《纪律条令（试行）》，由原来的7章179条，调整为10章262条。围绕听党指挥、备战打仗和全面从严治军，提出了政治纪律、组织纪律、作战纪律、训练纪律、工作纪律、保密纪律、廉洁纪律、财经纪律、群众纪律、生活纪律等

10个方面纪律的内容要求;充实思想政治建设、实战化训练、执行重大任务、科技创新等奖励条件;新增表彰管理规范,对表彰项目、审批权限、时机等作出规范,同时取消表彰与奖励挂钩的相应条款;充实违反政治纪律、违规选人用人、降低战备质量标准、训风演风考风不正、重大决策失误、监督执纪不力等处分条件;调整奖惩项目设置、奖惩权限和承办部门,增加奖惩特殊情形的处理原则和规定。这是近几年来我军纪律建设的成功经验和改革成果,是一部具有时代特色、反映时代特征的条令。认真贯彻执行纪律条令,对于严格组织纪律、保持部队高度集中统一具有十分重要的意义。

二、《纪律条令》的基本知识

(一)纪律的概念、性质

纪律是各种组织要求其成员共同遵守的行为规则。纪律是一定阶级意志的体现,是为一定阶级利益服务的。在社会主义制度下,纪律反映人民群众的共同意志,维护人民群众的共同利益,是执行党的路线、方针、政策,搞好社会主义建设的重要保证。

我军纪律是建立在政治自觉基础上的严格的纪律,是军队战斗力的重要因素,是坚持人民军队的性质、宗旨,团结自己,战胜敌人和完成任务的保证。军队的一切行动,都离不开纪律,严明的纪律可以统一全军意志,规范全军行动。

(二)《纪律条令》的主要内容

根据新形势下我军纪律建设奖惩工作的需要,《纪律条令》的内容也作了补充和必要的修改,从而使条令的内容更为完善,规定更加合理。现行《纪律条令》共10章262条。按其功能区分为七大部分:一是制定《纪律条令》的目的和依据;二是纪律条令在我军纪律建设、奖惩工作中的法律地位和使用范围;三是我军纪律的基本内容和要求;四是我军纪律的性质与作用;五是维护巩固纪律必须坚持的方针、原则和应当采取的措施及手段;六是奖励和处分与维护纪律的关系;七是全体军人在维护纪律中应尽的义务及责任。

1.总则

总则是条令基本精神和原则的高度概括,是条令的总纲,其内容具有很重要的分量和深刻的含义。总则是为了维护和巩固中国人民解放军的纪律,正确实施奖惩,保证军队的高度集中统一,加强革命化、现代化、正规化建设,巩固和提高战斗力,根据有关法律的规定,结合军队实际而制定。条令是中国人民解放军维护纪律、实施奖惩的基本依据,适用于中国人民解放军现役军人和单位,以及参战、支前的预备役人员。

2.奖励

奖励是纪律条令的主体部分,在该条令中占有重要地位,其内容主要有五个方面:一是奖励的目的和应当坚持的原则;二是奖励的项目;三是奖励的条件;四是实施奖励的权限;五是实施奖励的程序和要求。

3.处分

处分也是纪律条令的主要部分。就篇幅来讲,在该条令中所占比重最大,其内容也是五个方面：一是处分的目的和应当坚持的原则；二是处分的项目；三是处分的条件；四是实施处分的权限；五是实施处分的程序和处分的执行。

4.特殊措施

特殊措施主要包括行政看管和其他措施两个方面的内容：一是为了维护秩序，制止严重违纪行为和预防事故、案件发生措施的行政看管。二是驻城镇的部队、省军区（卫戍区、警备区）、军分区、县（市、区）人民武装部，以及派驻车站、港口、机场的军事代表机构，在本辖区以及所在地区发现其他单位的军人有功绩时，应当主动向其所在单位提出奖励的建议；发现其他单位的军人违反纪律或者扰乱社会秩序时，应当劝阻和制止，制止无效或者情节严重的，可以暂时予以扣留，及时通知当地警备（卫戍）部门或者其所在单位处理的措施。

5.控告和申诉

控告和申诉是军人的民主权利，为保护军人的合法权益，维护军队严格的纪律，充分发挥群众的监督作用，根据《纪律条令》的规定，军人对违法违纪者有权提出控告；认为给自己的处分不当或者合法权益受到侵害，有权提出申诉。

6.首长责任和纪律监察

各级首长负有维护纪律的直接责任。各级首长应当以身作则，严于律己，严格遵守和执行纪律；经常对部属进行纪律教育，增强官兵的法纪观念；有针对性地进行作风纪律整顿，解决本单位在纪律建设方面存在的突出问题。应当负有对下级实施纪律监察，并自觉接受上级的监察以及下级和群众的监督的责任和义务。对发现违纪行为制止不力或者不予制止的，应当给予批评或者给予处分；对带头违反纪律的，应当从重给予处分。

7.附则和附录

附则和附录也是纪律条令不可缺少的组成部分。其中，附则主要规定了奖惩工作的承办分工，编内职工和军队企事业单位职工奖惩办法的制定，奖章、奖状、奖旗、立功受奖证书式样的制定以及武装警察部队如何执行纪律条令等。附录主要规定了奖励，处分、行政看管的审批、登记表的样式和规格。这类规定虽然多属于技术性的，但与其他部分的内容具有同样的法律效力。

第四节　《队列条令》与教育

一、《队列条令》

《队列条令》是为了规范中国人民解放军的队列动作、队列队形和队列指挥，保持整齐划一和严格正规的队列生活而制定的。《队列条令》是规定队列动作、队列队形和队列指挥的法规,是全军队列训练和队列生活的依据,适用于中国人民解放军现役军人和单位,以及参训的预备役人员。

《队列条令》是随着武器装备和作战样式的发展变化,为适应军队的建设和需要,由操典演变而来。随着热兵器的诞生和战术的发展,队列训练与战术训练的区别日益明显,操场上已经容纳不了整个战术训练的内容。由于火器和战术的发展对密集的人群具有巨大的杀伤作用,类似古代方阵的密集队列也就逐步被线式队列所替代。因此,操场上的阵式已经不能适应新的作战方式的需要,一方面要求军队继承传统的阵法,另一方面要根据新火器和战术加强军队新的战术训练,这就需要进一步统一队列与战术的训练。16 世纪末 17 世纪初,产生了近代第一部操典。在这部操典的内容里,主要包括教练和战斗两部分。其中教练部分主要是队列,即阵式教练;战斗部分主要是战术,即战法的训练。从其后来的发展看,分别与现在的队列条令和战斗条令相似。随着军队的发展,20 世纪初,清朝练兵处编订了我国第一部操典。军队的编制基本形式为军、师、旅、团、营、连、排、班。民国时期先后多次编写兵步操典。操典中除了规范单兵、班、排、连、营、团及持各种武器时的队列训练外,还包括技术、战术基础训练的内容。这些都反映了队列训练的发展变化,也反映了队列与军队建设密不可分的关系。

中国人民解放军在革命战争时期曾颁发过《步兵操典》,中华人民共和国成立后,于 1951 年颁发了第一部《中国人民解放军队列条令(草案)》。自 1953 年至 2010 年对队列条令作了 9 次修订。现行《中国人民解放军内务条令(试行)》是 2018 年 4 月中央军委主席习近平签署命令发布新修订,自 2018 年 5 月 1 日起施行。新修订的《队列条令(试行)》,由原来的 11 章 71 条,调整为 10 章 89 条,着眼进一步激励官兵士气、展示我军良好形象、激发爱国爱军热情,新增誓师、组建、凯旋、迎接烈士等 14 种仪式。规范完善各类仪式的时机、场合、程序和要求;调整细化阅兵活动的组织程序、方队队形、动作要领;调整队列生活的基准单位和武器装备操持规范,统一营门卫兵执勤动作等内容。

《队列条令》从适应我军优良作风的培养和技术、战术训练的需要出发,对于军队的队列训练和队列生活作了具体规范,指出"本条令是中国人民解放军队列生活的准则和队列训练的基本依据。全体军人必须严格执行本条令,加强队列训练,培养良好军姿、严整军容、过硬作风、严格纪律和协调一致的动作,促进我军正规化建设,巩固和提高战斗力"。要求全体军人必须参加队列训练,并在日常生活中,自觉地严格执行条令的规定,做到队列动作标准化、生活队列正规化。

二、《队列条令》基本知识

(一)队列的概念、性质

队列,自古有之。可以说,自从产生了军队就有了队列。队列有广义和狭义之分,从广义上讲,泛指排成行列的队伍;从狭义上讲,特指军队进行集体活动时按一定的顺序列队的组织形式。在军队的训练、工作和生活中,队列是必不可少的。队列伴随着军队的发展而发展。

《队列条令》是规范全军队列动作、队列队形、队列指挥的军事法规，是全军官兵必须共同遵循的行为规范。中华人民共和国成立以来，我军先后颁发了 9 次《队列条令》。在军队的建设发展中，《队列条令》有着十分重要的地位和作用。

（二）《队列条令》的主要内容

《队列条令》主要规范了全体军人和部（分）队队列活动的有关内容，共 11 章 71 条。

（1）总则。《队列条令》是中国人民解放军队列生活的准则和队列训练的基本依据。为了规范中国人民解放军的队列动作、队列队形和队列指挥，保持整齐划一和严格正规的队列生活，全体军人必须严格执行，加强队列训练，培养良好的军姿、严整的军容、过硬的作风、严格的纪律性和协调一致的动作。它是以促进军队正规化建设，巩固和提高战斗力为目的制定的，涉及适应的范围、作用与意义，首长机关的责任，队列纪律。

（2）队列指挥。包括队列指挥的位置，队列指挥的方法，队列指挥的要求。

（3）队列队形。包括队列基本队形，列队的间距，班、排、连、营、团各级的队形及军兵种分队、部队的队形要求。

（4）单个军人的队列动作。

（5）班、排、连、营、团的队列动作。包括集合、离散；整齐、报数；行进、停止；方向变换以及摩托化步兵行动规范；等等。

（6）分队乘坐汽车、火车、舰（船）艇和飞机。

（7）敬礼。包括敬礼的种类、敬礼和礼毕的动作及单个军人和分队、部队的敬礼。

（8）国旗的掌持升降和军旗的掌持授予迎送。

（9）阅兵。包括阅兵的权限，阅兵的形式，阅兵的程序，师以上部队阅兵和军兵种部队以及院校阅兵。

（10）晋升（授予）军衔、授枪和纪念仪式。

（11）附则。包括本条令的参照执行范围，本条令的解释权和生效时间及附录。其中，队列动作、队列队形和队列指挥是队列条令的基本内容，也是军人、分队和部队队列活动的三个基本要素。《队列条令》总则第三条强调："本条令是中国人民解放军队列生活的准则和队列训练的基本依据。全体军人必须严格执行本条令，加强队列训练，培养良好的军姿、严整的军容、过硬的作风、严格的纪律性和协调一致的动作，促进军队正规化建设，巩固和提高战斗力。"这一规定，明确了队列条令在军队建设中的地位和作用。通过贯彻队列条令，进行严格的队列训练，一方面规范全军的队列动作、队列队形、队列指挥；另一方面培养军人良好的军姿、严整的军容、过硬的作风和严格的纪律以及协调一致的动作。同时，对维护我军文明之师、威武之师的形象，对加强部队正规化建设，巩固和提高部队战斗力有着十分重要的作用。

第五节 日常养成与军事教育

为了使学生军训工作逐步实现科学化、制度化、规范化管理,教育部、总参谋部、总政治部制定的《普通高等学校军事课教学大纲》和《中华人民共和国国防法》《中华人民共和国兵役法》《中华人民共和国国防教育法》,国务院办公厅、中央军委办公厅《转发教育部总参谋部总政治部关于在普通高等学校和高级中学开展军事训练工作意见的通知》(国办发〔2001〕48号)的文件精神和学生军训大纲的要求,使学生军训工作逐渐成为普通高等学校本、专科学生的一门必修课。按照教育要面向现代化、面向世界、面向未来的要求,适应我国人才培养的战略目标和加强国防后备力量建设的需要,为培养高素质的社会主义事业的建设者和保卫者服务,在学生进行军训期间,应重点学习人民解放军共同条令的重点内容,主动参与军事技能的训练,不断增强组织纪律观念,培养顽强拼搏和集体主义精神,养成良好的军人姿态。

一、大学生军训日常养成

(一)落实一日生活制度

1.起床

听到起床号(信号)后,全体人员立即起床,按照规定着装,迅速作好出操准备。

2.早操

除了休息日、节假日之外,通常每日出早操,每次时间通常为30分钟,主要进行队列训练和体能训练。

3.整理内务和洗漱

早操后,整理内务、清扫室内外卫生和洗漱,时间不超过30分钟。

4.开饭

按照规定时间准时开饭。开饭时间通常不超过30分钟;听到开饭号(信号)后,以班、排或者连为单位带到食堂前,由连值班员整队,按照连值班员宣布的次序依次进入食堂;就餐时保持肃静,餐毕自行离开。

5.操课

操课前,根据课目内容作好准备。听到操课号(信号)后,连(排、班)迅速集合整队,清查人数,检查着装和装备、器材,带到课堂(训练场、作业场);操课中,按照训练计划周密组织,严格课堂(训练场、作业场)纪律,严防事故;课间休息(操课通常每小时休息10分钟,野外作业和实弹射击时根据情况确定休息时间),由连值班员发出休息信号;休息完毕,发出继续操课信号;操课结束后,检查装备,清理现场,集合整队,进行讲评;操课往返途中应当队列整齐,歌声嘹亮。

6.午睡(午休)

听到午睡号(信号)后,除执勤人员外均应当卧床休息,保持肃静,不得进行其他活动,连值班员检查全连人员午睡情况。午休时间由个人支配,但不得私自外出,不得影响他人休息。

7.点名

连队通常每日点名,休息日和节假日必须点名。点名由一名连首长实施。每次点名不得超过15分钟;点名通常以连为单位于就寝前或者其他时间列队进行。点名的内容通常包括清点人员、生活讲评、宣布次日工作等。

8.就寝

连值班员在熄灯号(信号)前10分钟,发出准备就寝信号,督促全体人员作好就寝准备。就寝人员应当放置好衣物装具,听到熄灯号(信号)立即熄灯就寝,保持肃静;休息日的前一天可以推迟就寝,时间通常不超过1小时;休息日和节假日可以推迟30分钟起床。起床后,整理内务,清扫室内外。早饭后至晚饭前,主要用于整理个人卫生,处理个人事情。

(二)着装和整理军容制度

(1)着军训服时,应当戴军训帽。男学生帽檐前缘与眉同高,女学生帽檐稍向后倾。

(2)军训服应当保持整洁,配套穿着,不得混穿。不得在军训服外罩便服。不得披衣、敞怀、挽袖、卷裤腿。军训服内着毛衣、绒衣、棉衣等内衣时,下摆不得外露。内衣领不得高于外衣领。

(3)操课和集体活动时通常着解放鞋,不得赤脚穿鞋。

(4)参加训练、集会、检阅等活动的着装,按照主管(主办)单位的规定执行。

(5)参加执勤、操课、检阅时,通常扎腰带,其他场合需扎外腰带时,由主管(主办)单位规定。

(三)请销假制度

(1)外出必须按级请假,按时归队销假;未经领导批准不得外出。在执勤和操课(工作)时间内,无特殊事由不得请假。

(2)请假外出时,由连值班员负责登记,检查着装和仪容,交代注意事项;归队后,必须向连值班员销假,连值班员应当将外出人员的归队情况,报告领导。

(3)请假人员,因特殊情况经批准后方可以续假。未经批准,超假或者逾假不归者,应当予以追究。

(四)整理"内务"及摆放好宿舍物品

(1)床铺应当铺垫整齐。被子要叠成"豆腐块"——竖叠三折,横叠四折;叠口朝前,置于床铺一端中央。战备(枕头)包通常放入被子上层,也可以放于被子一侧或者床头柜内。

(2)穿着大衣的季节,白天不穿大衣时,应当折叠整齐,置于被子上(下)面。

（3）经常穿用的鞋置于床下的地面上，有条件的放在床下的鞋架上。鞋子放置的数量、品种、位置、顺序应当统一。

（4）衣帽和腰带通常按照腰带、衣、帽的顺序放在衣帽钩上，也可以置于床铺上。

（5）洗漱用具通常放在宿舍内，毛巾统一晾置在绳、架上。

（6）背包带通常缠好压在床铺一端褥子下面，也可以放于床头柜内。挎包、雨衣统一放在柜内，摆放的顺序、位置应当统一。

（7）暖瓶、水杯、墨水、胶水瓶、报纸等物品的放置应当统一。

二、大学生军训的教育与管理

为贯彻落实教育部、总参谋部、总政治部等八部（委）关于加强高等院校学生军训工作的通知精神和学生军训大纲的要求，军训成为大学生的一门必修课。

（一）大学生军训教育要求

在军训中，凡未获得此项学分的学生不准予毕业，学生必须参加军训计划规定的军事科目训练、理论课学习，并进行考试、考核，达到教学要求，方能取得学分。军事训练中必须严格执行条令、条例、服从命令，听从指挥，尊重教官，团结同学。严格执行作息制度，按时出操、训练、熄灯就寝。熄灯后，不得喧哗、打闹，在寝室内不得留宿无关人员。加强内务卫生整理，搞好室内外和个人卫生，军训中将定期进行检查和评比。军训期间，学生除刻苦完成各项军事科目训练外，应积极参加文娱、体育活动，丰富训练生活。严格考勤，学生在军事训练中，一般不得缺勤。病假须有校医院证明，事假须有系主管学生工作领导出具证明，由学生处领导批准。凡缺勤超过军训时间1/3以上者，以后必须重修方能取得学分。凡未准假无故缺勤，按旷课论。无故缺勤达3天者，不能取得学分。训练中出现迟到、旷课、不服从管理、无理取闹等违纪行为，将依据情节，给予批评教育，直至纪律处分，并不能取得学分。训练结束时，个人应写出军训总结，记入学生个人档案。对军训中表现突出的先进个人和集体，分别给予表彰并记入个人档案。

（二）学生军训管理

根据国务院办公厅、中央军委办公厅《转发教育部总参谋部总政治部关于在普通高等学校和高级中学开展军事训练工作意见的通知》（国办发〔2001〕48号）的文件精神，学生军训工作规程如下：

（1）值班。军训团各级指挥员根据安排轮流值班，每人一天。团值班员由连长担任，连值班员由排长担任，排值班员由班长担任。其职责分别负责团、连、排的日常管理、清点人数、整队集合、督促检查、报告情况等工作。

（2）作息。军训团统一执行军训作息时间，全团教官、工作人员、学生必须严格遵守，按时起床、出操、训练、就餐、就寝等。

（3）就餐。训练结束后，各连整队带入食堂就餐，做到饭前一支歌。

（4）管理。日常管理要严格规范，凡集体活动、训练，均要以班、排、连为单位整队带入指定地点。行进过程中做到步伐整齐,有歌声、口令声。

(5)训练。训练以集中与分散相结合,每次训练前必须清点人数,如实按应到、实到、未到人数的方式向值班员报告。然后由团值班员统一下达训练科目。训练与休息时间由团值班员统一掌握,严禁各行其是。

(6)纪律。全体学生要严格要求自己,尊重领导、服从管理、听从指挥。军训期间实行封闭式管理,未经许可,不得穿便装出入营门,着军装出入校门,不准接待来人来访。杜绝酗酒、闹事、起哄、打架斗殴等不文明行为。爱护武器装备、训练器材和学校部队设施,不得损坏公物。

(7)发型。军训期间,严格执行《中国人民解放军内务条令》,男生不准留长发、大鬓角和胡须,戴帽须发不超过1.5厘米;女生不准戴耳环、项链,不准描眉、涂口红,发不过肩。各连要经常督促检查,发现问题及时纠正。

(8)出勤与请销假。全体学生要积极参加训练,各连必须每天分上午、下午两次清点学生人数,分别上报团值班员,然后交学院武装部办公室。学生无特殊情况一律不准请假,确因事因病请假的,须本人书面申请,或持校医开具的病假条,由连指导员核实,报学院武装部批准,方可缺课。轻病号可以不参加训练,但须到场。凡因事、因病请假,每缺一日课扣出勤分2分。无故缺课一日扣出勤分10分。

(9)因身体原因确实不能参加军事训练者,应出具县级以上医院诊断证明书,经校医院诊断证明属实,学院主管领导签字后,报教务处最后审批备案,方可不参加军事训练。待身体恢复健康后再补训补考。

(10)成绩。军事课是大学生的一门必修课,成绩为100分,其中军事技能成绩50分(队列动作20分,射击技能5分,作风纪律10分,出勤15分),军事理论成绩50分。经考核,成绩合格者方可毕业。因军训成绩不合格或在军训期间违反学校纪律及军训有关规定而取消军训资格者,必须重修。

(11)内务卫生。严格按照部队的要求,被子叠放整齐,铺面平整,物品放置有序,地面、门窗清洁卫生。

(12)检查与评比。军训期间采取定时与不定时、通知与不通知的方式对各连的出勤、训练、会操、内务卫生、军容风纪、作风纪律、歌咏比赛等进行检查评比,并以此作为评比先进连队和优秀学员的依据。

(13)建立登记。各连要对好人好事、违规违纪的人和事进行登记。军训结束时,以连为单位送学院军事教研室,根据情况与学生军训成绩挂钩。

[**思考与练习**]

1.中国人民解放军共同条令修订的现实意义有哪些?

2.《中国人民解放军内务条令》包含哪些内容?

3.《中国人民解放军纪律条令》包含哪些内容?

4.《中国人民解放军队列条令》包含哪些内容?

5.简述大学生参加军训日常养成的重要性。

第八章　轻武器射击

　　轻武器射击训练,是学生军训中军事技能训练的重要内容,有着特殊的地位和作用。加强轻武器射击训练是调动学生军训热情,提高士气,鼓舞斗志,增强临战实战的有效途径。

　　轻武器,通常是指可由单兵或班组携带的战斗武器,是陆军步兵的基本武器,也是空军、海军及其他兵种的自卫和近战突击武器。综观世界各国军队武器装备,品种、数量最多的是步兵武器,在历经漫长的战争洗礼后逐步发展成为现代武器中的大家族。

第一节　轻武器常识

一、轻武器的分类

　　轻武器的分类,按武器的口径,可分为大口径武器和小口径武器;按武器的自动方式,可分为半自动武器和全自动武器;按武器的用途,现装备的轻武器可分为手枪、步枪、冲锋枪、机枪、火箭筒和榴弹发射器等。轻武器无论在过去还是在现在的战争中都具有不可低估的力量。世界各国都十分重视开发和研制新型的轻武器。从目前的情况看,轻武器的主要发展趋势为:班用枪械将继续实现小口化、枪族化和轻量化;手枪口径将向 9 毫米靠拢,新型单兵自卫武器渴望列装;大口径机枪、自动榴弹发射器将成为步兵的主要压制火力;火箭筒将向大威力、多功能和多用途方向发展;轻武器将安装光学瞄准镜,具有全天候作战能力,积极应用非金属材料等。

　　轻武器中最常见的是步枪。步枪是一种单兵肩射的长管枪械,主要用于发射枪弹,杀伤暴露的有生目标,有效射程一般为 400 米。短兵相接时,也可用刺刀和枪托进行白刃格斗,有的还可发射枪榴弹,并具有点、面杀伤和反装甲能力。步枪是步兵单人使用的基本武器,不同类型的步枪可以执行不同的战术使命。但步枪的主要作用是以其火力、枪刺和枪托杀伤有生目标。因此,在近战中,解决战斗的最后阶段,步枪起着重要的作用。步枪按照自动化程度可以分为单发步枪、手动步枪、半自动步枪和自动步枪;按照用途可以分为民用步枪、军用步枪、警用步枪、突击步枪、骑枪(卡宾枪)和狙击步枪。

本章主要介绍我军目前最常用的 81 式自动步枪、95 式自动步枪和 54 式手枪,以便了解其战斗技术性能,掌握各部件名称和用途,了解武器常识,学会正确的使用方法。

二、轻武器的性能与构造

1.81 式自动步枪

81 式自动步枪(图 8.1)与 81 式班用轻机枪组成班用枪族,活动机件和弹匣、弹鼓可以互换,并能用实弹直接从枪管发射 40 毫米枪榴弹,使射手具有全面杀伤和反装甲能力,是近战中消灭敌人有生力量的自动武器和步兵分队反装甲目标的辅助武器,它主要以火力杀伤敌人。81 式自动步枪由刺刀、枪管、瞄准具、活塞及调节塞、机匣、枪机、复进机、击发机、弹匣和枪托十大部分组成。射距与射效:在 400 米内对单个目标射击效果好,集中火力可射击 500 米内的敌人飞机、伞兵以及集团目标,弹头飞行到 1500 米仍有杀伤力。战斗射速:点射每分钟 90~110 发,单发射每分钟 40 发。弹头侵彻力:使用 56 式普通弹在 100 米距离上能射穿 6 毫米厚的钢板,7 厘米厚的砖墙,30 厘米厚的土层和 40 厘米厚的木板。使用破甲枪榴弹在 290 米内射击时,其静破甲能力为 250 毫米。口径 7.62 毫米;枪全重 3.5 千克;枪全长1105毫米;不装刺刀 955 毫米;枪托折叠状态 730 毫米;普通弹的初速为 710 米/秒;弹头最大飞行距离约2000米(图 8.1)。

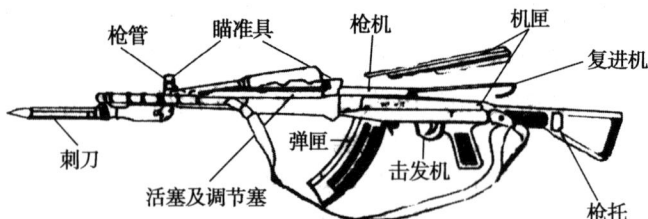

图 8.1　81 式自动步枪

2.95 式自动步枪

95 式自动步枪是我军比较新式的一种近距离消灭敌人的自动武器。95 式自动步枪由刺刀(匕首)、枪管、导气装置、瞄准装置、护盖、枪机、复进机、击发机、枪托、机匣和弹匣等部件组成。95 式自动步枪能有效杀伤 400 米内的单个目标和 500 米内的集团目标。该枪使用 5.8 毫米子弹,弹匣送弹(装弹 30 发),既可以单发,也可以进行短点射(2~5 发)和长点射(6~10 发),还可以发射 40 毫米系列枪榴弹。该武器使用 87 式 5.8 毫米普通弹,在 300 米距离处能射穿 10 毫米厚的 A3 钢板;在 600 米距离处射穿 2 毫米厚的冷轧钢板后,仍能穿透 14 毫米厚的松木板。枪全长 746 毫米(不带刺刀),刺刀长 302 毫米,重约 3.3 千克;口径 5.8 毫米;射击射速为初速 930 米/秒,理论射速 650 发/分,战斗射速 40 发/分(单发)和 100 发/分(连发);射程为直射距离 370 米、有效射程 400 米;枪弹 87 式 5.8 毫米步枪弹。

95 式自动步枪具有射速快,威力大,射程远的特性。其性能已经远远超越了 81 式自动步枪的性能。该枪 1997 年作为中国人民解放军驻港部队和特种兵部队的配用武器首次露面,现已基本装备部队,是我军及武警部队第一种大规模列装部队的小口径自动步枪(图8.2)。

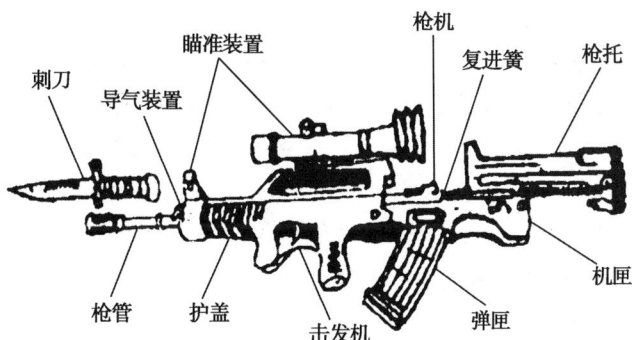

图8.2　95式自动步枪

3.54式手枪

1954年式7.62毫米手枪,简称54式手枪,是近距离歼敌的自卫武器。54式手枪由套管、套筒、复进机、套筒座、击发机和弹匣六部分组成。主要配给指挥员和特种兵,如飞行员、装甲兵、侦察兵、警卫员等。在隐蔽狭窄的地形上突然遭遇敌人时,使用方便。射距与射效:在50米内射击效果最好,弹头飞到500米仍有杀伤力。战斗射速每分钟约30发,口径7.62毫米,枪全重0.85千克,装满子弹的弹匣重0.16千克,枪全长195毫米,枪管长116毫米,弹头最大飞行距离为1630米,子弹重10克,弹头重5.5克,枪弹长34.85毫米,初速420米/秒(图8.3)。

图8.3　54式手枪

三、武器的基本保养

1.保管

武器和子弹应放在安全、干燥和通风的地方,在营房内应放在枪架上,折回枪刺,扣扳机,关上保险,表尺定在常用表尺分划上。

2.擦拭

行军、作战和演习时,尽量避免武器沾上污物,应及时擦拭武器。射击后,及时擦拭。随身携带和用于训练值勤的轻武器,每日擦拭和每周分解擦拭一次;集中保管的轻武器每周擦拭或分解擦拭一次。擦拭武器包括对武器及其配套的器材进行清洁、润滑、调整和更换油液,由班、组和使用人员实施。

3.检查

应经常或定期检查武器和子弹,主要检查瞄准具是否完好,枪膛是否干净,主要机件的机能是否正常,金属部分有无锈蚀,子弹附品和备份零件有无丢失。

第二节　轻武器射击实践

一、射击动作和方法

（一）操枪

操枪是指士兵携带枪支的动作和方法,针对自动步枪和半自动步枪来说,通常可分为:持枪、肩枪、挂枪和背枪。

1.持枪

持枪时,右臂自然下垂,左手将背带挑起、拉直,由右手拇指在内压住,余指并拢在外将枪握住(半自动步枪握上护木),同时左手放下,托底版在右脚外侧全部着地,托后踵同脚尖齐。95 式自动步枪一般不持枪。

2.肩枪

肩枪一般由持枪转换而成。听到"肩枪"口令,右手握护木将枪向前送出,左手反方向(掌心向外)接握护木,将枪倒置于胸前,弹匣向右(半自动步枪肩枪时,右手将枪提起置于胸前,左手接握护木);右手移握背带(拇指由内顶住),两手合力将枪送于右肩上,右大臂轻贴右胁,成肩枪立正姿势。

3.挂枪

挂枪通常由肩枪换成。听到"挂枪"的口令,右手移握护木将枪口转向前,左手掌心向下在右肩前握背带,两手协力将背带从头上套过,落在左肩,使枪身在胸前成 45度;右手移握枪颈(枪把折叠时,握复进机盖后端),左手放下(也可握护木),成挂枪立正姿势,半自动步枪通常不挂枪。

挂枪恢复成肩枪时,右手移握护木,左手移握,两手协力将背带从头主套过,落在右肩,枪口向下,枪身垂直;右手移握背带(拇指由内顶住),左手放下,成肩枪立正姿势。

4.背枪

(1)挂枪换背枪。听到"背枪"的口令,右手握准星,稍向上提;左手在左肩前握背带;两手协力将枪转到背后;两手放下,成背枪立正姿势。

背枪恢复成挂枪时,右手掌心向前移握准星,稍向上提;左手在右胁前握背带;两手协力将枪转到胸前;右手移握枪颈(枪把折叠时,握复进机盖后端),左手放下或握护木,成挂枪立正姿势。

(2)肩枪换背枪。听到"背枪"的口令,左手在右手上方握背带,右手掌心向后移握准星(半自动步枪,右手提下背带环),两手协力将枪上提,左手将背带从头上套过,落在左肩;两手放下成背枪立正姿势。

背枪恢复成肩枪时,右手掌心向后握准星(半自动步枪,右手握下背带环),左手在左后前握背带,两手协力将背带从头上套过,落在右肩;右手握背带(拇指由内顶住),左手放下,成肩枪立正姿势。

(二)验枪

验枪是一项保证安全的重要措施。使用武器前后及必要时均应验枪。认真检查弹膛、弹匣和教练弹中有无实弹。验枪时严禁枪口对人。

1.半自动步枪的验枪

听到"验枪"口令后,以右脚掌为轴,身体半面向右转,左脚顺势向前迈出一步(两脚约与肩同宽),同时右手将枪向前送出,左手接握下护木,左大臂紧靠左胁。枪托贴于胯骨。枪刺尖略与眼同高,右手打开保险和弹仓盖,移握机柄。当指挥员检查时,拉枪机向后。验过后,自行送回枪机,关上弹仓盖,扣扳机,关保险,移握枪颈。听到"验枪完毕"口令后,右手移握上护木,身体半面向左转,在右脚靠拢左脚的同时恢复持枪姿势(图8.4)。

图 8.4　用拇指打开保险

2.冲锋枪的验枪

听到"验枪"口令后,以右脚掌为轴,身体半面向右转,左脚顺势向前迈出一步(两脚约与肩同宽),同时右手移握上护木,将枪向前送出(背带从肩上脱下),左手移握下护木,左大臂紧靠左胁,枪托贴于胯骨。准星略与肩同高,拇指打开保险,卸下弹匣,使弹匣口向后交给左手握于护木右侧,右手移握机柄。当指挥员检查时,拉枪机向后。验过后自行送回枪机,装上弹匣,扣扳机,关保险,移握枪颈。听到"验枪完毕"口令以后,左手反握护木,将枪倒置于胸前,右手挑起背带,身体半面向左转,在右脚靠拢左脚的同时,两手协力将枪送上右肩,恢复肩枪姿势。

(三)射击准备

1.半自动步枪卧姿装退子弹和定表尺

听到"卧姿—装子弹"口令后,右手将枪提起稍向前倾,左脚向右脚尖前迈出一大步(也可右脚顺脚尖方向迈出一大步),左手在左(右)脚尖前支地,顺势卧倒,以身体左侧、左肘支持全身。右手将枪向目标方向送出,左手接握表尺下方,枪托着地,右手拉枪机到定位。解开弹袋扣,取出一夹子弹,插入弹夹槽,以食指或拇指将子弹压入弹仓(单发装填时,不应将第一发子弹压在右侧),取出弹夹,送弹上膛。以右手拇指和食指捏压游标卡榫,移动游标,使游标前切面对正所需的表尺分划。然后右手移握枪颈,全身伏地。两脚分开约与肩同宽,身体与射向约成30度角,枪刺离地,目视前方,准备射击。听到"退子弹—起立"口令后,稍向左侧身,右手打开弹仓盖,接住落下的子弹,装入弹袋,拇指拉机枪向后,余指接住从膛内退出的子弹,送回枪机,将子弹装入弹袋并扣好,关上弹仓盖,打开保险,扣扳机,关保险,复表尺,移握下护木,将枪收回。同时左小臂向里合,屈左腿于右腿下,以左手和两脚支撑起身体,右脚向前一大步,左脚再向前一步,在右脚靠拢左脚的同时,恢复持枪姿势。

2.冲锋枪卧姿装退子弹和定复表尺

听到"卧姿—装子弹"口令后,右手移握上护木,使枪口向前(背带从肩上脱下),左脚向右脚尖前迈出一大步(也可右脚顺脚尖方向迈出一大步),左手在左(右)脚尖前支地,顺势卧倒。以身体左侧、左肘支持全身,右手将枪向目标方向送出,左手接握下护木。枪面稍向左,枪托着地,右手打开枪刺,卸下空弹匣交给左手,换上实弹匣,将空弹匣装入弹袋并扣好,打开保险,拉枪机送子弹上膛,关上保险。右手拇指和食指捏压游标卡榫,移动游标,使游标前切面对正所需的表尺分计。然后,右手移握握把,全身伏地,两脚分开约与肩同宽,身体右侧与枪略成一线,目视前方,准备射击。

听到"退子弹—起立"口令后,稍向左侧身,右手卸下实弹匣交给左手,打开保险,拇指慢拉枪机向后,余指接住从膛内退出的子弹,送回枪机,将子弹压入弹匣内,换上空弹匣,把实弹匣装入弹匣袋内并扣好,扣扳机,关保险,复表尺,折回枪刺,右手移握上护木,将枪收回,同时左小臂向里合,屈左腿于右腿下。以左手和两脚撑起身体,右脚向前一大步,左脚再向前一步,在右脚靠拢左脚的同时,恢复肩枪姿势。

(四)据枪

为了获得更好的射击效果,应力求利用地物和构筑依托物实施射击。依托物的高度应依射手的身体而定,一般为25～30厘米,依托物内侧应陡些。在紧急情况下,还应善于利用不同高度的依托物实施射击。

1.有依托据枪

卧姿有依托据枪时,下护木放在依托物上,身体右侧与枪身略成一线。右手拇指将保险机扳到所需的位置,虎口向前紧握握把,食指第一节靠在扳机上,右肘尽量里合着地前撑。左手握护木(也可握弹匣),左肘着地外撑,两肘保持稳固,胸部挺起,身体稍前跟(右肘不离地),上体自然下塌,两手用力保持不变,使枪托确实抵于肩窝。头稍前倾,自然贴腮。

掩体内跪姿据枪时,通常跪左膝,右膝靠掩体前崖或右脚向右后蹬;也可跪双膝,上体紧靠掩体前崖,两肘抵在臂座上。瞄准需要修正方向时,可左右移动膝或脚。其他要领同卧姿。

掩体内立姿据枪时,上体左前侧紧靠前崖,左腿微屈,右脚后蹬,两肘抵在臂座。瞄准需要修正方向时,可左右移动两腿。其他要领同卧姿。

2.无依托据枪

卧姿无依托据枪时,左手握下护木或弹匣,小臂尽量里合枪身下方,小臂与大臂约成90度角,将枪自然托住。右手握握把,大臂约成垂直,两肘保持稳固,两手正直向后用力,使枪托确实抵于肩窝,自然贴腮。

跪姿无依托据枪时,左手托护木或弹匣,左肘平面略过左膝盖前或左膝盖后,使枪、左小臂、左小腿在同一垂直面上。右手握握把,大臂自然下垂,上体稍前倾,两手正直向后用力,使枪托抵于肩窝。瞄准需要修正方向时,可移动左脚或右膝。其他要领同卧姿。

立姿无依托据枪时,左手握弹匣,大臂紧靠左胁,小臂尽量里合于枪身下方。也可左手托握下护木,大臂不靠左胁,右手握握把,大臂自然抬起,两手正直向后用力,使枪托确实抵于肩窝外侧。瞄准需要修正时,可移动两脚。其他要领同卧姿。

（五）瞄准

1.正确的瞄准

右眼通视缺口和准星,使准星尖位于缺口中央并与上沿平齐。指向瞄准点,就是正确瞄准。正确瞄准景况应是准星与缺口的平正关系看得清楚,而目标看得较模糊(图8.5)。

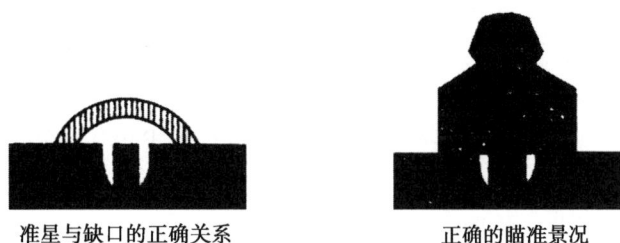

准星与缺口的正确关系　　　　　正确的瞄准景况

图 8.5　瞄准

2.瞄准的方法

据枪后,应首先使瞄准线自然指向目标,若未指向目标,不可迁就而强扭枪身,必须调整姿势。需要修正方向时,可左右移动身体或两肘;需要修正高低时,可调整依托物,前后移动整个身体或两肘里合、外张(连发射击时,右肘不宜外张),也可适当移动左手的托枪位置。瞄准时,应把主要精力集中在准星与缺口的平正关系上。如果把主要精力集中在准星与目标上,则会忽略准星与缺口的平正关系,使射弹产生偏差。

3.瞄准误差对命中的影响

准星与缺口关系不正确。瞄准时,若准星与缺口的关系不正确,对命中影响很大。准星偏向哪里,弹着点就偏哪里。如准星尖在缺口内偏差1毫米,弹着点在100米距离上的偏差量:自动步枪为32厘米,班用轻机枪为20厘米。距离增加几倍,偏差量就增大几倍。射弹偏差量的大小与射击距离的远近和瞄准基线的长短有直接关系(图8.6)。

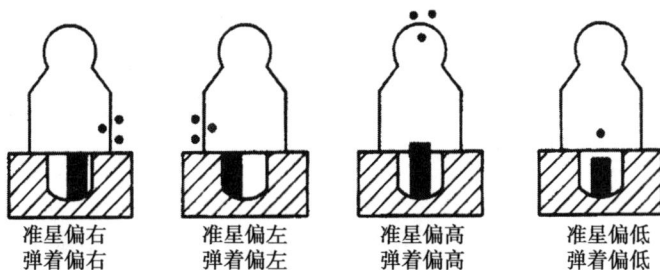

准星偏右　　准星偏左　　准星偏高　　准星偏低
弹着偏右　　弹着偏左　　弹着偏高　　弹着偏低

图 8.6　准星与缺口

瞄准线指向的偏差。瞄准时,若准星与缺口的关系正确,而瞄准线指向产生偏差时,射弹也会产生偏差,射弹的偏差与瞄准线指向的偏差相一致。如瞄准线指向偏左15厘米,射弹也偏左15厘米。

枪面倾斜。枪面倾斜对命中精度也有一定影响,因为枪面倾斜,使枪身轴线的指向产生了偏差。枪面偏左,射弹偏左下;枪面偏右,射弹偏右下。

4.检查瞄准的方法

个人检查。瞄准时,头稍上下移动,检查准星是否位于缺口中央;头稍左右移动,检查准星尖是否与缺口上沿平齐。也可以用平正准星检查器遮挡的方法来检查准星与缺口是否平正。

固定枪检查。将枪放在依托物上,瞄准后不动枪,互相检查瞄准的正确程度。

四点瞄准检查。将枪放在依托物上,在枪前15米处设固定白纸靶。示靶手将检查靶固定在白纸上,由教练员或优秀射手向检查靶下沿中央进行瞄准,瞄好后,将枪固定好,示靶手根据检查靶中央的圆孔标记一点,并画"X"作基准点,然后,移开检查靶,由射手不动枪瞄准指挥示靶手移动检查靶。连续瞄三次,每次瞄好后点上圆点作为标记。三次的瞄准标记点与基准点能套在直径10毫米的圆孔内为及格;能套在5毫米的圆孔内为良好;能套在3毫米的圆孔内为优等。四点瞄准时,由于动靶不动枪,而实际射击则是动枪不动靶。因此,瞄准标记点对基准点的高低和方向偏差与实际射击的偏差相反。用检查镜检查时,将检查镜固定在枪上,检查者位于射手的左侧进行检查。

（六）击发

击发时,用右手食指第一节均匀正直地向后扣压扳机(食指内侧与枪应有不大的空隙),余指力量不变。当瞄准线接近瞄准点时开始预压扳机,并减缓呼吸。当瞄准线指向瞄准点时应停止呼吸,继续增加对扳机的压力,直至击发,击发瞬间应保持正确一致的瞄准。若瞄准线偏离瞄准点或不能继续停止呼吸时,应既不增加也不放松对扳机的压力,待修正或换气后再继续扣压扳机。

连发武器操纵点射时应稳扣快松,扣到底松开为2~3发。在扣扳机的过程中,应始终保持姿势稳固,操枪力量不变,以提高连发射击命中精度。据枪、瞄准、击发是互相联系和互相影响的动作。稳固的据枪、正确一致的瞄准、均匀正直的击发三者正确的结合,是准确射击的关键。因此,必须刻苦学习,熟练掌握。

二、射击实践

结合上述介绍的几种枪型及射击动作和方法,以81式自动步枪和54式手枪为例,介绍射击动作。

（一）81式自动步枪射击动作

1.验枪

验枪是保证安全的重要措施。使用武器前后及必要时,均应验枪,认真检查弹膛、弹匣和教练弹中有无实弹。验枪时,严禁枪口对人。

口令:"验枪""验枪完毕"。

动作要领:听到"验枪"的口令后,以右脚掌为轴,身体半面向右转,左脚顺势向前迈出一步(两脚约与肩同宽),同时右手移握护木,将枪向前送出(背带从肩上脱下),左手接握下护木,左大臂紧靠左胁,枪托贴于右胯,准星约与肩同高,右手掌心向下,虎口向前,拇指打开保险,卸下弹匣(使弹匣口向后弯曲部朝上)交给左手握于护木右侧,移握机柄。

当指挥员检查时,拉枪机向后。验过后,自行送回枪机,装上弹匣,扣扳机,关保险,移握枪颈。

听到"验枪完毕"的口令后,左手反握护木,两手协力,将枪倒置于胸前,上背带环约与肩同高,右手挑起背带,身体半面向左转,在右脚靠拢左脚的同时,两手协力将枪送上右肩,恢复肩枪姿势。

2.据枪

卧姿有依托据枪时,下护木前端放在依托上,身体右侧与枪身略成一线。左手握弹匣(也可托握下护木),左肘着地外撑。右手拇指将保险机扳到所需的位置,虎口向前紧握握把,食指第一节贴在扳机上,右大臂成垂直,右肘着地外撑(肘皮控制在内前侧)。两肘保持稳固。胸部挺起,身体稍前跟(右肘不离地),上体自然下塌,两手用力保持不变,使枪托确实抵于肩窝。头稍前倾,自然贴腮。

3.瞄准

首先使瞄准线自然指向目标。若未指向目标,不可迁就而强扭枪身,必须调整姿势。需要修正方向时,可左右移动身体或两肘。需要修正高低时,可前后移动整个身体或两肘里合、外张(连发射击时,右肘不宜外张),也可适当调整依托物,构成正确瞄准。

4.击发

用右手食指第一节均匀正直地向后扣压扳机(食指内侧与枪应有不大的空隙),余指力量不变。当瞄准线接近瞄准点时,开始预压扳机,并减缓呼吸。当瞄准线指向瞄准点时,应停止呼吸,继续增加对扳机的压力,直至击发。击发瞬间应保持正确一致瞄准。若瞄准线偏离瞄准点或不能继续停止呼吸时,应既不增加也不放松对扳机的压力,待修正或换气后,再继续扣压扳机,直至击发。

操纵点射时,应稳扣快松,扣到底松开为 2~3 发,在扣扳机的过程中,应始终保持姿势稳固,据枪力量不变,以提高连发射击命中精度。

(二)54 式手枪射击动作

1.立姿验枪

验枪是一项保证安全的重要措施。使用武器前后及必要时,均应验枪,认真检查弹膛、弹匣和教练弹中有无实弹。验枪时,严禁枪口对人。

口令:"验枪""验枪完毕"。

动作要领:听到"验枪"的口令后,右手将枪套移置腹前,左手按压枪套下方,右手打开枪套扣,取出手枪置于右胸前,大臂自然下垂,手约与肩同高,枪口指向前上方(约成 45 度角),拇指按压弹匣卡榫,左手取出弹匣交给右手握于枪的左侧,扳击锤向后于待发位置。然后,左手拇指和食指捏握套筒后部。

当指挥员检查时,拉套筒向后到定位。验过后,自行松回套筒,装上弹匣,左手拇指按压击锤,右手食指扣扳机,使击锤稍向前转动,放开扳机,使击锤位于保险位置。

听到"验枪完毕"的口令后,两手协同将枪装入枪套内,并扣好枪套扣,右手将枪移置身后。

2.据枪

据枪时两脚成八字形站立,分开稍宽于肩。两腿自然挺直,上体保持正直,左臂自然下垂或左手叉于腰际。右手虎口对正握把后方,虎口上平面与握把后弯曲部上沿平齐,用手掌肉厚部分,虎口和余指的合力握住握把。拇指自然伸直,食指第一节贴于扳机上,(食指内侧与枪之间应有不大的空隙)左手扳击锤向后成待发状态,然后,右臂自然伸直,手腕挺住,枪面要平,将枪概略指向目标。

3.瞄准

(1)正确瞄准。右眼通视缺口和准星,使准星尖位于缺口中央并与上沿平齐,指向瞄准点,就是正确瞄准。瞄准时,应集中主要精力于准星与缺口的平正关系上,正确的瞄准景况,应是准星与缺口的平正关系看得清楚,而目标看得模糊。如果集中主要精力于准星与目标的关系上,就会忽略准星与缺口的平正关系,使射弹产生偏差。瞄准时,若准星与缺口的关系不正确,对命中影响甚大,54 式手枪准星尖在缺口内偏差 1 毫米,在 25 米距离上弹着点的偏差量为 16 厘米,在 50 米距离上偏差量增大一倍。

(2)选择瞄准点(区)。由于手枪射击是单手悬臂据枪,稳定性较差,要想使瞄准线瞄向一点上不动不可能。所以,手枪的瞄准不强求瞄一点,而应围绕瞄准点选择一个有限范围的瞄准区。瞄准区的大小应根据射手训练程度的技术状况来确定。因此,为了使射弹准确地命中目标,射击时,射手应根据目标距离、目标大小和弹道高,选择一个适当的瞄准点(区)。

(3)击发。击发时,用右手食指第一节均匀正直地向后扣压扳机,余指力量不变。当瞄准线接近瞄准区时,应预压扳机,并减缓呼吸,当瞄准线指向瞄准点或在瞄准点附近轻微晃动时,自然停止呼吸,继续增加对扳机的压力,直至击发。击发瞬间应保持正确一致的瞄准,若瞄准线偏离瞄准区或不能继续停止呼吸时,不要勉强击发,待修正或换气后再继续扣压扳机。

第三节　部分单兵重型武器介绍

现代单兵重武器,包括狙击器材、反器材武器、肩扛式火箭弹等。所谓"反器材武器",主要是指"反器材狙击步枪""反器材枪",是一种新型步枪,也称"大口径狙击步枪",口径在 12.7 毫米,一般带有瞄准镜和支架。反器材枪是从反坦克步枪演变而来的。第二次世界大战期间,反坦克步枪曾在战场上发挥了重要作用。但随着坦克装甲防护能力的逐步增强,用步枪攻击坦克逐渐变得不那么现实了。同时,随着轻型装甲防护的技术兵器却日渐增多,反器材步枪悄然兴起。

一、无后坐力炮

无后坐力炮是火炮的一种,其特色是发射时利用后喷物的动能抵消坐力的火炮。由于减少了传统火炮需求的后座以及制退机械,所以体积小、质量轻,结构简单、操纵方便,适用于伴随步兵作战。无后坐力炮配用空心装药破甲弹,主要用于攻击堡垒、坦克和其他坚固目标。缺点是发射时后喷物会暴露发射阵地,并且还使其无法在狭小空间内使用。

国产 82 毫米无后坐力炮在不变换阵地的情况下,可对 360 度范围出现的目标实施火力机动。该炮炮身由滑膛身管、圆柱形扩大药室、炮尾、带左右喷孔炮闩、击发的机构等组成,炮闩为断隔螺闭锁结构;炮架为管腿三脚架,炮身和炮架可快速分解和结合,必要时可不用炮架,实施肩扛炮身射击;采用直瞄和间瞄光学瞄准镜,另配有微光瞄准镜。虽然 82 无后坐力炮备有炮架,但在对越自卫反击战中,由于敌火力点布置非常隐蔽,在部队进攻前的火力准备中无法发现,经常出现我军炮手随攻击部队前进,肩扛 82 无后坐力炮抵近射击,在极近的距离摧毁敌暗堡工事的情形。

我军营属炮兵 2008 年在四川灾区使用 78 式 82 毫米无坐力炮,对阻碍唐家山堰塞湖导流明渠泄洪的礁石实施摧毁,全部准确命中目标,水流速度明显加快,危险得以排除。

二、便携式单兵火箭

便携式单兵火箭发射器是一种单兵使用、发射火箭弹的轻武器,通称火箭筒。主要用来反击敌轻、中型装甲目标,摧毁敌火力点和杀伤敌有生力量。按结构可分为单管火箭发射器和多管火箭发射器;按重量可分为轻型火箭发射器、中型火箭发射器和重型火箭发射器;按特点可分为一次性使用和多次使用两类;按射程可分为远程、近程和超近程三大类;按用途可分为反坦克、反装甲、攻坚、杀伤、破甲、杀伤破甲两用、多用途七类。20 世纪 90 年代以后,火箭发射器及其弹药开始采用简易制导、火控、微推力偏心喷管、尾翼延时张开和高精度电子定时引信等技术,使火箭发射器和火箭弹的综合性能发生质的飞跃(图 8.7)。

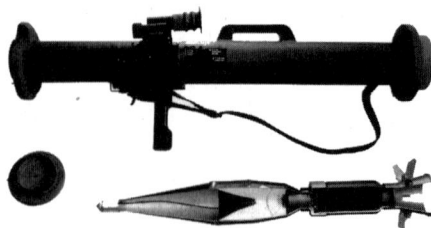

图 8.7 便携式单兵火箭

国产 PF89 系列单兵火箭筒是一次性使用的便携式反坦克火箭发射系统,该系统最早是从 1984 年开始研制,于 1993 年生产定型,并开始批量装备部队。第一个型号被定型为"PF89 式单兵反坦克火箭",代号"PF89-80-1",被俗称为"80 单兵"。这种武器不占编制,作为附加装备配给步兵,以加强步兵的反坦克火力密度及对坦克的作战能力。在 PF89 反坦克火箭研制成功后不久,又在此基础上成功研制了多用途火箭弹,成为一个新型号,被称为"PF89A 式 80 毫米单兵多用途火箭"。

三、单兵导弹

单兵导弹为一种单兵可以携行使用的导弹,主要用于反坦克或防低空飞行目标作战,分为单兵防空导弹和单兵反坦克导弹。单兵导弹在现代战争中越来越显示出其强大的战场威力。下面介绍几种国内外的单兵导弹。

1."前卫一号"

"前卫一号"是我国自行研制、生产的便携式防空导弹武器系统,于 1994 年在英国范堡罗举行的国际航空航天展览会上首次展出。"前卫一号"是红外被动式自动寻的、单兵肩射便携式防空导弹,可以全向攻击高速喷气式飞机和武装直升机等各种空中威胁目标。"前卫一号"的任务是对前方地域内的战斗分队进行空中掩护,对前方装甲、机械化部队进行跟进掩护。"前卫一号"导弹系统的基本型为单兵便携式,可根据用户需要加装在车辆、舰艇、直升机上作为防空武器,也可与小口径高炮组合在一起,形成弹炮台一体的自动化防空系统。"前卫一号"武器系统对各种空中目标进行拦截时,作战高度为 30~4000 米,最大作战斜距可达 5000 米,具有体积小、质量轻、价格低、精度高,具备全向攻击及"发射后不管"等特点。该导弹的杀伤威力大,其战斗部重达 1.42 千克,是目前世界上单兵便携式防空导弹中最重的。近来我国珠海航展展出的前卫-11 型防空导弹是前卫导弹家族的最新成员,是专为抗击巡航导弹而研制的新型号,同时仍保留了攻击低空飞行的直升机、战斗机和攻击机的能力。

2."毒刺"导弹

"毒刺"是在"红眼睛"导弹基础上发展起来的一种单兵肩射近程防空武器系统。该系统于 1972 年 7 月开始研制,1981 年 2 月进入部队服役。与"红眼睛"相比,该弹改进了制导系统、发射系统和发动机,增加了敌我识别器,从而大大提高了作战半径和作战性能。

　　"毒刺"导弹分为基本型和改进型,基本型采用全向红外导引头,工作波长为4.1~4.4微米。这种导引头具有较高的灵敏度,能感受到金属表面的红外辐射信号,因此,它不但能跟踪飞机排出的热气流,尾追敌机,也能根据飞机表面辐射的红外信号,对敌机进行迎头攻击。由于这种导弹非常先进,对军用飞机和民用飞机的威胁很大,导弹一旦落在恐怖分子手里则后患无穷。为此,美国又被迫出高价去收购散失在世界各地的"毒刺"。

　　3."标枪"反坦克导弹

　　"标枪"是美国研制的便携式反坦克导弹,不仅用于肩扛发射,也可以安装在轮式或两栖车辆上发射,兼有反直升机能力。它于1989年6月开始研制,现仍在研制中。采用红外焦平面阵导引头,是一种实现全自动导引的新型反坦克导弹,具有昼夜作战和发射后不管的能力,射程1000米。全武器系统由导弹和发射装置组成。系统全重22.5千克,弹径114毫米,弹长957毫米,弹重11.8千克,串联战斗部以顶攻击方式攻击目标,垂直破钢甲750毫米,图像红外寻制导,采用两级固体推进器。

[思考与练习]

　　1.简述轻武器的含义及分类。

　　2.简述轻武器的保养常识及要求。

　　3.射击瞄准的基本要求是什么?

　　4.简述81式自动步枪的射击要领。

　　5.简述单兵重武器在战场中的作用趋势。

第九章　战　术

　　战术是指导和进行战斗的方法，主要包括战斗基本原则以及战斗部署、协同动作、战斗指挥、战斗行动、战斗保障、后勤保障和技术保障等。按基本战斗类型分为进攻战术和防御战术；按参加战斗的军种、兵种分为军种战术、兵种战术和合同战术；按战斗规模分为兵团战术、部队战术和分队战术。

　　战术反映战斗的规律，是军事学术的组成部分，从属于战略、战役，又对战略、战役的发展产生一定的影响。战术的形成和发展，受军事技术、士兵素质、军队组织编制、训练水平、民族特点、地理等条件的影响，其中军事技术和士兵素质具有决定作用。但是，战术特别是现代战术，又能促进军事技术的发展和人员素质的提高。

第一节　战斗类型和战斗样式

　　战斗是指敌对双方兵团、部队、分队（单机、单舰）进行的有组织的武装冲突，是夺取战争胜利的主要手段。战斗的基本类型包括进攻和防御。根据战斗展开的空间、地形、气候条件以及参加战斗的军种、兵种的不同，有地面战斗、海上战斗（见海战）和空中战斗（见空战）；有一般地形、气象条件下的战斗和特殊地形、气象条件下的战斗；有昼间战斗和夜间战斗；有单一兵种战斗和诸军兵种的合同战斗。

　　战斗的内容是随着兵器的发展而发展的。在冷兵器时代，战斗主要是由配有冷兵器的士兵结成一定阵形，以白刃格斗决胜负。这种以冷兵器杀伤作为战斗基本内容的格斗方式，经历了徒步格斗、车战和步骑战等阶段，持续了一个漫长的历史时期。火器的出现，特别是线膛武器的出现和广泛应用，使火力逐渐成为决定战斗胜负的一个重要因素。第一次世界大战时，军队装备了大量的机枪、火炮和少量的坦克、飞机，出现了步兵、炮兵、坦克和航空兵在统一计划下，按目的、时间和地点协调一致进行的合同战斗。这种战斗，不仅以火力和突击消灭敌人，而且以迅速的机动，利用和发展突击的效果，使火力、突击和机动相结合成为决定战斗的基本要素。第二次世界大战期间，大量坦克和飞机用于战场，与敌坦克、飞机、空降兵作斗争，成为地面战斗的重要内容。随着火力、突击、机动以及现代侦察能力的提高，防护的作用越来越大，合同战斗又有新的发展。随着现代科学技术的发展，许多国家的军队装备了导弹、核武器和新型坦克、火炮、飞机、防空兵器,以及电子、红外等技术器材,军队的火力、突击力、机动力明显增强,防护力也有很大提高。严密组织对核、化学、生物武器袭击的防护和对精确制导武器的防护,已是现代战斗的重要因素之一。现代战斗是立体的合同战斗,具有杀伤破坏力大、高度激烈紧张、情况变化快、战斗样式转换迅速、指挥协同复杂和勤务保障艰巨等特点。在地面战斗中,已由打步兵为主变为打装甲目标为主,同时还要打空降、打飞机。与敌核、化学、生物武器和电子技术器材作斗争,已成为战斗的重要内容。在几千年来的各式战斗中,随着武器系统的变革、军事学术的进步及不断发展,作战的类型和样式也发生着变化。

一、战斗的基本类型

战斗的基本类型,包括进攻和防御。

(一)进攻战斗

进攻战斗是主动进击敌人的战斗行动,是消灭敌人的主要手段。其主要目的是歼灭敌人,攻占重要地区或目标。按敌人的行动性质和态势,分为对防御之敌的进攻战斗、对驻止之敌的进攻战斗和对运动之敌的进攻战斗。它与防御战斗相比,具有较多的优越性:第一,进攻者掌握行动的主动权,能够根据战场情况,按照自己的意愿,主动选择对敌实施攻击的目标、方向、时间和方法,迫敌就范。第二,可以预先作好战斗准备。由于进攻处于主动地位,进攻者能够根据一定的作战企图,事先进行较为周密的组织计划,建立兵力兵器部署,全面准备夺取胜利的条件。第三,能够造成兵力兵器对比的优势。进攻者的主动地位是以力量的优势为基础的,他可以集中绝对或相对的优势进攻,选择敌人弱点,实施主要突击,运用包围迂回战术,给敌人以决定性的打击。第四,便于达成战斗的突然性。进攻者由于掌握行动的主动权,有利于积极地捕捉和创造战机,有更大的可能性在敌人意想不到的时间和地点,采取敌人意想不到的战法给敌人以出其不意的攻击。第五,便于提高军队的士气,增强突击力量。由于进攻是主动攻击敌人的行动,进攻者有更多的取胜机会,可以鼓舞军队的战斗士气,使进攻表现出更为坚强的意志,壮大突击力量,而对防御一方的精神心理状况则会产生不利的影响。

从上述内容可以看出,进攻是在交战中保持和夺取战场主动权最重要的战斗行动。只有实施坚决、勇猛的进攻,才能彻底消灭敌人,逐步削弱敌人的有生力量和战争潜力,达到最后战胜敌人的目的。现代进攻战斗通常是在使用现代技术特别是高技术武器装备条件下进行的,并在激烈的电子对抗中,于地面和空中、前沿和纵深同时展开,具有更大的突然性、坚决性和快速性。进攻战斗可以从直接接触情况下发起,也可以从行进间发起。

进攻战斗的优势:进攻者掌握行动的主动权,可以形成兵力兵器对比的优势,可以预先作好战斗准备,可以达到战斗的突然性,可以在敌人意想不到的时间、地点,捕捉或创造战机,采取敌人意想不到的战法,给敌人出其不意的攻击,有利于提高进攻者的士气。

(二)防御战斗

防御战斗的目的是大量杀伤、消耗敌人,扼守阵地,争取时间,为转入进攻或保障其他方向的进攻创造条件。按目的、任务和手段,分为阵地防御战斗、机动防御战斗、运动防御战斗;按准备时间,分为预有准备的防御战斗和仓促防御战斗;按地形、气候等条件,分为山地防御战斗、荒漠草原地防御战斗和夜间防御战斗;等等。

防御战斗是一种被动的作战形式。防御者通常在兵力、兵器对比上处于劣势,其战斗行动受进攻一方的制约较大,不得不经常处于高度紧张的状态,随时准备抗击敌人以任何方式、在任何时间、从任何方向实施的突击,致使防御战斗容易陷入被动地位,不像进攻战斗能够充分发挥主动权。当然它也具有进攻者所不具备的优势,如能够依托有利地形和阵地进行战斗和防护。防御者通过地形的可选择性,预先构筑工事、设置障碍,为实施战斗创造有利的阵地条件,以弥补己方兵力、火力的不足,提高战斗效能;可以建立严密的火力配系,增大火力杀伤的效果;利用有利地形,实施伪装,以逸待劳,灵活机动地调动兵力进行有效抵御。

古今中外战争的基本战斗类型只有进攻和防御两种。在战争实践中,攻者为了创造有利的进攻态势,常常要以防御的手段作辅助;而防者为了从被动中争取主动,也常常要以攻为守,达到防御的目的。因而,它们是紧密联系、不可分割的。从"消灭敌人、保存自己"这一战争的本质上讲,由于消灭敌人是主要的,保存自己是第二位的,所以,作为消灭敌人的主要手段的进攻是主要的,作为辅助进攻或准备转入进攻的手段的防御是第二位的。但就执行战斗任务的兵团、部队和分队来讲,则有时以进攻为主,有时以防御为主,通常在连续战斗的过程中,攻防交替应用,而且攻中有防,防中有攻。

二、战斗基本样式

战斗样式是指战斗的式样和形式,是在战斗类型基础上所作的进一步分类,其基本上可分为进攻战斗样式和防御战斗样式。通常按照敌情、地形、战斗形式等情况进行战斗样式的划分。

(一)进攻战斗的样式

进攻战斗的基本样式,依敌人行动的性质和态势,分为对防御之敌的进攻战斗、对驻止之敌的进攻战斗和对运动之敌的进攻战斗。对防御之敌的进攻战斗包括对野战阵地防御之敌的进攻战斗,对仓促防御之敌的进攻战斗,对坚固阵地防御之敌的进攻战斗,对空降着陆之敌的进攻战斗。对驻止之敌的进攻战斗包括对临时驻止之敌的袭击战斗、破袭战斗。对运动之敌的进攻战斗包括伏击战斗、遭遇战斗、追击战斗等。按地形、气候等条件分,还有登陆战斗,渡江、渡河进攻战斗,城市进攻战斗,山地进攻战斗,荒漠草原地进攻战斗,水网稻田地进攻战斗,热带山岳丛林地进攻战斗,高寒地进攻战斗以及夜间进攻战斗等。

这里我们重点介绍其中的几种进攻战斗样式。

1.对野战阵地防御之敌的进攻战斗

它是对依托野战阵地并已建立较完善防御体系之敌的进攻战斗,是进攻战斗的一种样式。目的是歼灭敌人,攻占敌防御阵地。野战阵地防御之敌,通常构筑有野战防御工事,已完成兵力部署、火力配系、阵地编成、障碍物配系,但防御阵地不够坚固。因此,对其进攻必须做到:一是快速准备。迅速查明敌情,果断定下决心,周密组织协同动作,尽快完成进攻准备。二是集中优势兵力。迅速隐蔽地集中优势的兵力兵器,建立纵深、梯次、立体、有重点的部署,形成和保持强大的突击力,把预备队使用在具有决定意义的时机和方向上。三是采取强攻或袭击。选择敌人的弱点,突然攻击,重点突破,实施纵深打击和立体封锁,迅速分割包围,各个歼灭敌人。现代条件下对野战阵地防御之敌的进攻战斗,一般在集结地域完成进攻准备,通过隐蔽开进或秘密换班占领进攻出发阵地。部队遭敌火袭击时,利用工事迅速隐蔽,以部分炮兵压制对己方威胁最大的敌炮兵,以防空兵协同航空兵打击敌飞机和攻击直升机。采取强攻战法时,集中航空兵、炮兵对敌实施突然、猛烈的火力准备,以反坦克火器摧毁突破口及其附近的装甲目标和火力点。

2.仓促防御之敌的进攻战斗

它是对预先没有防御准备、临时转入防御之敌的进攻战斗,是进攻战斗的一种样式。目的是不失时机地迅速攻歼敌人。对仓促防御之敌的进攻战斗,通常是敌人在运动中受阻、进攻中受挫、遭遇战失利、空降后被围等情况下发生的。这种敌人预先没有准备或准备时间短促,地形不熟,兵力部署不周密,火力配系不完善,没有或很少有工事、障碍物,有暴露的翼侧和间隙,侦察、警戒和协同组织不严密,指挥不稳定。对这种敌人的进攻战斗,战机稍纵即逝,战斗准备时间短促,利于多点多方向攻击,便于迂回包围、穿插分割。因此,要求作战部队必须尽快查明敌情、地形情况,快速组织部队开进和展开,抓紧战斗准备,迅速发起进攻;力求袭击,同时准备强攻,一旦袭击不成,立即转入强攻;多路而有重点地攻击,大胆分割包围;统一计划,密切协同,主动支援配合,加强战斗保障。

3.对坚固阵地防御之敌的进攻战斗

它是对占领永备筑垒地域、有充分防御准备之敌实施的进攻战斗,是进攻战斗的一种样式。现代条件下对坚固阵地防御之敌的进攻战斗,通常经过换班或在先遣支队及友邻的掩护下,利用黄昏、夜暗或不良天气,分批隐蔽占领进攻出发阵地,迅速完成强击准备。适时进行火力准备,第一梯队充分利用火力准备的效果,实施有重点的多路强击,分割围歼前沿各支撑点之敌,坚决突破敌人防御,并迅速向纵深和两翼扩张,为第二梯队进入战斗创造条件。当遇到敌人的抵抗枢纽部时,先攻歼周围的独立坚固支撑点,再集中力量将其歼灭;有条件时,在其侧后机降,配合主力从多方向强击。第二梯队在具有决定意义的时机和方向进入战斗,突入敌防御阵地后,大胆迂回包围,快速向敌纵深方向发起进攻。当纵深之敌以坚固阵地和野战阵地结合防御时,以部分兵力钳制敌人的抵抗枢纽部,主力首先歼灭野战阵地防御之敌,而后从翼侧和后方迂回攻击敌人的抵抗枢纽部。攻坚战斗中需注意肃清坑道、地道、暗堡内的敌人,巩固已占领的地域。

4.对阵地防御之敌的进攻战斗

它是指对依托阵地进行防御之敌实施的进攻战斗,包括对野战阵地防御之敌的进攻战斗和对坚固阵地防御之敌的进攻战斗。阵地防御之敌的特点是:兵力部署、火力和障碍物配系基本就绪,阵地体系比较完善,防御方法灵活,注重前方掩护(警戒)战斗和兵力、火力机动。对阵地防御之敌的进攻战斗,必须集中优势兵力、火力,重点突破,全纵深攻击,分割包围,立体封锁,各个歼敌。

5.对机动防御之敌的进攻战斗

它是对以迟滞作战与机动反击相结合的方法进行防御之敌实施的进攻战斗。机动防御之敌通常以部分兵力依托阵地阻滞、消耗对方,并诱逼至预定歼击地域,而后以配置在纵深的主力实施决定性反冲击达成防御目的。其特点是机动性、攻势性强,但防御部署的间隙较大,有时翼侧较暴露。对机动防御之敌的进攻战斗,应正面钳制,翼侧侧后攻击,前后夹击,分割歼敌。

6.登陆战斗

它是对据守海岸、岛岸之敌的渡海进攻战斗,是进攻战斗的一种样式,目的是攻占敌岸登陆场,保障主力上陆、发展进攻或夺占岛屿。现代条件下的登陆战斗,一般分为组织准备、集结上船、航渡、突击上陆、巩固和扩大登陆场等几个阶段。输送,可采取由岸到岸、由舰到岸或两种形式结合。航渡,通常利用夜暗或有利天气,在海军、空军掩护下隐蔽地进行,航渡队形需与战斗部署相适应。换乘,通常在敌岸火力射程之外迅速疏散地进行。突击上陆,多采取抢滩登陆与垂直登陆相结合的方法实施。登陆地段通常选择在便于舰艇展开和机动、便于登陆或着陆和巩固扩大登陆场、便于向纵深发展进攻或滩岸地形复杂能出敌不意的地方。登陆时间,根据敌情、任务和气象、水文等条件确定,力求达成突然性。登陆时,实施火力准备,在水际和滩头的敌障碍物中开辟通路,登陆兵搭乘各种登陆工具在火力和烟幕掩护下,迅速驶向敌岸,通过已开辟的通路,在主要登陆地段抢滩上陆,同时实施空降。登陆后,迅速夺取滩头要点,巩固滩头阵地;后续梯队不失时机地登陆投入战斗,迅速连接和巩固登陆场,在火力支援下,协同先期登陆的部队,粉碎敌人反冲击;组织对空火力与敌飞机、攻击直升机作斗争。空降兵着陆后,迅速抢占要点,配合登陆兵巩固和扩大登陆场。登陆部队发展陆上进攻时,需与友邻协同配合,并加强翼侧保障。

(二)防御战斗的样式

现代防御战斗,在地面、水面和空中(包括外太空),前沿和纵深同时展开;战斗突然性增大,组织准备的时间缩短;电子对抗激烈;提高生存能力更加重要;攻势行动更加广泛;情况变化急剧,指挥协同复杂。因此,必须牢固树立积极防御的思想和全局观念;有重点地部署兵力,掌握强有力的预备队;建立以反坦克、反空袭为主的全纵深、全方位的阵地体系,快速构筑比较坚固完善的工事;严密组织火力配系,在全纵深内构成远中近和高中低相结合的、立体、密集的多层火网;设置多道、多种类的障碍物,构成防坦克、防步兵、防直升机的立体障碍物配系;周密组织协同动作;全面组织各种保障,特别是对高技术武器袭击的防护;广泛机动兵力、火力,把顽强抗击与积极的攻势行动相结合,粉碎敌人的进攻。

1.野战阵地防御战斗

它是依托野战阵地进行的防御战斗,是阵地防御战斗的样式之一。目的是杀伤、消耗敌人,保卫重要地区或目标,为转入进攻或保障其他方向上的进攻创造条件。现代条件下的野战阵地防御战斗,应建立完善的侦察情报配系,及时掌握敌情变化;构成全方位、全纵深的对空、对地警戒配系,防止敌人突然袭击,掩护部队的防御准备;正确选择主要防御方向和防御要点;纵深梯次地部署兵力,掌握强有力的预备队;周密组织火力配系;巧妙布设阵地、构筑工事和设置障碍物;密切组织协同动作和各种保障。战斗中,当敌准备进攻时,采取各种措施和手段,阻止、迟滞敌人的接近,破坏敌人的进攻准备;当敌开始冲击时,依托阵地,顽强抗击,力争在前沿前挫败敌人进攻;当敌突入、迂回时,抓住有利时机,以反冲击、反击等积极的攻势行动,歼击突入之敌,或机动兵力、火力伏击敌人;当敌在纵深机降时,迅速机动合成预备队或反空降预备队将其围歼。

2.坚固阵地防御战斗

利用有利地形,预先设防。根据实际情况,制订或修订防御方案,预作多种准备,提高防御的应变能力;集中主要兵力防守主要防御方向,形成有重点的纵深梯次的兵力部署;以永备筑城地域为基础,构筑野战工事,完善纵深、环形的坚固防御阵地;从远接近地至防御纵深,组织全纵深、全方位、有重点的火力配系;改造地形,将天然障碍物与人工障碍物相结合,构成以防坦克障碍物为主的大纵深、立体的障碍物配系;加大作战物资的储备,提高综合保障能力,加强后勤配置地域的防卫。战斗中,以炮兵、航空兵、战役战术导弹部队的火力打击和警戒分队、袭击分队的积极行动,破坏敌人进攻准备;当敌火力准备时,充分利用掩蔽工事严密防护,并随时准备抗击敌人冲击;当遭敌核、化学武器袭击时,适时机动兵力、火力,封闭核突击缺口;当敌强击支队攻击时,依托阵地,顽强坚守,积极抗击;当敌突入阵地时,适时机动兵力、火力和机动设置障碍物,灵活运用伏击、反冲击等攻势行动,与敌反复争夺,大量杀伤敌人;当敌占领防御要点时,适时使用预备队反击,在坚守部队配合下,消灭占领防御要点之敌,恢复阵地;当敌在阵地纵深或侧后机降时,以反空降预备队迅速将其歼灭。

3.机动防御战斗

它是以攻势行动为主要手段粉碎敌人进攻的防御战斗。组织机动防御战斗,应当及时、全面、准确地掌握情况,预作多种准备,提高防御应变能力;有重点地区分和配置兵力,形成以部分兵力守点、以主要兵力机动的兵力部署;根据地形条件,预先计划和选定歼敌区域,建构攻防结合的阵地体系;围绕攻势行动,有重点地组织火力配系;以爆炸性障碍物为主,组成预先设置与机动设置相结合的障碍物配系。战斗中,充分利用地形和工事,严密防护,在防御前沿前积极打击、迟滞、袭扰敌人;利用要点,阻隔敌战斗队形,杀伤、消耗敌人,适时将敌部诱逼至预定歼击区域,为阵地内机动歼击创造条件;周密组织攻势行动,集中主要力量,抓住有利时机,灵活运用反冲击、反击、伏击等手段,坚决、迅速歼灭突入之敌,粉碎敌人的进攻。

4.运动防御战斗

它是在一定地区和时间内逐次转换阵地、节节抗击敌人进攻的防御战斗,是防御战斗的样式之一。目的是消耗、钳制、迟滞敌人,以空间换取时间,或吸引调动敌人,为主力歼敌创造有利条件。现代条件下的运动防御战斗,通常在阻敌增援或尾追、诱敌深入、钳制敌人、掩护主力集结等情况下实施。组织战斗时,一般按任务选择有利地形,构成多道、纵深、要点式阻击阵地,按照先急后缓的顺序,有重点地构筑工事,设置障碍物,并加强伪装;明确各梯队的阵地位置、坚守时间和手段,以及向新阵地转移的时机、方法、路线、掩护措施和战斗保障;组织绵密的以打击坦克为主的,并能打击步兵、攻击直升机、空降兵的火力,周密计划控制翼侧、间隙地和部队转移时的火力。战斗中,依托阵地,控制要点,集中火力,顽强抗击,力求坚守到预定时间;以袭击、伏击、阻击等手段阻滞敌人,为守住主阵地创造有利条件;适时机动兵力、火力和障碍物,控制暴露翼侧和间隙地,制止敌人迂回、分割;乘敌攻击受挫、立足未稳等有利时机,迅速机动兵力、火力,以反击、反冲击,消灭突入阵地之敌。根据上级企图和战斗情况,利用夜暗或不良天气,适时向新的阻击阵地转移;转移时,以各种手段防敌火力袭击、机降截击、坦克部队跟进突击,组织道路、警戒和调整勤务等保障,及时协调各部队的行动,完成防御任务。

5.海岸防御战斗

它是在濒海地区抗击敌人登陆的防御战斗,是防御战斗的样式之一。目的是保卫海岸重要地区和目标,挫败敌人的登陆进攻。现代条件下的海岸防御战斗,通常当敌实施火力准备时,利用工事严密防护,不间断地掌握海上和空中的情况,查明敌主要登陆方向、地段及登陆兵的编成、航行速度,作好抗敌登陆的准备;以远程炮兵火力和航空兵火力突击敌火力支援舰艇,打敌飞机和攻击直升机,封锁航道,掩护水中障碍物。当敌展开或换乘向岸接近时,集中火力突击敌登陆舰艇和火力支援舰艇。当敌向岸冲击抢滩登陆时,集中火力击毁敌登陆工具和装甲车辆,杀伤敌登陆兵;远程炮兵和航空兵继续突击敌后续梯队和火力支援舰群。当敌人上陆时,以各种火力支援前沿部队扼守要点,大量杀伤敌人,并阻止其后续梯队接近和上陆。当敌突入防御阵地时,以火力突击、机动设障与坚守要点相结合,阻止其巩固和扩大登陆场,并适时机动预备队实施反冲击,力求歼敌于立足未稳之际,夺回滩头要点。当敌在防御纵深机降时,适时机动火力,突击敌人,以反空降预备队,在友邻部队配合下,围歼敌人。

第二节 战术基本原则

战术原则,从理论上讲,就是研究战斗战术的规律、特点和内容,研究部队战斗素质和战斗能力所需遵循的基本原则;是在实践中,作战指挥员和军队准备战斗活动,如定下决心和向部属下达任务,制订作战计划、准备战斗和战斗行动等所需遵循的基本原则。反映战斗的客观规律,是一切战斗行动的基本依据。战术基本原则源于战斗实践,并以最简洁、准确的语言概括。

基本原则是根据战斗基本规律和军队的实际情况制订的,其抽象程度高、稳定性强、适用面广。下面着重以陆军步兵为例介绍战斗的基本原则。

一、周密组织,充分准备

迅速周密地进行战斗准备是保证不失时机歼灭敌人的重要条件。指挥员受领任务后,应从最困难、最复杂的情况出发,深入进行战斗准备。既要抓住重点,简化程序,务求实效,又要严守秘密,严密伪装,加强防护。必须在上级规定的时间内完成准备。有时为了不失时机,即使准备不充分,也应按命令先投入战斗,然后边打边组织,边打边准备。

二、集中兵力,选敌弱点,实施主要攻击

集中兵力实施主要攻击是战胜敌人的重要法则。指挥员应根据上级意图、任务、敌情和地形等情况,力求将攻击点选在与敌要害相关的翼侧、后方或两个不同建制单位的接合部,选在敌兵力、火力、工事和障碍物较薄弱的方向和部位。连(排)通常实施一点攻击。当敌障碍较少,纵深较浅时,连也可实施两点攻击。在战斗中,要根据战斗进展情况,灵活而适时地将兵力和火力集中使用于具有决定意义的时机和目标上,以形成兵力对比优势,保持强有力的突击力量。

三、迅速隐蔽接敌,突然发起攻击

迅速隐蔽接敌,是保证突然攻击的前提。步兵分队应利用夜暗、不良天气、有利地形,选择隐蔽的运动路线接敌。在接敌过程中,应随时做好战斗准备。同时,要采取严密伪装、迷盲等反侦察措施,保障分队迅速隐蔽地占领阵地。出敌不意地发起攻击,可使敌意志沮丧,防御体系和指挥混乱。连(排)应力求在敌意想不到的时间和地点,突然发起攻击。攻击时机,均应力避敌人发现。

四、坚决勇猛,近战歼敌

坚决勇猛,近战歼敌,是克敌制胜的重要因素。为顺利实施近战,应在各兵种的支援配合下,迅速隐蔽地接近敌人,敢于与敌胶着在一起,最大限度地削弱其技术兵器的威力,灵活机动,迅速果敢地歼灭敌人。

五、穿插分割,各个歼敌

穿插分割,是达成各个歼灭敌人的基本战术手段。突入敌阵地后,应利用敌间隙和薄弱部位,大胆穿插分割,并力求以一路插向敌侧后,断敌退路,阻敌增援,造成围歼态势。战斗中,要充分发挥小群多路的威力,将敌割裂成数块,为各个歼灭敌人创造有利条件。

六、主动配合,密切协同

各分队在统一的意图和计划下,按任务(目标)、时间、地点,协调一致地行动,是充分发挥整体威力,夺取战斗胜利的重要保证。战斗中,指挥员必须树立整体观念,充分发挥各兵种分队的特长,保持顺畅的通信联络,不间断地协调各分队的动作。各分队既要严格遵守协同规定,积极完成自己的任务,又要根据战斗情况变化,主动配合,互相支援。

七、坚定灵活地指挥

坚定灵活地指挥,对战斗胜利具有重要意义。战斗指挥的基本要求是:力求使主观指导符合客观实际;在客观物质基础上,充分发挥主观能动性,把胜利可能变为现实。指挥员在确定战斗行动时,应根据本分队的任务和战斗发展变化情况,准备多种行动方案,采取不同方法,从整体利益出发,使局部符合全局要求。同时,又要注意掌握关键,始终把自己注意的重心放在关键性的动作上,当战斗情况没有发生根本变化时,即使遇到某些困难或暂时的挫折,也要坚决贯彻既定决心。当情况发生根本性变化时,应根据上级意图,勇于负责,机断行事,及时定下新的决心,灵活变换战术,不失时机地歼灭来敌。战斗中,要运用各种通信手段,实施不间断的指挥。

第三节 单兵训练与战斗动作

一、单兵战术基础动作

(一)立正、稍息、整理着装、跨立、停止间转法

1.立正

立正是军人的基本姿势,是队列动作的基础(图9.1)。

口令:"立正。"

要领:两脚跟靠拢并齐,两脚尖向外分开约60°;两腿挺直;小腹微收,自然挺胸;上体正直,微

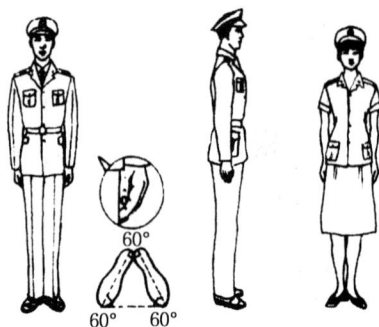

图9.1 立正姿势

向前倾;两肩要平,稍向后张;两臂下垂自然伸直,手指并拢自然微屈,拇指尖贴于食指第二节,中指贴于裤缝;头要正直,颈要直,口要闭,下颌微收,两眼向前平视。

重点:立正要做到"三挺""一睁""一顶",即两腿挺直,自然挺胸,颈部挺直,两眼睁大,头向上顶。

2.稍息

口令:"稍息。"

要领:左脚顺脚尖方向伸出约全脚的2/3,两腿自然伸直,上体保持立正姿势,身体重心大部分落于右脚,稍息过久,可以自行换脚。

稍息做到"两快""两不变",即出脚快,收脚快,上体姿势不变,注意力不变。

3.整理着装

口令:"整理着装。"

要领:双手从帽子开始,自上而下,将着装整理好。必要时,也可以相互整理。整理完毕,自行稍息。听到"停"的口令,恢复立正姿势。

4.跨立

口令:"跨立。"(图9.2)

要领:左脚向左跨出一脚之长,两腿挺直,上体保持立正姿势,身体重心落于两脚之间,两手后背,左手握右手腕,拇指根部与外腰带下沿(内腰带上沿)同高;右手手指并拢自然弯曲,手心向后。

图9.2 跨立姿势

5.停止间转法

停止间转法是停止间变换方向的方法,分向左(右)转,向后转,需要时,也可半面向左(右)转。

口令:"向右——转""向左——转""向后——转"。

要领:以右(左)脚跟为轴,右(左)脚跟和左(右)前脚掌同时用力向右(左)转90°,重心落于右(左)脚,左(右)脚取捷径迅速靠拢右(左)脚,成立正姿势。转动和靠脚时,两腿挺直,上体保持立正姿势。半面向右(左)转,按向右(左)转的要领转45°。

向后转按向右转的要领向后转180°。

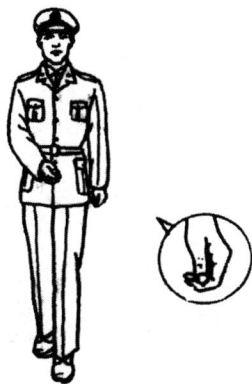

图9.3 齐步姿势

重点:做到"快""稳""正"。"快"即听到动令,迅速转向新方向,脚抓地快,靠脚要迅速有力。"稳"即转时身体不晃,上体保持正直。"正"即方向要正,动作要正确。

(二)进行与停止

1.齐步与立定

齐步是军人行进的常用步伐(图9.3)。

口令:"齐步——走""立——定"。

要领:左脚向正前方迈出约75厘米,按照先脚跟后脚掌的顺序着地,同时身体重心前移,右脚照此法动作;上体正直,微向前倾;手指轻轻握拢,拇指贴于食指第二节;两臂前后自然摆动,向前摆臂时,肘部弯曲,小臂自然向里合,手心向内稍向下,拇指根部对正衣扣线,并与最下方衣扣同高,离身体约 25 厘米;向后摆臂时,手臂自然伸直,手腕前侧距裤缝线约 30 厘米。行进速度每分钟 116~122 步。

听到"立定"的口令,左脚再向前大半步着地(脚尖向外约 30°),两腿挺直,右脚取捷径迅速靠拢左脚,成立正姿势。

重点:"三准""两不变"。"三准"即步幅准(两脚尖之间距离 75 厘米)、步速准(行进速度每分钟 116~122 步)、摆臂定位准(向前摆时,拇指根部对正衣扣线,并与最下方衣扣同高,离身体约 25 厘米,向后摆时,手腕前侧距裤缝线约 30 厘米)。"两不变"即行进时上体立正姿势不变,行进方向不变(两脚内侧走一条直线)。

2.跑步行进与立定

跑步主要用于快速行进(图 9.4)。

口令:"跑步——走""立——定"。

要领:听到预令,两手迅速握拳(四指蜷握,拇指贴于食指第一关节和中指第二节),提到腰际,约与腰带同高,拳心向内,肘部稍向里合。听到动令,上体微向前倾,两腿微弯,同时左脚利用右脚掌的蹬力跃出约 85 厘米,前脚掌先着地,身体重心前移,右脚照此法动作;两臂前后自然摆动,向前摆臂时,大臂略直,肘部贴于腰际,小臂略平,稍向里合,两拳内侧各距衣扣线约 5 厘米;向后摆臂时,拳贴于腰际。行进速度每分钟 170~180 步。

立定:听到"立定"的口令,再跑 2 步,然后左脚向前大半步(两拳收于腰际,停止摆动)着地,右脚靠拢左脚,同时将手放下,成立正姿势。

图 9.4　跑步姿势　　图 9.5　正步姿势

3.正步与立定

正步主要用于分列式和其他礼节性场合(图 9.5)。

口令:"正步——走""立——定"。

要领:听到"正步——走"的口令,左脚向正前方踢出约 75 厘米(腿要绷直,脚尖下压,脚掌与地面平行,离地面约 25 厘米),适当用力使全脚掌着地,同时身体重心前移,右脚照此法动作;上体正直,微向前倾;手指轻轻握拢,拇指伸直贴于食指第二节;

向前摆臂时,肘部弯曲,小臂略成水平,手心向内稍向下,手腕下沿摆到高于最下方衣扣约 10 厘米处(着夏季作训服时,约与第三衣扣同高;着冬季作训服时,约与第四衣扣同高),离身体约 10 厘米;向后摆臂时(左手心向右、右手心向左),手腕前侧距裤缝线约 30 厘米。行进速度每分钟 110~116 步。听到"立——定"的口令,左脚再向前大半步着地(脚尖向外约 30°),两腿挺直,右脚取捷径迅速靠拢左脚,成立正姿势。

正步行进应做到"四快""一停顿"。"四快"即踢腿快、脚着地快、跟体快、折臂快。"一停顿"即踢脚、摆臂同时到达定位时,臂在胸前稍有停顿。

(三)步法变换

步法变换,主要用于部队变换行进速度和分列式敬礼、礼毕。步法变换均从左脚开始。齐步、正步的互换,齐步、跑步的互换,齐步、跑步与踏步的互换,动令均落在右脚。

1.齐步、正步互换

口令:按所需互换的步法下达口令(动令落于左脚)。

要领:听到口令,右脚继续走一步,即换正步或者齐步行进。

2.齐步、跑步互换

口令:按所需变换的步法下达口令。

要领:换跑步时,听到预令,两手迅速握拳提到腰际,两臂前后自然摆动,听到动令,即换跑步行进。跑步换齐步时,听到口令,继续跑两步,然后换齐步行进。

3.齐步、跑步与踏步的互换

口令:按所变换的步法下达口令。

齐步换踏步时,听到口令即换踏步。跑步换踏步时,听到口令后,继续跑两步,再从左脚开始换踏步。踏步换齐步、跑步时,听到"前进"口令,继续踏两步,再从左脚开始换齐步或跑步行进。

(四)行进间转法

行进间转法是行进间变换方向的方法。分为向右转走、向左转走和向后转走。向左转走,动令落于左脚。

1.齐步、跑步向右(左)转走

口令:"向右(左)转——走。"

要领:听到口令,左(右)脚向前半步(跑步时,继续跑 2 步,再向前半步),脚尖向右(左)约 45°,身体向右(左)转 90°时,左(右)脚不转动,同时出右(左)脚按照原步法向新方向行进。半面向右(左)转走,按照向右(左)转走的要领转 45°。

2.齐步、跑步向后转走

口令:"向后转——走。"

要领:左脚向右脚前迈出约半步(跑步时,继续跑 2 步,再向前半步),脚尖向右约 45°,以两脚的前脚掌为轴向后转 180°,出左脚按照原步法向新方向行进。

动作标准与要求:听到口令,左(右)脚向前半步,转动时,保持行进时的节奏,两臂自然摆动,不得外张;两腿自然挺直,上体保持正直。

(五)坐下、蹲下、起立

1.坐下

口令:"坐下。"

要领:左小腿在右小腿后交叉,迅速坐下(坐凳子时,听到口令,左脚向左分开约一脚之长),手指自然并拢放在两膝上,上体保持正直。背背包时,听到"放背包"的口令,两手握背包带,取下背包,转体向右,右手将背包横放在脚后,背包口向左,按照口令坐在背包上。

2.蹲下

口令:"蹲下。"

要领:右脚后退半步,前脚掌着地,臀部坐在右脚跟上(膝盖不着地),两腿分开约60°,手指自然并拢,放在两膝上,上体保持正直,蹲下过久,可自行换脚。

3.起立

口令:"起立。"

要领:全身协力迅速起立,右脚靠拢左脚,成立正姿势。

重点:"三快""两准""一保持"。"三快"即坐下、蹲下速度快,起立时动作要快,靠脚要快。"两准"即坐下、蹲下时脚的移动距离要准,靠脚位置要准。"一保持"即坐下、蹲下后,上体始终保持正直。

(六)脱帽、戴帽

口令:"脱帽。"(图9.6)

要领:听到"脱帽"的口令,双手捏帽檐或者帽前端两侧,将帽取下,取捷径置于小臂,帽徽向前,掌心向上,四指扶帽檐或者帽墙前端中央处,小臂略成水平,右手放下。

听到"戴帽"的口令,双手捏帽檐或者帽前端两侧,取捷径将帽迅速戴正。

图9.6 脱帽姿势　　　　图9.7 敬礼姿势

(七)敬礼

敬礼(图9.7),表示军人相互之间的团结友爱,表示部属与首长、下级与上级的相

210

互尊重。军人必须有礼节,部属或下级应当向首长或上级敬礼,首长或上级应当还礼。敬礼分为举手礼、注目礼和举枪礼。

口令:"敬礼""礼毕"。

要领:听到"敬礼"的口令后,上体正直,右手取捷径迅速抬起,五指并拢自然伸直,中指微接帽檐右角前约 2 厘米处(戴无檐帽或不戴军帽时微接太阳穴,与眉同高),手心向下,微向外张(约20°),手腕不得弯曲,右大臂略平,与两肩略成一线,同时注视受礼者。听到"礼毕"的口令,将手放下,成立正姿势。

(八)出列、入列

单个军人和分队出、入列通常用跑步(5 步以内用齐步,1 步用正步),或者按照指挥员指定的步法执行;然后,进到指挥员右前侧适当位置或者指定位置,面向指挥员成立正姿势。因故出入列要报告(须经允许)。

1.出列

口令:"×××(或者第×名),出列。"

要领:出列军人听到呼点自己姓名或者序号后应当答"到"。听到"出列"的口令后,应当答"是"。位于第一列(左路)的军人,按照上述规定,取捷径出列。位于中列(路)的军人,向后(左)转,待后列(左路)同序号的军人向右后退一步(左后退一步)让出缺口后,按照上述规定从队尾(纵队时从左侧)出列;位于"缺口"位置的军人,待出列军人出列后,即复原位。

位于最后一列(右路)的军人出列,先退 1 步(右跨 1 步),然后,按照前述规定从队尾出列。

2.入列

口令:"入列。"

要领:听到"入列"口令后,应当答"是",然后按照出列的相反程序入列。

(九)班队列动作

1.班的队形

班的基本队形,可分为横队和纵队,需要时可成二列横队或二路纵队。班的基本队形,是班队形变换的基础。

要领:成班的基本队形列队时,队列人员之间的间隔(两肘之间)约 10 厘米,距离(前一名脚跟至后一名脚尖)约 75 厘米。如成二列横队时单数士兵在前,双数士兵在后;二路纵队时单数士兵在左,双数士兵在右。

2.集合、解散

(1)集合。班的集合,是使单个军人按规范队形聚集起来的一种队列动作。其中包括班横队(二列横队)集合、班纵队(二路纵两)集合。集合时,指挥员应先发出预告或信号,如"全班注意",然后站在预定队形的中央前,面向预定队形成立正姿势,下达"成××队——集合"的口令,全班人员听到预告和信号后,原地面向指挥员成立正姿势;听到动令,迅速跑步到指定位置面向指挥员集合(在指挥员后侧的人员,应当从指挥员右侧绕过),自行对正、看齐;成立正姿势。

①口令:"成班横队(二列横队)——集合。"

要领:成班横队集合时,基准同学迅速到班长左前方适当位置,成立正姿势,其他同学以基准同学为准,依次向左排列,自行看齐。

②"成班纵队(二路纵队)——集合。"

要领:成班二列横队时,单数在前,双数在后。成班纵队集合时,基准同学迅速到班长前方适当位置(距班长3~5步),成立正姿势,其他同学以基准同学为准,依次向后排列,自行对正;成班二路纵队时,单数在左,双数在右。

(2)解散。班的解散是使队列人员迅速离开原队列位置的一种队列动作。

口令:"解散。"

要领:队列人员迅速离开原队列位置。

(3)整齐、报数。

①整齐。班的整齐,是使列队人员按照规定的间隔、距离,保持行、列齐整的一种队列动作。整齐分为向右(左)看齐和向中看齐。

口令:"向右(左)看——齐。"

要领:向右(左)看齐时,基准同学不动,其他同学向右(左)转头约45°,眼睛看右(左)邻同学腮部,前四名能通视基准同学,自第五名起,以能通视到本人以右(左)第三人为度。听到"前——看"的口令,迅速将头转正,恢复立正姿势。

口令:"以×××为准,向中看——齐。"

要领:向中看齐时,当听到指挥员指定"以×××为准(或者以第×名为准)"时,基准同学应答"到",同时左手握拳高举,大臂前伸与肩略平,小臂垂直举起,掌心向右。听到"向中看——齐"的口令后,其他同学按照向左(右)看齐的要领实施。

口令:"向前——看。"

要领:听到"向前——看"的口令后,基准同学迅速将手放下,其他同学迅速将头转正,恢复立正姿势。

一路纵队看齐时可下达"向前——对正"的口令。

②报数。班的报数,是为了清点人数,明确单数、双数的位置及架枪的需要而进行的动作。报数分为连续报数和一、二报数。

口令:"报数""一、二报数"。

要领:报数时横队从右至左(纵队由前向后)依次以短促洪亮的声音转头(纵队向左转头)报数,最后一名不转头。

(十)队形、方向变换

队形变换是列队后,由一种队形变为另一种队形的队列动作。

班的队形变换分为停止间和行进间班横队与班纵队的互换、停止间班横队与班二列横队互换、班纵队与班二路纵队的互换。这里主要讲解停止间和行进间班横队与班纵队的互换。

1.和纵队的互换

（1）横队变纵队。

停止间口令："向右——转"；进行间口令："向右转——走"。

（2）纵队变横队。

停止间口令："向左——转"；进行间口令："向右转——走"。

要领：

停止间班横队与班纵队的互换按照单个军人向右（左）转的要领实施。

行进间班横队与班纵队的互换按照单个军人向右（左）转走的要领实施。

2.方向变换

方向变换是改变队列面对方向的一种队列动作。通常包括左（右）转弯，左（右）后转弯，必要时可以向后转。

班的方向变换分为停止间、行进间班横队方向变换和停止间、行进间班纵队的方向变换。

（1）停止间、行进间的班横队方向变换。

停止间口令："左（右）转弯，齐（跑）步——走"；或者"左（右）后转弯，齐（跑）步——走"。当需要向后转走时，应当先下"向后——转"的口令，待方向交换后，再下"齐（跑）步——走"的口令。

行进间口令："左（右）转弯——走"，或者"左（右）后转弯——走"。

要领：全班听到口令后，轴翼士兵踏步，并逐渐向左（右）转动；外翼第一名士兵用大步行进并同相邻士兵协调，逐步变换方向（越接近轴翼者，其步幅越小），其他士兵用眼睛的余光向外翼取齐，并保持规定间隔和排面整齐，转到90°或者180°时踏步取齐。指挥员待全班转到90°或者180°时下达"前进"或者"立定"的口令，全班听到口令前进或者立定。

（2）停止间、行进间班纵队的方向变换。

停止间口令："左（右）转弯""齐（跑）步——走"；或者"左（右）后转弯""齐（跑）步——走"。"向后转""齐（跑）步——走"（按照班横队向后转走的方法实施）。

行进间口令："左（右）转弯——走"，或者"左（右）后转弯——走"。

要领：全班听到口令，基准士兵在左（右）转弯时，按照单个军人行进间转法（停止间，左转弯走时，左脚先向前一步）的要领实施，在左（右）后转弯时，用小步边行进边变换方向，转到90°或180°后，照直前进；其他士兵逐次进到基准士兵的转弯处转向新方向跟进。

二、战术常规动作

（一）持枪

持枪是士兵在战斗中为了便于运动、便于观察、便于射击，携带轻武器的方法。在不同的敌情、地形和距离条件下应采用不同的持枪动作。

1.单手持枪(筒)

右臂微曲,右手虎口正对上护木,五指握护木,用五指的握力将枪身固定,枪身轴线与地面略成45°。背带压于拇指下,枪身距身体约10厘米,左臂自然下垂,运动时自然摆动。持班用轻机枪和四零火箭筒时,右手握提把,大臂轻贴身体,运动时随身体自然运动(图9.8)。

侧面

图9.8　单手持枪　　　　　　图9.9　单手擎枪

2.单手擎枪

枪口向上,右手正握握把,食指微接扳机,机匣盖末端贴于肩窝,枪身微向前倾,枪面向后,右大臂里合,枪托贴于右肋(枪托折叠时除外),背带自然下垂,目视前方,左手自然下垂或攀扶,运动时自然摆动(图9.9)。

3.双手持枪

左手托握下护木或握弹匣弯曲部,右手握握把,食指微接扳机,将枪身置于胸前,枪身略成水平,背带自然下垂或挂在后颈部(图9.10)。

4.双手擎枪

在单手擎枪基础上,枪身略低,左手托握下护木或弹匣弯曲部,背带压于左手下,身体与射向略成30°。分班练习根据场地,提出各种战斗情况,采用不同的操枪动作,灵活练习,及时发现问题并给予纠正(图9.11)。

不挂枪背带时　　　　挂枪背带时　　　　　正面　　　　　　侧面

图9.10　双手持枪　　　　　　图9.11　双手擎枪

（二）卧倒、起立

卧倒是隐蔽身体，减少敌火力杀伤的最低姿势，起立是运动或变换位置时采用的动作。是一切战术动作的基础，二者通常结合运用。

口令："卧倒、起立。"

当听到"卧倒"的口令后，（冲锋枪）迅速将枪取下（半自动步枪将枪提起），左脚向前迈出一大步，左腿弯曲，上体前倾，两眼注视前方，左手顺左脚方向伸出，掌心向下，手指稍向右；以左膝、左手、左肘的顺序着地，迅速卧倒，左腿曲于右腿下；右手迅速将枪向前送出（冲锋枪左手接握弹匣弯曲部，右手移握握把；半自动步枪左手接握弹仓，右手移握枪颈）。同时左腿向左后方蹬出，两脚分开约与肩同宽，两脚内侧着地，目视前方，成准备射击或射击姿势。

卧倒的要领可归纳为：取枪迈步臂同伸，顺势着地枪前送；蹬脚出枪结合紧，指向目标方向准。

听到"起立"的口令，左手将枪稍向后带，右手迅速移握护木，将枪收回，左小臂折回，同时转体向右，左腿曲于右腿下，随即以左手、左膝、左脚的支撑力将身体支起，右脚向前一大步，左脚向前进一步，左手反握护木，两手协力将枪倒置于胸前，右脚靠拢左脚的同时，两手合力将枪送上右肩，成肩枪立正姿势。半自动步枪成持枪立正姿势。

（三）运动姿势和方法

匍匐前进是在敌火力下利用较低遮蔽物接近敌人的一种方法，根据遮蔽物的高低可分为低姿、高姿、低姿侧身和高姿侧身匍匐四种。前进前应选择好前进的路线和暂停地点；前进时目视前方，保持前进方向；到达暂停位置迅速利用地形准备射击。

1.低姿匍匐

低姿匍匐是在遮蔽物高约 40 厘米时采用的运动方法。

口令："向××或距离 20 米——低姿匍匐前进。"

要领：听到口令，两手将枪迅速收回，枪面向右，右手掌心向上，虎口卡住机柄，余指抓住枪身和背带，枪身靠紧右臂，屈回右腿，伸出左手，前胸着地，目视前方，用右脚内侧的蹬力和左手的扒力使身体前移，同时屈回左腿，伸出右手，用左脚内侧的蹬力和右手的扒力使身体继续前移，依次交替前进。

到达停留位置，左手移握护木，右手移握握把，半自动步枪右手移握枪颈，两手合力将枪向前送出（用抬、推、转、拉的方法），同时两腿伸直，成准备射击姿势。

要领：收枪屈腿臂前伸，手扒脚蹬体向前；目视方向姿势低，出枪同时把腿伸。

2.高姿匍匐

高姿匍匐是在遮蔽物高约 60 厘米时采用的运动方法。

口令："向××——高姿匍匐前进。"

要领：听到口令，迅速将枪收回，携枪方法同低姿匍匐，以两小臂和两膝内侧支撑身体，用左肘、右膝，右肘、左膝交替前进，到达停留位置，左肘向左前伸直，左手移握护木，右手移握枪颈，两手合力将枪向目标方向送出同时伸直右腿，成准备射击或射击姿势。

要领:两膝两肘支身体,肘腿交替向前移;肘腿协调要一致,携枪方便为前提。

3.低姿侧身匍匐

低姿侧身匍匐是在遮蔽物高约 60 厘米时采用的运动方法。

口令:"向××——侧身匍匐前进。"

要领:听到口令,右手移握护木将枪收回,转体向右,身体左侧及左小臂着地,左大臂向前倾斜支撑上体,左腿弯曲,右腿收回,右脚靠近臀部着地,右手握枪置于身体右侧,用左臂的支撑力和右脚跟的蹬力使身体前移。到达停留位置,右手将枪向前送出(冲锋枪左手接握弹匣弯曲部,右手握握把;半自动步枪左手接握弹仓下方,右手移握枪颈),同时伸直两腿成准备射击姿势。

要领:迅速收枪快转体,脚蹬手扒体前移;出枪有力稳又准,送枪蹬腿结合紧。

4.高姿侧身匍匐

高姿侧身匍匐是在遮蔽物高 80~100 厘米时采用的运动方法。

口令:"向××——高姿侧身匍匐前进。"

要领:听到口令,右手移握护木将枪收回,左手和左小腿外侧着地,以左手的支撑力和右脚掌的蹬力使身体前移,到达停留位置,迅速出枪,成准备射击姿势。

5.滚进

滚进是卧倒后为避开敌人的观察、射击而左右移动或通过棱线时采用的运动方法。

口令:"向左(右)——滚进。"

要领:听到"滚进"的口令,将枪关上保险,左手握住表尺上方,右手握枪颈附近或两手握上护木,枪面向右,顺置于胸腹前抱紧,两臂尽量里合,两脚腕交叉或紧紧并拢,全身用力向移动方向滚进。运动中,也可在卧倒的同时向移动方向滚进。

6.跃进

跃进是在敌火下迅速通过开阔地时采用的运动方法。

口令:"向××——跃进。"

跃进可分为跃起、前进、卧倒三步完成。①跃起:在跃起前应选择好前进路线、暂停位置,尔后迅速突然地前进,如卧姿时跃起,可先向左(右)移(滚)动,以迷惑敌人,迅速收枪,同时屈左腿于右腿下,右手提枪,左手、左膝、左脚的支撑力将身体支起,同时出右脚前进。②前进:前进时右手持枪,目视前方,屈身快跑,跃进的距离和速度应根据敌情和地形而定,敌火越猛烈,地形越开阔,跃进距离越短,速度应越快。每次跃进的距离通常为 15~30 米。

要领:右手持枪,目视前方,屈身快跑,保持方向。

7.卧倒

当前进到暂停位置或遭敌猛烈射击时应迅速隐蔽或卧倒;卧倒时左脚向前一大步,身体尽量下塌,左膝稍向里合,按左手、左膝、左肘的顺序卧倒,并作好射击准备。

要领:前进不得减速度,左腿向前一大步;左臂前伸体前扑,转体同时把枪出。

三、班(组)战术

(一)紧急集合

紧急集合,就是在紧急情况下迅速进行的集合,是应付突然情况的一种紧急行动。

一般是根据上级的紧急战备号令实施紧急集合。一旦接到紧急集合的信号或命令时,应立即按规定着装,携带齐武器装备和器材,迅速到达规定地点集合。

紧急集合分为全副武装紧急集合和轻装紧急集合两种。

紧急集合的程序分四步:着装、打背包、装具携带和集合。

1.着装

白天进行紧急集合时,一般就按当时的训练着装进行。如果上级重新规定了着装,应立即换装。夜间实施紧急集合时,应迅速起床,按照帽子、上衣、裤子、袜子、鞋子(双层床上层的学生打完背包再穿鞋子)的顺序进行穿戴。

2.打背包

背包宽 30～35 厘米,竖捆两道,横压三道。鞋子横插在背包背面中央或竖插两侧。

3.装具携带

装具携带一般按要求携带。

4.集合

集合通常应逐级集合,逐级报告。如披装完毕后,迅速跑步到班集合点,向班长报告。班长带领全班迅速赶到排集合场,并向排长报告,依次进行。紧急情况下,也可以排、中队(连)为建制统一集合。集合时间,昼间 10 分钟,夜间 12 分钟应完成班集合。在紧急集合时要做到:迅速、肃静、确实、完整、安全、便于行动。这就要求在平时应按规定放置武器、弹药、装具和衣物,这样在紧急集合时就便于拿取和穿着,行动才不会慌乱。

(二)徒步行军

徒步行军对学生的意志和体能是一个考验。无论是刮风、下雨、山地、沼泽,还是酷暑、严寒,只要需要,均要实施徒步行军。

1.徒步行军的基本常识

长行军通常日行 8～10 小时,平均时速 4～5 千米,每 1～2 小时休息一次,时间约 10 分钟。休息时,人员靠道路右侧坐下,保持原来队形,面向路外,放下背包,解开鞋带使脚放松,但武器、装具不能离身。大休息通常在走完当日行程一半以上进行,时间为 2 小时。休息时,人员离开道路,按建制配置在指定地域组织用餐、休息、补充移动储备品。注意武器、装具始终不能离身。强行军时,可以加快行进速度,延长日行军的时间。

2.徒步行军应注意的问题

在行军过程中应按照正确的行军要领,坚决服从班组长的指挥,灵活处置各种情况,确保按时迅速到达目的地。

(1)徒步行军应按照规定或上级命令携带有关装具。

(2)行军前,应检查所带装具是否齐全,佩戴是否牢固,尤其是要仔细检查鞋袜是否合适,以避免行军中脚打泡。

(3)行军过程中,应均匀呼吸,全脚掌着地,调整好步幅,保持正常的行军速度。

(4)行军掉队时,应大步跟上,尽量不要跑动,以节省体力,体力好的士兵要主动帮助体力差的士兵,搞好体力互助。

(5)小休息时,应就地休息,及时调整体力,不要乱走动,并按要求处理脚上打起的血泡。

(6)行军中,要以灯光、旗语、音响、手势等简易信号通信、运动通信等手段传递口令,保持通信联络。

行军中要注意紧跟队形,不要掉队;无论遇到什么样的情况都要及时报告;要发扬不怕苦、不怕累的精神,坚决走到目的地。

(三)乘坐车辆

乘车是实施机动的方式,应掌握乘坐车辆的一些基本方法。

乘车前,应当根据车辆的车型和数量,以及人员、武器、器材的数量分配车辆(注意照顾建制)。每辆车上通常指定车长1人,负责全车的指挥;观察联络员2人,负责传递信号、观察情况和安全保障。人员上车前,指挥员应当检查武器(先验枪)、器材和装具;规定上、下车的顺序和乘车的注意事项。

根据停车场地情况,车辆可以排列成横队或者纵队,各车之间的间隔3~10米。

(1)准备上车乘车分队听到或者看到"准备上车"的口令、信号后,即进到所乘汽车之后,成二路或者三四路纵队。司机打开后车厢板,并协助乘车人员上车。

(2)上车乘车人员听到或者看到"上车"的口令、信号后,按照规定顺序和方法依次上车。通常从车后上车;如果车后不便上车,可以从汽车右侧或者两侧上车;紧急情况下,可以从车后和两侧同时上车。

上车后,车长通常在车厢前角,观察联络员在车厢左前角和右后角,安全员在左后角就位,其他人员成二路或者三四路纵队按照上车顺序依次坐好。位于左、右车厢板后端的人员,协助司机关好后车厢板,并挂好安全链。

行进时,注意检查挂钩,以防脱落。连长乘坐连先头车,其余连的指挥员分别乘坐本连各车。车长先上车并监督本车人员上车,待上车完毕即向上级指挥员报告。

(3)开车乘车分队听到或者看到"开车"的口令、信号后,各车依次前进。按照规定的车速和车距行驶,注意安全,服从调整哨的指挥,发生情况及时报告。行进中,分队指挥员根据情况和上级指示,可以调整车速或者车距,并下达或者发出"加速""减速""停止前进"等口令、信号。

（4）停车乘车分队听到或者看到"停车"的口令、信号后，应当就地停车或者进入指定位置停车。

（5）下车乘车分队听到或者看到"下车"的口令、信号后，位于左、右车厢板后端的人员，协同司机打开后车厢板，然后按照规定的顺序和方法下车；紧急情况下，可以从车后和两侧同时下车。下车后，按照指挥员的命令，到指定地点集合。

[**思考与练习**]

1.战术、战斗类型与战斗样式的含义是什么？

2.什么是进攻战斗？进攻战斗有哪些基本任务？

3.什么是防御战斗？防御战斗有哪些基本任务？

4.战术的基本原则有哪些？

5.单兵战术有哪些基本动作？

第十章　军事地形学

第一节　军事地形学概述

　　军事地形学是根据军事行动的需要,从军事运用的角度研究和利用地形的一门学科,是军事训练的共同科目之一。主要研究地形对战斗行动影响的规律,军用地图和航空、航天相片的识别与应用原理,战场简易测量方法以及调制要图的要领等。随着现代战争的突发性增大,战场范围扩大,参战军种、兵种增多,部队机动能力的提高,研究利用地形显得越来越重要,军事地形学逐渐成为军事训练的一门重要科目。

　　军事地形学的内容主要包括地形分析、识图用图、方位判定、简易测量、调制要图、相片判读等方面。

一、地形分析

　　地形分析是分析地貌、水系、道路、居民地和土壤植被等地形要素,判断其对部队运动、观察、射击、隐蔽和伪装的影响,工事构筑条件,以及对核、化学武器袭击的防护性能等,从而达到正确利用地形、趋利避害的目的。

　　各种地形要素对作战行动影响程度的大小,取决于它的性质和特点。如地貌,主要是地面起伏程度和山脉走向、斜面坡度、制高点位置和作用;水系,主要是江河宽度、水深、流速、底质、通航能力及障碍程度;道路,主要是铁路、公路的质量、数量、方向和通行能力等。判断运动条件,是通过研究道路状况、地貌特点、江河障碍和土壤植被性质,明确战斗车辆的通行程度以及地形对运动速度的影响;判断观察条件,是通过研究地貌起伏大小、居民地和植被的疏密,确定战场能通视与不能通视地区;判断射击条件,是通过研究地貌起伏程度、斜面形状和防界线的位置,为明确各种火器任务、划定射击地线和选择有利发射阵地提供依据;判断地形的防护性能,是通过研究地貌特点和植被性质,找出对防御和减弱核、化学武器杀伤破坏作用有利的地形。

二、识图用图

　　识图用图包括地形图、海图、航空图和影像地图的识别与使用,其中主要是介绍地形图的基本知识和寻求使用地形图的正确方法。识图,侧重研究地形图的测制原理、数学基础和地形要素的表示方法。用图,侧重研究现地应用地图的方法。

三、方位判定

方位判定是研究在现地如何辨明东西南北方向,明确站立点与周围地形的关系位置。其方法有利用指北针、北极星、太阳和时表判定,依据地物特征、导向设备判定,还有利用地图和航空相片判定等。掌握这些方法是正确利用地形,保证顺利完成作战任务的前提条件。

四、简易测量

简易测量是研究快速测定战场目标的距离、高度、地面坡度和角度(水平角和垂直角)的方法。主要有目测、步测和用简便器材(臂长尺、指北针和望远镜)测量。掌握这些方法,对简易制图、确定射击诸元和现地研究地形都有很大帮助。

五、调制要图

调制要图是研究现地和利用地图调制要图的方法要领,包括测绘地形略图和标绘战术情况。通常利用地图或航空相片,先调制成地形略图再标绘战术情况,有时在现地将地形和战术情况调制成要图。这是分队指挥员和参谋人员必须具备的一项业务技能。

六、相片判读

相片判读是研究航空、航天相片判读的理论和实际问题。包括航空摄影的方式(如垂直、倾斜摄影),相片的种类(如黑白、彩色或假彩色相片),目标在相片上的影像特征(如目标的形状、大小、颜色、阴影、纹形、相关位置和活动痕迹)以及判读方法(如目视判读、计算机识别)等,为准确识别地形和军事目标提供判读依据。

军事地形学所研究的内容,都是围绕研究利用地形而选定的。随着现代战争的需要和军事测绘技术及其新成果的不断发展,特别是地图品种的增多,将为军事地形学增添新的内容。

第二节　地图常识

一、基本常识

军事地形学,是根据军事行动的需要研究和利用地形的一门学科。军队的一切战斗行动,都是在一定的地形条件下进行的,都要受地形条件的影响和制约。

学习军事地形学的主要目的在于,熟练地掌握识图、用图的技能和要领,起到行动时判定方位不迷向、到实地能对照地形选准位置、按照地图行进不走错路的作用。

为了识图、用图,还需先了解绘制军事地图的一些基本原理。

地形:地物和地貌的总称。

地物:指地球表面自然形成和人工建造的固定物体,如江河、湖泊、道路、村庄等。

地貌:指地球表面高低起伏的状态,如山地、平地等。

地形图(简称地图):是按一定的比例尺,表示地物、地貌平面位置和高程的正投影图。

要完成军事地图的绘制,就必须具备以下六个方面的基本要素。

(一)地图的投影

军事地图是一个平面图。为了解决地球曲面与地图平面之间的矛盾,采用的是高斯投影的原理。即用横圆柱面套在地球椭体的外面,与中央经线相切,并使横圆柱轴通过地心,然后根据等角不变的道理,用数学的方法将地球的经纬投影到横圆柱面上,再将地球表面的地物、地貌描绘在平面图上。我国规定,从1:2.5万至1:50万比例尺的地图,采用经差60分带法,即以起始经线为零,每隔60为一带,全球分60个带。1:1万及大于1:1万比例尺地图,采用经差30分带法。

(二)地图的坐标

确定某点位置的有关数值,称为该点的坐标。地图上的坐标分为地理坐标和平面直角坐标两种。

1.地理坐标

用经纬度表示地面点位置的球面坐标,叫该点的地理坐标,用度、分、秒来表示。

(1)地理坐标网的构成,按照国际规定,经度从英国格林尼治天文台为零起算,向东、西各180°;纬度从赤道算起,向南、向北各90°。地理坐标通常用以指示舰艇、飞机和某一目标的位置。

(2)因地图是按照经纬度分幅的,故在军事地图上均有地理坐标的表示。即在小于1:20万比例尺的地图上均绘有地理坐标网,并有经纬度数值;在大于1:10万比例尺的地图上,图廓间绘有分度带,南北内图廓线即是纬线,东西内图廓线即是经线。

2.平面直角坐标

用平面上的长度值,表示地面点位置的直角坐标,叫该点的平面直角坐标。军事地图上的平面直角坐标,不同于数学中笛卡尔坐标系:其经线为坐标纵轴X,赤道为坐标横轴Y。

为了便于从图上直接量测任意点的坐标值,以千米数为单位,按相等的距离作与纵横轴平行的若干直线,构成平面坐标网,即可从地图上迅速、准确地确定某点的位置,指示目标,量算距离和面积。

（三）地图的比例尺

1.地图比例尺的定义

图上某线段的长与相应实际水平距离之比,叫地图的比例尺。通常以数字比例尺或直线比例尺标注在地图图廓外。它是判定地表实地水平长度在地图上的缩小比例和根据图上量测长度计算实地水平距离的依据。

2.地图比例尺的大小

地图比例尺的大小是按比值的大小衡量的。地图比例尺越大,显示的地形越详细,精度越高,所含地形的范围就越小;地图比例尺越小,则情况相反。地图比例尺是在地图上量算长度和面积的依据(图10.1)。我国使用的地图比例尺为 1∶1 万、1∶2.5 万、1∶5 万、1∶10 万、1∶20 万、1∶50 万、1∶100 万七种。

1∶2.5万
米250　0　　　　　　　　　　1千米

1∶5万
米500　0　　　　　　　　　　2千米

1∶10万
米1000　0　　　　　　　　　　4千米

图 10.1　数字比例尺和直线比例尺

3.在图上量算距离

(1)用直尺量算。用直尺量取所求两点的图上长,然后乘以该图比例尺分母,即得相应的实地水平距离。其换算公式为:实地距离=图上长×比例尺分母。

(2)依直线比例尺量读。先用两脚规量出两点间的长度,并保持其张度,再到直线比例尺上比量,比量时,先使两脚规的一脚落在尺身的整千米数上,再使另一脚落在尺头上,即可读出两点间实地水平距离。

(3)用里程表量读。在地形图上量取弯曲路段或曲线距离时,使用指北针上的里程表比较方便。里程表由表盘、指针及滚轮三部分组成。量读时,先使指针归0,然后手持里程表,将滚轮放在起点上(使指针按顺时针方向转),沿所量线段滚至终点,指针在相应比例尺分划圈上所指的千米数,即为所求实地距离。

（四）地物符号的规定

在地图上,地物是根据规定的符号和注记来表示的。具体又分为符号的图形规定和符号的比例规定。

1.地物符号的图形规定

多数地物是按照地物的平面形状表示的,如居民地、桥梁、江河等;有些地物是按地物的侧面形状表示,如亭、塔、烟囱等;少数地物是按有关的意义来表示,如气象站、变电所等。

2.地物符号的比例尺规定

一类是按比例尺表示的符号,如居民地、森林、湖泊、大的江河,其外部轮廓均按比例尺缩绘。二类是半依比例尺表示的符号,如道路、小的河流等,其长度按比例尺表示,宽度不按比例尺表示。三类是不按比例尺表示的符号,一些实地面积很小,但对军事有重要意义,如亭、塔、三脚架、独立房等,在图上只能了解其位置,不能测定其大小。有了以上的地物符号和注记,就可以识别出地物的分布、形状的大小,了解江河的宽、水深和流速,以及桥梁的长宽、载重和性质等。四类是说明和配置符号,主要是用来说明、补充上述三种符号不能表示的内容。说明符号是用来说明某种情况的,如表示街区性质的晕线,表示江河流向的箭头等。配置符号是用来表示某地区的植被及土质特征的,如草地、果园、疏林、道旁行树、石块地等(图 10.2)。

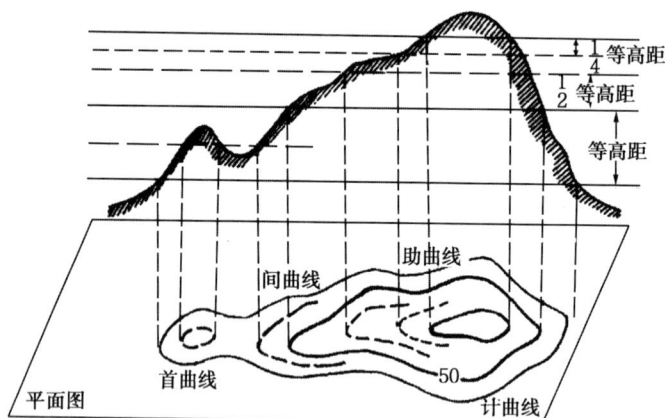

图 10.2 等高线的种类

实地地物的分布情况,并不表示地物的真实位置和数量。

(五)地貌符号显示规定

1.等高线显示地貌的原理

设想把一座山,从底到顶按相等的高度,一层一层地水平切开,山的表面便出现一条闭合的截口线,把这些截口线垂直投影到一个水平面上,便出现一个圈套一个圈的曲线图形。因为同一条曲线上各点的高度相等,所以这种曲线叫等高线。地图就是根据这个原理显示地貌的。

2.等高距的规定

相邻的两个等高线的水平截面之间的垂直距离,叫等高距。用等高线和等高距相结合来显示地貌。我军通常的地图为 1∶2.5 万、1∶5 万和 1∶10 万,在地图上绘制等高距的规定,分别为 5 米、10 米和 20 米。

3.等高线的分类

为了便于进一步详细判读地貌和计算高程,根据所起作用的不同,又把等高线分为四种:首曲线、计曲线、间曲线和助曲线。

(1)首曲线,也叫基本等高线。它是按规定的等高距在图上所绘的细实线,用以显示地貌的基本形态。

(2)计曲线,也叫加粗等高线。它是按规定的高程起算面算起,每隔四条首曲线描绘的粗实线,以便在地图上判读和计算高程。

(3)间曲线,也叫半距等高线。它是以等高距的 1/2 绘的长虚线,用来显示首曲线不能显示的局部地貌。

(4)助曲线,也叫辅助等高线。它是按等高距的 1/4 绘的短虚线,用来显示间曲线不能显示的局部地貌。

4.高程的起算和注记

我国地图的高程,是根据青岛验潮站确定的水准原点起算的。从这个基准面起算的高程叫真高,也叫海拔。地貌、地物由所在地面起算的高度叫比高。起算面相同的两点间高程之差叫高差(图 10.3)。

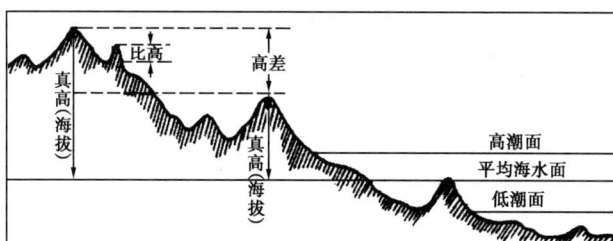

图 10.3　高程起算

有了上述规定,即可判断出山的各部名称,了解地貌的起伏状况,计算出高程、高差、坡度等,为组织军队开进、部署阵地、炮射击提供依据。

5.地物、地貌符号颜色的规定

为使地图的内容层次分明,清晰易读,便于标绘战术情况,规定地形的符号用四种颜色加以区分:黑色、绿色、棕色和蓝色。

黑色:用于居民地、道路、独立地物、管线、境界等。

绿色:用于森林、果园的普染等。

棕色:用于地貌、等高线的高程注记及土质特征、公路的普染等。

蓝色:用于水系符号、注记及普染等。

二、实地使用地图

实地使用地图是为了正确、熟练地辨明站立点的东、西、南、北方向。为此,必须掌握好判定方位、实地对照地图和按地图行进三个方面的技能和要领。

(一)判定方位

1.利用指北针判定

使用指北针判定时,把指北针放平,待磁针稳定后,磁针红色一端所指的方向,即

225

为实地磁北方向。

2.利用太阳和时表判定

通常情况下,早上6时太阳在东方,12时太阳在南方,18时在西方。根据这一规律,便可以利用太阳和时表判定概略方位。判定时,先将时表放平,以表盘中心和时针所指的时数(每日24小时计算),折半位置的延长线对向太阳,此时,表的中心通过"12"的方向即为北方(图10.4)。

3.利用北极星判定

夜间还可用北极星判定,北极星是正北方天空的一颗恒星,夜间找到北极星,就找到了北方。北极星的位置可根据大熊星座或仙后星座寻找。北极星位于小熊星座的尾端,它和大熊星座(俗称北斗七星)、仙后星座(又叫W星座)的关系位置如图10.5所示。大熊星座主要由七颗明亮的星组成,形状像一把勺子。将勺端甲、乙两星(叫指极星)的连线向勺口方向延长,约在两星间隔的五倍处,有一颗较亮的星就是北极星。仙后星座主要由五颗明亮的星组成,在缺口方向约为缺口宽度的两倍处,就可找到北极星。

图10.4 利用太阳和时表判定方位　　　　图10.5 利用北极星判定方位

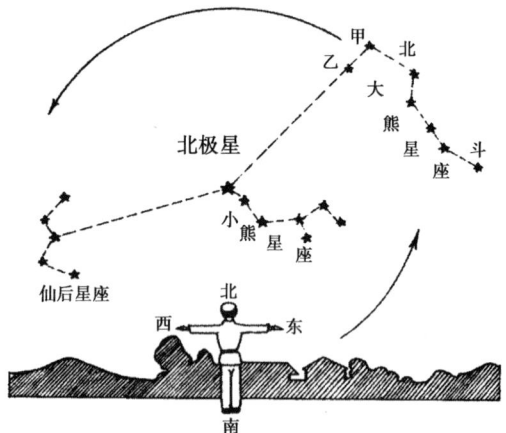

4.利用地物特征判定

有些地物由于受阳光、气候等自然条件的影响,形成了某种特征,可用来概略地判定方位。①独立大树,通常南面的枝叶较茂密,树皮较光滑,北面的枝叶较稀疏,树皮较粗糙。②独立大树的树桩年轮,通常北面的间隔小,南面的间隔大。③突出地面的物体,如土堆、土堤、田埂和建筑物等,通常南面干燥,青草茂密,冬季雪融化较快;北面潮湿,易生青苔,冬季雪融化较慢。凹陷物体如土坑、沟渠,以及林中空地的特征则相反。④我国北方较大庙宇的正门,农村房屋的门窗,多向南开。

我国幅员辽阔,各地区有其不同的特征。例如,内蒙古高原冬季因受西北风的作用,山的西北坡积雪较少,东南坡积雪较多;而在新月形沙丘地区,地面比较平坦,风向比较稳定,沙丘受风力的作用,顺着风向伸展,朝风的一面坡度较缓,背风的一面坡度较陡;草原上的蒙古包门多朝向东南。因此,利用地物特征判定方位时,应多种方法结合运用,并注意调查当地的特殊规律,以避免错误。

(二)地图与现地对照

使用地图时,应注意随时同现地进行对照,注意观察周围地形变化,以保持正确的方向和位置。其要领通常是:标定地图、确定站立点在图上的位置和对照地形。

1.标定地图

标定地图的方法有以下几种。

(1)指北针标定:用指北针标定地图,可按磁子午线标定。先以指北针的直尺切于磁子午线,并使准星的一端朝向北图廓,然后转动地图,使磁针北端对准"0"分划(或指标),地图即已标定。

(2)依直长地物标定:利用直长地物(如直长的路段、河渠、土堤、电线等)标定地图,可先在图上找到这段直长地物,对照两侧地形,使地图和现地的关系位置概略相符,再转动地图,使地图上的直长地物与现地直长地物的方向一致,地图即已标定。

(3)依明显地形点标定:依据明显地形点标定地图,先确定站立点在图上位置,再选定远方的一明显地形点(如山顶、独立地物等),并将直尺切于图上的站立点和该地形点上,然后转动地图,通过直尺边照准现地明显的地形点,地图即已标定。

2.确立站立点在地图上的位置

确立站立点在地图上的位置,是地图与实地对照的依据。一般用以下方法确定:

(1)依明显地形点判定:当站立在明显地形点上时,从图上找出该点的符号,即是站立点的图上位置。如果站立点在明显地形点旁时,可先标定地图,对照周围明显的地形细部,找出其与站立点的关系位置,即可判定站立点的图上位置。

(2)用截线法确定:当站立点在直长物地上时,可用截线法确定。先标定地图,在直长地物的翼侧选择图上和现地都有的明显地形点,将直尺边切于图上该地形点上,然后转动直尺,照准现地该地形点,并描画方向线,方向线和直长地物符号的交点,即为站立点的图上位置。

(3)用后方交会法确定:站立点附近无直长地物或明显地形时,可采用后方交会法确定站立点的图上位置。先标定地图,选择图上和现地都有的两个明显地形点,各插一细针,将直尺边靠针转动,依次照准现地相应的地形点,并描画方向线,图上两方向线的交点,就是站立点的图上位置。

3.对照地形

对照实地的地形,首先应选择一个视野开阔的位置。先对照特殊明显的地形,后对照一般的地形,再由近及远、由点到线,或逐段分片地进行对照。

(三)利用地图、方位角行进

军队行进的基本方法,是对照地形沿道路行进,辅助方法是按方位角越野行进。训练时,按地图行进是在完成以上各阶段的基本训练之后进行的,是识图、用图的综合性运用。

无论是道路行进,还是按方位角越野行进,都必须抓好出发前的准备和途中对照检查这两个环节。

1.对照地图沿道路行进

(1)图上准备。图上准备必须认真、细致、具体,做到"一标、二量、三熟记"。

一标:即将行进的路线、沿途各方位物(岔路口、转弯点、居民地的进出口等),都标绘在地图上,或绘制成略图。二量:量算行进路线上各阶段的里程,计算出行进所需的时间,并注记在图上。三熟记:熟记行进的路线。按照行进的顺序,把每一段道路的里程,特别是转弯处、岔路口、居民地的进出口附近的方位物及地形特征,熟记在脑子里。

(2)行进中的要领:行进时做到方向明、路线明和位置明。方向明:在出发点要标定地图,对照地形,明确行进的方向,防止一开脚就走错路。路线明:对于行进的路线和里程,心中明确。位置明:行进中,在每一个岔路口、转弯点时,都要随时对照现地的地形,明确站立点在地图上的位置,做到人在实地走,心在图上移。

2.按方位角行进

按方位角行进,就是按照在地形图上预先测定的磁方位角行进。它是按图行进的辅助方法。通常在缺少方位物的沙漠、草原、森林地区以及浓雾、风雪等不良天气条件下或夜间行进时采用。

(1)行进资料的准备。一是图上选择行进路线。应根据任务、敌情和地形,选择起伏不大、障碍较少、各转弯点有明显方位物的路线。为防止行进方向偏差过大,各转弯点的距离不宜过长,一般平原地区可远一些,山区或夜间则应近一些。二是量算各段的实地距离。在图上量算出各转弯点之间的实地距离,并换算成复步数(1复步约1.5米)或行进时间。三是绘制按方位角行进略图。行进路线图可直接在地形图上调制,也可以单独绘制略图。绘制略图时,先将出发点、各转弯点、终点及附近的主要地形与方位物绘出,并标出表示各段行进方向的箭头,再按行进顺序将各转弯点编号,最后注记各段的磁方位角和行进距离或行进时间。

(2)行进要领。在出发点上,先查明到第二点的磁方位角、距离和地形特征,再平持指北针,使磁针北端指向至第二点的密位数,这时通过照门、准星瞄准的方向,就是行进方向。然后在该方向线上寻找第二点的预定方位物,如还看不见,则在该方向线上选择辅助方位物,并向其行进。

在行进中,要随时观察前方方位物和沿途地形,经常用指北针检查行进方向,并结合行进的复步数或时间,及时判明到达的位置。到达辅助方位物后,如仍看不见预定方位物,可在原方位角的方向线上再选辅助方位物,继续前进,直至第二点。找到第二点后,再按在出发点上的动作,继续向下一点行进,直至终点。行进途中,遇起伏较大地段时,应注意调整步幅。遇到障碍时,可在障碍物对面的行进方向上选择一个辅助方位物,并目测至方位物的距离,绕过障碍,到达辅助方位物后,加上目测的距离,继续按原方位角行进。

走完预定距离,找不到预定方位物时,可在以该段距离1/10为半径的范围内寻找。如仍找不到,除应分析、对照地形外,还应对行进的方向、距离进行检查。

到达终点须按原路返回时,应按反方位角行进。反方位角的换算:若原方位角小于30°,则应将原方位角加上30°;若原方位角大于30°,则将原方位角减去30°。

第三节 地形对军队战斗行动的影响

一、地形的概念及分类

地形是地貌和地物的总称。地貌是指地表面平坦和起伏的自然状态,如山地、丘陵地、平原等。地物是指分布在地面上人工建造或自然形成的固定性物体,如居民地、道路、江河、森林等。

由于不同地貌和地物的错综结合,形成了各种不同类型的地形。依地貌的状态,可分为平原、丘陵地、山地和高原;依地物的分布和土壤性质,可分为居民地、水网稻田地、江河和湖泊、山林地、石林地、黄土地形、沙漠和戈壁、草原、沼泽等;依对军队战斗行动的影响,可分为开阔地、隐蔽地和断绝地等。

二、地形对军队战斗行动的影响

(一)平原对战斗行动的影响

军队在平原地区作战,便于机动,尤其是北方平原,更能发挥坦克、机械化部队的机动性能,便于军队组织指挥。在雨季,江河有较大的障碍作用。平原展望良好,视界、射界宽广,便于观察射击,能较好地发挥各种火器的效能。北方平原,利于构筑工事,修筑野战机场;南方平原,因水稻田多,地下水位高,不便于构筑地下工事。平原地区为军队宿营、后勤补给提供了较好的条件。平原地区地形平坦开阔,一般无险可守,因此,居民地,特别是较大的村镇,常成为防御的重要依托,而独立高地,高大的土堆、土堤及高大的建筑物等,则常成为攻防双方争夺的要点。平原地区适于大兵团作战,如解放战争期间,名震中外的辽沈、平津、淮海三大战役,主要战场就是在平原地区。

(二)丘陵地对战斗行动的影响

丘陵地对军队的机动和各种兵器器材的使用一般限制较小。丘陵地,不论攻防均便于部署兵力兵器,攻者便于隐蔽接近敌人,实施迂回包围;防者可以利用纵深高地组织多层次、支撑点式环形防御。丘陵地与平原一样适于大兵团作战。恩格斯指出:"总的说来有一点是显而易见的,就是我们现代的军队在平原和小丘陵相间的地形上能够最好地发挥自己的力量。"由于丘陵地地貌的起伏,攻防战斗已不像平原那样以争夺居民地为主,而主要是利用错综的丘陵进行,其制高点、重要高地则是攻、防双方争夺的要点。

（三）山地对战斗行动的影响

军队在山地作战,因地面起伏急剧,地形割裂断绝,军队行动困难。坦克、炮兵和机械化部队仅能沿公路、平坦谷地行动,大兵团行动也受道路限制,人马体力消耗增大;判定方位困难,容易迷失方向;观察、射击死角多,通信联络、指挥协同较困难,但便于选择良好的制高点、观察所、指挥所,便于隐蔽伪装。山地的制高点、山垭口和隘路,往往是山地作战中敌我双方争夺的要点,夺取这些地方,对确保战斗胜利有重要意义。山地地形对攻防战斗各有利弊,但一般来说还是易守难攻。

（四）山林地对战斗行动的影响

山林地利于隐蔽集结和接敌,易达成战斗的突然性;便于轻装部（分）队活动,开展游击战;便于控制要点据险扼守,节省兵力;便于就地取材,修筑工事,设置障碍;便于采集野生食物,短期克服困难。在山林地作战,观察、指挥、协同不便,通信联络困难;炮兵不易选择良好阵地,不易发扬火力,射击效果降低;战斗队形不便展开,展开后又易失掉联系;在山林地作战,航空兵作用大大降低;武器、弹药、器材和被服易受潮发霉变质,疾病、虫害对部队危害大;补给困难,后勤保障任务繁重。

（五）高原对战斗行动的影响

高原地区,通视广阔,观察良好;由于交通不便,部队机动困难,特别是技术兵器使用受到限制;因空气稀薄,部队行动时,体力消耗大,运动速度降低。在高原地区作战的部队,人员均会有不同程度的高山反应,容易发生冻伤、雪盲、呼吸和消化系统的疾病,非战斗减员增多;同时,武器及技术装备的效能也受到一定影响,射击误差大;因物产贫乏,就地基本不能补给,后勤保障任务繁重。

（六）居民地对战斗行动的影响

居民地对战斗行动的影响程度,主要决定于它的大小、所在位置、建筑物状况和附近地形条件等。大的居民地通常是攻、防要点,也是敌人航空兵、炮兵、原子、导弹和化学武器袭击的目标。居民地便于构成坚固的防御阵地,利于近战、夜战和小分队活动;利用城市电信设备可组织部队通信联络,便于军队宿营和后勤补给,但观察、指挥和协同不便,战斗队形易被分割。城市附近的高地、隘路、交通枢纽、桥梁、渡口和机场、火车站、发电厂、水源以及重要的工业区等,常成为攻、防双方争夺的地方。

总之,地形对作战行动有着广泛、重要的影响,了解地形对作战行动的影响,自觉利用地形之利,趋利避害,并根据需要能动地改造地形,以便赢得战斗的胜利。

［思考与练习］

1.军事地形学的定义及内容是什么?

2.军事地图"地物符号"的规定有哪些?

3.利用太阳和时表判断方位的基本方法是什么?

4.按照地图行进需要掌握哪些基本要领?

5.地形对军队在山地战斗行动中的影响有哪些?

附　录

《大学生军事理论教程》试题

《大学生军事理论教程》试题（1）

姓名：_____　　　专业班级：_____　　　学号：_____

一	二	三	四	五	六	总　分

一、名词解释（20分，每小题4分）

1.国防教育：

2.军事思想：

3.新军事变革：

4.中国人民解放军预备役部队：

5.信息化战争：

二、填空题（30分，每空1分）

1.现代条件下，无论是国防建设还是国防斗争，都要广泛采用经济手段，这些手段主要有国防经济活动_____、_____、_____等。

2.中国国防的历史源远流长，近4000年的漫长发展过程中，凝练、培育出了"_____、_____、_____"的尚武精神。

3.我国《宪法》和《国防法》把实现"_____、_____、_____"作为整个武装力量的建设目标，为增强国防实力，提供了最高的法律保障。

4.中国民兵的任务主要有三个方面：_____社会主义现代化建设，_____生产和各项任务；担负_____，保卫边疆，维护_____的任务；随时准备_____，抵抗侵略，保卫祖国。

231

5.1945年,朱德同志在中国共产党第七次全国代表大会上明确提出了"_____"的概念,并对此作了阐述。在井冈山斗争中,提出了"_____、_____、_____、_____""十六字诀"的游击战争的基本作战原则。

6.在新民主革命时期,中国共产党领导的武装力量,经历了_____时期、_____时期、_____时期和_____时期四个阶段,党领导的人民军队由小到大,由弱到强。

7.面对新的国际战略环境,为维护本国"利益",世界主要军事强国,如美国、俄罗斯、日本及印度等国纷纷调整战略部署。美国强调"_____";俄罗斯以"_____"为主导;北约在美国主导下,确立了"新战略概念";日本以"_____"为目标,积极推进自卫队由"国土防卫型"向"海外参与型"转变;印度把战略调整为"_____"战略。

8.共同条令是《中国人民解放军_____》《中国人民解放军_____》和《中国人民解放军_____》(统称共同条令)的总称,是人民解放军军队建设的基本法规。

三、选择题(5分)

1.2019年1月,教育部、中央军委国防动员部联合制定的《普通高等学校军事课教学大纲》规定大学生室内军事理论课教学时间为(   )学时。

    A.18   B.24   C.36   D.48

2.大学军事课程最重要的教育功能是(   )。

    A.德育   B.智育   C.体育   D.美育

3.近代西方著名的军事理论家克劳塞维茨的代表作是(   )。

    A.《战争论》   B.《战争艺术概论》 C.《战略论》   D.《谋略》

4.我国颁布的关于大学生国防教育的国防法规是(   )。

    A.《中华人民共和国国防法》   B.《中华人民共和国兵役法》

    C.《中华人民共和国预备役军官法》   D.《中华人民共和国国防教育法》

5.我国的政治制度和国家政策决定了我国的国防类型是(   )。

    A.扩张型国防   B.自卫型国防   C.中立型国防   D.联盟型国防

四、判断题(5分,正确的打"√",错误的打"×")

1.武器是战争胜负的重要因素,但不是决定因素,重要因素是人。   (   )

2.中国人民解放军由现役部队和预备役部队组成。   (   )

3.预备役部队平时隶属省军区。   (   )

4."长征是宣言书,长征是宣传队,长征是播种机。"   (   )

5.载人飞船只能一次性使用,不能重复使用。   (   )

五、简答题(24 分,每小题 8 分)

1.我国武装力量建设与发展的指导原则是什么?

2.中华人民共和国成立 70 年来,其国防成就有哪些?

3.当前我国安全环境面临的主要挑战有哪些?

六、论述题(16 分)

结合中国国防历史的启示,谈谈对大学生进行国防教育的现实意义和作用。

《大学生军事理论教程》试题（2）

姓名：_____　　　专业班级：_____　　　学号：_____

一	二	三	四	五	六	总　分

一、名词解释（20分，每小题4分）

1.国防动员：

2.国家忠诚：

3.毛泽东军事思想：

4.霸权主义：

5.信息化空战平台：

二、填空题（30分，每空1分）

1.维护国家安全利益是国防的_____，捍卫国家主权、领土完整和防止外来侵略和颠覆是国防的_____。

2.国防的目的主要是捍卫_____、_____、保卫国家领土完整和_____。

3.现代条件下，无论是国防建设还是国防斗争，都要广泛采用经济手段，这些手段主要有国防经济活动、_____、_____、_____等。

4.中国国防的历史源远流长，近4000年的漫长历史发展过程中，培育出了"_____、_____、_____、_____"的尚武精神。

5.基于我军肩负的神圣使命和面临的严峻考验，邓小平提出把我军建设成为一支强大的_____、_____、_____的人民军队。

6.1945年，朱德同志在中国共产党第七次全国代表大会上明确提出了"毛泽东军事思想"的概念，并对此作了阐述。在井冈山斗争中，提出了"_____、_____、_____、_____""十六字诀"的游击战争的基本作战原则。

7.江泽民同志在阐述军队建设时，明确提出，军队要按照"_____、_____、_____、_____、_____"的总要求进行建设。

8.国防教育的形式与内容是：国防理论教育、国防精神教育、国防知识教育和国防技能教育。按照国家相关精神的要求，大学生应该积极参加_____和_____，主动学习_____，自觉培育_____。

9.20世纪80年代，国际战略格局发生重大变化与调整，开始从紧张转向缓和，从_____转向对话，全球性的战略问题，一个是_____，一个是_____。

三、选择题（5分）

1.中国古代军事思想成熟于（　　）。

　　A.秦汉　　　　B.春秋　　　　C.东周　　　　D.西周

2.2019年1月，教育部、中央军委国防动员部联合制定的《普通高等学校军事课教学大纲》规定大学生室内军事理论课教学时间为(　　)学时。

  A.18   B.24   C.36   D.48

3.中国古代最著名的军事理论代表作是(　　)。

  A.《孙膑兵法》   B.《孙子兵法》   C.《武经七书》   D.《司马法》

4.我国历史上第一个丧权辱国的不平等条约是(　　)。

  A.《辛丑条约》   B.《南京条约》   C.《天津条约》   D.《北京条约》

5.国防按性质和建设目标可以分为扩张型国防、中立型国防、(　　)和自卫型国防。

  A.民主型国防   B.联盟型国防   C.和平型国防   D.进攻型国防

四、判断题(5分,正确的打"√",错误的打"×")

1.现代战争决定性的因素是人,不是武器。   (   )

2.中华人民共和国武装力量,由中国人民解放军、中国人民武装警察部队、民兵组成。   (   )

3.公开发布动员令一般是战争在即或战争已经爆发的情况下。   (   )

4.战争是从属于政治,为政治服务的。   (   )

5.精确制导武器专指导弹。   (   )

五、简答题(24分,每小题8分)

1.中华人民共和国成立70余年来,其国防成就有哪些?

2.毛泽东军事思想科学体系的基本内容是什么?

3.信息化战争的基本特征有哪些?

六、论述题(16分)

面对当今复杂的国际环境变化,我国如何应对复杂的周边安全环境?

《大学生军事理论教程》试题(3)

姓名:_____　　专业班级:_____　　　　学号:_____

一	二	三	四	五	六	总　分

一、名词解释(20分,每小题4分)

1.国防教育:

2.武装力量:

3.新军事变革:

4.信息化太空平台

5.网络中心战:

二、填空题(30分,每空1分)

1.中国的国防教育实行国家、_____、社会、_____和家庭密切协作的"五位一体"的国防教育网络体系。

2.中国坚定不移地奉行_____国防政策,坚持永远_____和_____、_____。

3.中华人民共和国的武装力量包括中国人民_____、中国人民_____和_____和_____。

4.军事思想是人们关于_____和_____国防问题的理性认识,是对长期军事实践经验的系统总结和合乎理论的概括。

5.国防的目的主要是捍卫_____、_____、保卫国家领土完整和_____。

6.毛泽东军事思想中的战争观及方法论、_____、_____、国防建设理论和战略战术五部分构成毛泽东军事思想的科学体系。其中,_____是毛泽东军事思想的核心。

7.2004年12月,胡锦涛着眼于时代发展要求和国家战略全局,提出了新世纪新阶段我军"三个提供、一个发挥"历史使命,即:为党巩固执政地位提供重要的_____、为维护国家发展的重要战略机遇期提供坚强的_____、为维护国家利益提供有力的_____,为维护世界和平与促进共同发展发挥_____。

8.1945年,朱德同志在中国共产党第七次全国代表大会上明确提出了"毛泽东军事思想"的概念,并对此作了阐述。

在井冈山斗争中,提出了"_____、_____、_____、_____""十六字诀"的游击战争的基本作战原则。

9.国防教育的形式与内容是:国防理论教育、国防精神教育、国防知识教育和国防技能教育。按照国家相关精神的要求,大学生应该积极参加_____和_____,主动学习_____,自觉培育_____。

三、**选择题**(5分)

1.中国古代最著名的军事理论代表作是( )。

    A.《孙膑兵法》   B.《孙子兵法》   C.《武经七书》   D.《司马法》

2.近代西方著名的军事理论家克劳塞维茨的代表作是( )。

    A.《战争论》   B.《战争艺术概论》   C.《战略论》   D.《谋略》

3.2019年1月,教育部、中央军委国防动员部联合制定的《普通高等学校军事课教学大纲》规定大学生室内军事理论课教学时间为( )学时。

    A.18   B.24   C.36   D.48

4.大学军事课程最重要的教育功能是( )。

    A.德育   B.智育   C.体育   D.美育

5.我国的政治制度和国家政策决定了我国的国防类型是( )。

    A.扩张型国防   B.自卫型国防   C.联盟型国防   D.中立型国防

四、**判断题**(5分,正确的打"√",错误的打"×")

1.建立强大的国防,直接关系到国家和民族的生死存亡和兴衰荣辱。 ( )

2.建设强大国防的目的,是要把武装颠覆或侵略放在首位。 ( )

3.战争动员令的发布一般是战争在即或战争已经爆发的情况下。 ( )

4.战争是从属于政治,为政治而服务的。 ( )

5.《共同条令》是中国人民解放军队列生活的准则和队列训练的基本依据。

    ( )

五、**简答题**(24分,每小题8分)

1.中华人民共和国成立70年来,其国防成就有哪些?

2.军事高技术的发展趋势是什么?

3.2003年伊拉克战争有哪些特点?

六、**论述题**(16分)

试论当今国际安全形势的特点。

《大学生军事理论教程》试题（4）

姓名：_____　　专业班级：_____　　　学号：_____

一	二	三	四	五	六	总　分

一、名词解释（20分，每小题4分）

1.国防教育：

2.国防动员：

3.毛泽东军事思想：

4.信息化战争：

5.心理战：

二、填空题（30分，每空1分）

1.国防动员，是国家采取紧急措施，由_____转入_____，统一调动_____、_____、_____为战争服务，简称动员。

2.中国武装力量包括中国人民_____、中国人民_____和_____。

3.军事思想按阶级属性可分为奴隶主阶级军事思想、_____军事思想、资产阶级军事思想和_____军事思想。

4.中国国防的历史源远流长，近4000年的漫长历史发展过程中，培育出了"_____、_____、_____、_____"的尚武精神。

5.毛泽东在领导中国革命战争的实践中，开创了"_____、_____"的武装斗争道路。

6.1945年，朱德同志在中国共产党第七次全国代表大会上明确提出了"毛泽东军事思想"的概念，并对此作了阐述。

在井冈山斗争中，提出了"_____、_____、_____、_____""十六字诀"的游击战争的基本作战原则。

7.2004年12月，胡锦涛着眼于时代发展，提出了新世纪新阶段我军"三个提供、一个发挥"历史使命，即：为党巩固执政地位提供重要的_____、为维护国家发展的重要战略机遇期提供坚强的_____、为维护国家利益提供有力的_____、为维护世界和平与促进共同发展发挥_____。

8.中国特色社会主义进入新时代，以习近平同志为核心的党中央鲜明提出了党在新形势下，"建设一支_____、_____、_____的人民军队"的强军目标。

9.当今世界上两大祸害：一是_____，二是_____。_____和经济利益矛盾是影响世界局势的又一个重要因素。

三、选择题（5分）

1.2019年1月，教育部、中央军委国防动员部联合制定的《普通高等学校军事课教学大纲》规定大学生室内军事理论课教学时间为（　　）学时。

    A.18　　　　　　B.24　　　　　　C.36　　　　　　D.48

2.中国古代军事思想成熟于（　　）。

    A.秦汉　　　　　B.春秋　　　　　　C.东周　　　　　D.西周

3.近代西方著名的军事理论家克劳塞维茨的代表作是（　　）。

    A.《战争论》　　B.《战争艺术概论》　C.《战略论》　　D.《谋略》

4.捍卫国家主权和领土完整的根本保证是（　　）。

    A.强大的国防　　B.强大的军队　　　C.先进的武器　　D.坚强的决心

5.迎接世界军事发展的挑战，关键在（　　）。

    A.技术　　　　　B.人才　　　　　　C.知识　　　　　D.武器

四、判断题（5分，正确的打"√"，错误的打"×"）

1.建立强大的国防，直接关系到国家和民族的生死存亡和兴衰荣辱。　　（　　）

2.中国人民解放军由现役部队和预备役部队组成。　　　　　　　　　　（　　）

3.战争动员令的发布一般是战争在即或战争已经爆发的情况下。　　　（　　）

4.战争的目的是一定的经济利益。　　　　　　　　　　　　　　　　　（　　）

5.《内务条令》是中国人民解放军内务建设的基本依据，是军队内部关系和日常生活制度的法规，是军队生活的准则、行政管理的依据。　　　　　　　　　　（　　）

五、简答题（24分，每小题8分）

1.习近平强军思想的重要内容有哪些？

2.我国武装力量建设与发展的指导原则是什么？

3.中华人民共和国成立70年来，其国防成就有哪些？

六、论述题（16分）

请用人民战争的观点分析，如何应对高技术条件下的局部战争。

《大学生军事理论教程》试题(5)

姓名：_____　　专业班级：_____　　学号：_____

一	二	三	四	五	六	总　分

一、名词解释(20分,每小题4分)

1.国防教育：

2.军事思想：

3.军事高技术：

4.信息化战争：

5.精确战：

二、填空题(30分,每空1分)

1.中国国防的历史源远流长,近4000年的漫长历史发展过程中,培育出了"_____、_____、_____、_____"的尚武精神。

2.1945年,_____同志在中国共产党第七次全国代表大会上明确提出了"毛泽东军事思想"的概念,并对此作了阐述。

在井冈山斗争中,提出了"_____、_____、_____、_____""十六字诀"的游击战争的基本作战原则。

3.世纪之交,江泽民同志在阐述国防和军队建设时,明确提出,人民军队要按照"_____、_____、_____、_____"的总要求进行建设。

4.中国特色社会主义进入新时代,以习近平同志为核心的党中央鲜明提出了党在新形势下,"建设一支_____、_____、_____的人民军队"的强军目标。

5.维护国家安全利益是国防的_____,捍卫国家主权、领土完整和防止外来侵略和颠覆是国防的_____。国防的目的主要是捍卫_____、维护_____、保卫国家领土完整和安全。

6.中国的国防教育实行_____、_____、社会、_____和家庭密切协作的"五位一体"的国防教育网络体系。

7.我国《宪法》和《国防法》把实现"_____、_____、_____"作为整个武装力量的建设目标,为增强国防实力,提供了最高的法律保障。

8.当今世界上两大祸害:一是_____,二是_____。_____和经济利益矛盾是影响世界局势的又一个重要因素。

三、选择题(5分)

1.近代西方著名的军事理论家克劳塞维茨的代表作是( )。

A.《战争论》　　B.《战争艺术概论》　C.《战略论》　　　D.《谋略》

2.2019年1月,教育部、中央军委国防动员部联合制定的《普通高等学校军事课教学大纲》规定大学生室内军事理论课教学时间为( )学时。

 A.18   B.24   C.36   D.48

3.捍卫国家主权和领土完整的根本保证是( )。

 A.强大的国防 B.强大的军队 C.先进的武器 D.坚强的决心

4.迎接世界军事发展的挑战,关键在( )。

 A.技术   B.人才   C.知识   D.武器

5.中华民族遭受的民族屈辱最重,战争赔款最多的一个条约是( )。

 A.《辛丑条约》 B.《南京条约》 C.《马关条约》 D.《北京条约》

四、判断题(5分,正确的打"√",错误的打"×")

1.中国人民解放军由陆军、海军、空军和二炮部队组成。   ( )

2.战争动员令的发布一般是战争在即或战争已经爆发的情况下。 ( )

3.建立强大的国防,直接关系到国家和民族的生死存亡和兴衰荣辱。 ( )

4.战争的目的是一定的经济利益。   ( )

5.《共同条令》是中国人民解放军内务建设的基本依据,是军队内部关系和日常生活制度的法规,是军队生活的准则、行政管理的依据。   ( )

五、简答题(24分,每小题8分)

1.当前我国安全环境面临的主要挑战有哪些?

2.中华人民共和国成立70年来,其国防成就有哪些?

3.科技的发展,使现代战争制胜的关键仍然是人,而不是武器?

六、论述题(16分)

如何认识国防建设与经济建设的关系?

参考文献

［1］高俊敏,等.野外生存与防身自救［M］.北京:军事谊文出版社,2000.

［2］约翰·怀斯曼.怀斯曼生存手册［M］.张万伟,于靖蓉,译.北京:华文出版社,1999.

［3］沈克尼,陶京天.野外生存［M］.北京:解放军出版社,1994.

［4］总后司令部.军事地形学［M］.北京:解放军出版社,2003.

［5］徐则平,赵永伦,王华.中国国防教育史［M］.贵阳:贵州人民出版社,2005.

［6］鲁杰,孟悌清.大学生军训概论［M］.北京:国防工业出版社,2007.

［7］姚有志,杨家祺.军事教程［M］.北京:中国人民大学出版社,2007.

［8］姜志保,郑波,胡文华.新概念武器的研究现状与发展趋势［J］.飞航导弹,2005
（11）:25-28.

［9］云南省国防教育办公室.国防教育公民读本［M］.昆明:云南科技出版社,2005.

［10］《2010年中国的国防》白皮书,2011.

［11］王澍.大学生军训是实施素质教育的有效途径［J］.湖南人文科技学院学报,2006
（5）:149-150.

［12］刘文炳.浅谈高校开展国防教育的意义和作用［J］.福建农林大学学报,2006（2）:
77-79.

［13］陈时见,刘厚品.大学军事教程［M］.重庆:西南师范大学出版社,2006.

［14］云南省教育厅学校国防教育办公室.军事教育教程［M］.拉萨:西藏人民出版
社,2001.

［15］吴温暖.军事理论教程［M］.厦门:厦门大学出版社,2003.